Martin Gellrich

Üben mit Lis(z)t

Wiederentdeckte Geheimnisse
aus der Werkstatt
der Klaviervirtuosen

Waldgut, *l o g o*

Für meine Mutter

Umschlagfoto von
Syndication International
Voller Ernst, Berlin
Satz: RSM, Reutte

ISBN 3 7294 0067 3

Verlag Im Waldgut
Industriestraße 21
CH-8500 Frauenfeld

Inhaltsverzeichnis

Vorwort

Das Ziel, das ich beim Schreiben dieses Buches vor Augen hatte, war, Geschichte für die Gegenwart praktisch werden zu lassen. Das Praktisch-Werden historischen Wissens verstehe ich folgendermaßen: Der Leser soll dazu angeregt werden, sich an sein Instrument zu setzen und heute weitgehend unbekannte alte Übemethoden auszuprobieren, Methoden, nach denen die großen Meister der Vergangenheit, z. B. Bach, Beethoven, Schumann, Chopin und Liszt als Kinder ihr Kunsthandwerk erlernten, Methoden, die es jedem Instrumentalisten ermöglichen, ungehindert seine Kreativität zu entfalten, seine Fertigkeit, Kunstwerke zu interpretieren, erheblich verbessern und darüber hinaus auch das Selbsterfinden von Musikstücken zu erlernen. Deshalb ist das Buch vornehmlich für praktizierende Musiker bestimmt: Klavierspieler und -lehrer, aber auch andere Instrumentalisten, die ihr Musizieren nicht nur als Interpretationskunst begreifen, sondern auch Interesse am Improvisieren und Komponieren haben.

Der Leser erhält vielfältige Impulse, seine Spieltechnik durch Improvisation zu entwickeln, Achttakter, Etüden und Variationen zu erfinden, mit Akkordfortschreitungen zu experimentieren, frei zu fantasieren, das Studium von Vortragsstücken zu strukturieren und schwierige Passagen auf unkonventionelle Weise zu bearbeiten.

Das Buch gliedert sich wie folgt: Im ersten Kapitel wird die Methode rekonstruiert, nach der Kinder im 18. Jahrhundert Klavierspielen lernten. Die weiteren Kapitel beschäftigen sich mit dem Zeitraum von 1800 bis zirka 1880 und sind nicht chronologisch, sondern nach Sachthemen geordnet. Zuerst wird die Geschichte der Passagenübung abgehandelt (Kapitel 2, 3, 4), dann wird gezeigt, wie sich das Sätzchenspiel verändert hat (Kapitel 5, 6). Anschließend werden wir uns mit der Entwicklung der Etüde befassen (Kapitel 7, 8, 9). Das Kapitel zehn befaßt sich mit der Methodik der freien Improvisation, und in den Kapiteln elf und zwölf werden Übemethoden von Vortragsstücken diskutiert. Diese Form der Gliederung hat zur Folge, daß die inhaltlichen und strukturellen Veränderungen, die die Kunst des Klavierspiels im 19. Jahrhundert erfahren hat, hintereinander an jeweils unterschiedlichen Übebereichen aufgezeigt werden. Ganz grob lassen sich sieben Entwicklungstendenzen feststellen: Mechanisierung und Rationalisierung des Übens, verstärkter Gebrauch gedruckter Unterrichtsmaterialien, Auflösung des Handwerks, Verfall des muttersprachlichen Musiklernens, Spaltung der Musikkultur in Virtuosen und Dilettanten und schließlich der Wandel der Kunst des Instrumentalspiels zur Interpretationskunst. Das letzte Kapitel befaßt sich mit ausgewählten Fragen und Problemen, die sich ergeben, wenn man versucht, die alte Lernmethode auf heutige Verhältnisse zu übertragen.

Bevor ich beginne, möchte ich mich noch bei allen lieben Menschen bedanken, die mich in den vier Jahren, in denen dieses Buch entstand, tatkräftig unterstützt haben: bei Prof. Gerhard Kirchner, Prof. Ulrich Mahlert, meiner Mutter, Gerhard Herrgott, die jeweils eine Fassung des Manuskripts korrigierten, bei meinen Klavierschülern, die bei meinen Versuchen, neue Wege des Unterrichts zu erproben, begeistert mitgearbeitet haben und bei meinen Studenten im Fach Klaviermethodik, die mir in vielen Diskussionen über strittige Punkte Klarheit verschafft haben.

1. Kapitel
Das Kunsthandwerk Klavier-
übung im 18. Jahrhundert

«Kunst beruht auf Handwerk» (Goethe)

Das Klavierspiel war im 18. Jahrhundert ein Handwerk wie jedes andere. Klavier- und Kompositionsunterricht waren noch nicht voneinander geschieden, sondern beide waren Teile einer umfassenden «ars musica», in welche der Meister seine Schüler einführte. Das Klavier war das «Componisten-Werkzeug», wie es Mattheson treffend sagte (Mattheson, 1739/1954, 106). Bisweilen wohnte der Schüler sogar bei seinem Lehrer und erlernte nicht nur das Spiel des Instruments, sondern wurde gleichzeitig in Musiktheorie, Komposition und Improvisation unterwiesen. Unter J. S. Bachs Schülern beispielsweise war kaum einer, der von ihm nur Klavierunterricht erhielt. Viele seiner Schüler traten später auch als Komponisten hervor: Krebs, Homilius, Goldberg, Kirnberger und – nicht zu vergessen – natürlich seine Söhne (Forkel 1802/1925, 76 ff.).

Das Komponieren war schon deshalb eng an das Klavierspiel gebunden, weil *«die abstrakte Klaviatur alle diskursiven Bedingungen stellt, unter denen Musik aufgeschrieben werden kann. Über sie ergibt sich die Auflösung der Musik in diskrete, dazu buchstäblich aufschreibbare Elemente»* (Scherer 1989, 70). Die Klavierinstrumente erlaubten ferner, mehrstimmige Sätze und harmonische Wendungen zu erproben. Sie eigneten sich schließlich auch gut zum Fantasieren, aus dem viele Ideen für das Komponieren gewonnen wurden.

Fast selbstverständlich erfolgte der Unterricht täglich. Insbesondere im An-fangsunterricht war es die Ausnahme, daß ein Schüler ohne Anleitung seines Lehrers übte. Türk schreibt in seiner Klavierschule aus dem Jahr 1789: *«Wer das Klavier nur zum Vergnügen spielen lernt, der hat genug gethan, wenn er täglich zwey Stunden darauf verwendet; anfangs wöchentlich etwa vier, wenn es seyn kann sechs, und in der Folge zwey bis vier Stunden Unterricht mit eingerechnet: wer aber das Klavierspiel zu seinem Hauptgeschäfte machen will, für den sind täglich drei bis vier Stunden Uebung kaum ausreichend, und außer diesen ist wenigstens noch Eine Lectionsstunde nöthig»* (Türk 1789, 11). F. Couperin erklärt, warum der Schüler nicht in Abwesenheit des Lehrers üben soll: *«Es ist in der ersten Unterrichtszeit besser, Kinder nicht in Abwesenheit der Lehrers üben zu lassen: die kleinen Wesen sind zu zerstreut, um sich zu zwingen, die Hände in der vorgeschriebenen Lage zu halten. Ich nehme deshalb während des Anfangsunterrichts der Kinder aus Vorsicht den Schlüssel des Instruments, auf dem ich sie unterweise, mit, damit sie in meiner Abwesenheit nicht in einem Augenblicke verderben können, was ich in aller Sorgfalt ihnen in 3/4 Stunden beigebracht habe»* (Couperin 1717/1933, 12).

Wenn man die Klavierübung des 18. Jahrhunderts mit der gegenwärtigen Lernpraxis vergleicht, zeigen sich beträchtliche Unterschiede. Das heute übliche Interpretieren von Kunstwerken spielte im 18. Jahrhundert nur eine untergeordnete Rolle. Wie man folgenden Worten C. Ph. E. Bachs entnehmen kann, scheint es damals ganz im Gegenteil eher Usus gewesen zu sein, daß ein Lehrer seine Schüler nur selbst-komponierte Stücke spielen ließ: «*Jeder Lehr-Meister bey nahe dringt seinen Schülern seine eigenen Arbeiten auf, indem es heute zu Tage eine Schande zu seyn scheint, nichts selber setzen zu können. Dahero werden den Lehrlingen, andere gute Clavier-Sachen, woraus sie etwas lernen könten, unter dem Vorwande, als ob sie zu alt oder zu schwer wären, vorenthalten. Besonders ist man durch ein übles Vorurtheil wider der französischen Clavier-Sachen eingenommen, welche doch allzeit eine gute Schule für Clavier-Spieler gewesen sind ... Der Lehr-Meister kann oft nicht mehr als sein Machwerk spielen; er kan nichts anders setzen, als was er bezwingen kan*» (Bach 1753/1957, 2,3).

Das Zitat verdeutlicht, daß Bach seine Klavierschule mit der Absicht verfaßte, die Musikkultur zu heben. Er polemisiert dagegen, daß Lehrer sich nur auf die Weitergabe dessen beschränken, was sie unmittelbar von ihrem Meister gelernt, bzw. sich im Selbststudium angeeignet haben. Stattdessen plädiert er dafür, sich durch das Studium von Kompositionen bedeutender Meister, insbesondere der französischen, neue Anregungen zu holen. Aus Bachs Worten kann man ferner entnehmen, daß die Fertigkeiten im Klavierspiel und in Komposition bei den meisten Klavierspielern seiner Zeit noch gleich gut bzw. gleich schlecht entwickelt waren.

Die Kunst, Musikstücke «*den Regeln des guten Vortrags gemäß*» wiederzugeben, war nur eine von mehreren Fertigkeiten, die ein guter Klavierspieler im 18. Jahrhundert beherrschen mußte. Seine Aufgaben waren vielfältig. C. Ph. E. Bach schreibt: «*Man verlanget noch überdies, daß ein Clavierspieler Fantasien von allerley Art machen soll; daß er einen aufgegebenen Satz nach den strengsten Regeln der Harmonie und der Melodie aus dem Stegereif durcharbeiten, aus allen Tönen mit gleicher Leichtigkeit spielen, ein Ton in den andern im Augenblick ohne Fehler übersetzen, alles ohne Unterschied vom Blatte weg spielen soll, es mag für seyn Instrument eigentlich gesetzt sein oder nicht; daß er die Wissenschaft des Generalbasses in seiner völligen Gewalt haben, selbigen mit Unterschied, oft mit Verläugnung, bald mit vielen, bald mit wenigen Stimmen, bald nach der Strenge der Harmonie, bald galant, bald nach einem wenig oder zu viel, bald gar nicht und bald sehr falsch bezieferten Basse spielen soll; daß der diesen Generalbaß manchmahl aus Partituren von vielen Linien, bey unbezieferten, oder ofte gar pausirenden Bässen, wenn nemlich eine von den andern Stimmen zum Grunde der Harmonie dienet, ziehen und dadurch die Zusammenstimmung verstärken soll, und wer weiß alle Forderungen mehr*» (Bach 1753/1957, Vorrede, 1,2).

Diese breitgefächerten Anforderungen setzten einen großen Fundus geistiger und mechanischer Fertigkeiten voraus. Um diese Fertigkeiten auszubilden, wurde der Anfangsunterricht in zwei große Teile gegliedert: In das Passagenspiel, aus dem sich später das Spiel von Übungsstücken und Variationen entwickelte und das Studium des Generalbasses. Ersteres diente dazu, melodische und virtuose Figuren zu automatisieren, letzteres setzte im zweiten oder dritten Unterrichtsjahr ein und war dazu bestimmt, die Regeln harmonischer Fortschreitungen so gut zu trainieren, daß die Finger sie ohne großes Nachdenken ausführen konnten. In diesem Kapitel wollen wir uns vor allem mit dem Passagenspiel beschäftigen, das nicht minder wichtige Generalbaßspiel wird erst im 10. Kapitel behandelt.

Musikalisch-Technische Übungen

In der Übepraxis des 18. Jahrhunderts nahm das Spiel von musikalisch-technischen Übungen einen breiten Raum ein. Die Ausbildung mechanischer Fertigkeiten wurde als unbedingte Voraussetzung für erfolgreichen Unterricht angesehen.

In vielen alten Klavierschulen findet man ein mehr oder minder ausführliches Kapitel, das die Überschrift *«Regeln der Applikatur»* trägt (Couperin 1717/1933, Marpurg 1762/1969, Türk 1789, C. Ph. E. Bach 1753, 1762/1957). Diese Kapitel enthalten eine Reihe von Fingersatzregeln samt dazugehörigen Beispielen: Skalen, Akkordbrechungen und sequenzierte Spielfiguren. Derartige Übungen wurden anfangs im langsamem Tempo einzelhändig einstudiert (Häfner 1937, 50; Rameau 1731/1972, 18), später in alle Tonarten transponiert und bis zur Geläufigkeit gesteigert.

F. Couperin begründet die Notwendigkeit dieser Übungen: *«Neben den gebräuchlichsten Verzierungen wie Triller, Mordente, Vorschläge usw. habe ich meine Schüler immer kleine Fingerübungen spielen lassen, Passagen und verschiedenartige Arpeggiogänge; mit den einfachsten und in den leichtesten Tonarten beginnend, habe ich sie allmählich zu den virtuosen Stücken und schwierigsten Tonarten geführt. Diese kleinen Übungen, von denen man gar nicht genug geben könnte, sind gleichzeitig stets zur Verfügung stehender Stoff, der bei vielen Gelegenheiten von Nutzen sein kann. Im Anschluß an die Verzierungen werde ich weiter unten einige Beispiele geben, nach denen man imstande sein wird, sich andere auszudenken»* (Couperin 1717/1933, 12).

Die Beispiele bestehen allesamt aus einer Sequenz, die in eine Schlußkadenz mündet (siehe S. 12). Couperins Kommentar kann man entnehmen, daß solche Übungen nicht nur zur technischen Ausbildung bestimmt waren, sondern auch musikalischen Zwecken dienten. In der Passagenübung erlernte man die Bausteine, aus denen später Musikstücke entwickelt bzw. zusammengesetzt wurden. Das Wort «Baustein» trifft den Sachverhalt recht gut. Da die kleinen Musikstücke in alle Tonarten transponiert wurden, konnten sie später leicht in ein eigenhändig komponiertes Musikstück oder in eine Improvisation eingebaut werden. Couperins Schule enthält allerdings nur wenige Beispiele. Sein Ziel ist nicht, einen systematischen Lehrplan aufzustellen, in dem der Lernstoff streng methodisch und lückenlos angeordnet ist, er möchte lediglich – und das ist durchaus typisch für die Zeit – einige Anregungen zum selbständigen Erfinden geben.

An dieser Stelle erscheint mir die Klärung eines terminologischen Problems notwendig. Dieser Abschnitt trägt die Überschrift «Musikalisch-Technische Übungen». Bei diesem Begriff handelt es sich um eine Neuschöpfung meinerseits. Im Gegensatz zum heute üblichen Wort der Fingerübung wird dabei stärker der musikalische Gesichtspunkt betont. Dies ist deshalb notwendig, weil man heute zumeist den Fehler begeht, die Übungen aus den alten Klavierschulen einseitig als technische Übungen zu interpretieren.

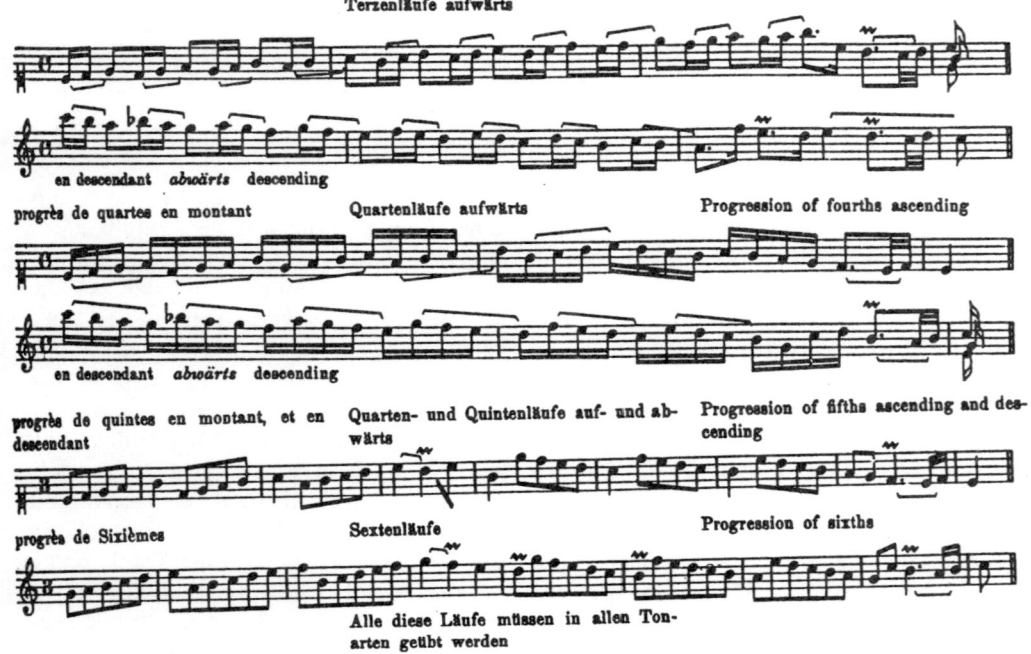

KLEINE ÜBUNGEN
ZUR BILDUNG DER HÄNDE
Terzenläufe aufwärts

en descendant *abwärts* descending

progrès de quartes en montant　　Quartenläufe aufwärts　　Progression of fourths ascending

en descendant *abwärts* descending

progrès de quintes en montant, et en descendant　　Quarten- und Quintenläufe auf- und abwärts　　Progression of fifths ascending and descending

progrès de Sixièmes　　Sextenläufe　　Progression of sixths

Alle diese Läufe müssen in allen Tonarten geübt werden

(Couperin 1717/1933, 19)

Das «Übungssätzchen»

Kurze Musikstücke wie die von Couperin nannte man Sätze. Ein Satz war analog zur Sprache eine geschlossene, vollständige musikalische Aussage in Form von zwei, vier oder acht Takten. Solche Sätze findet man nicht nur in alten Klavierschulen, sondern auch in Schulen für andere Instrumente, etwa der Violinschule von Leopold Mozart, die an Notenbeispielen ausschließlich (!) kurze Vier- bzw. Achttakter enthält.

Die Sätze hatten nicht nur den Zweck, das Sequenzieren zu erlernen, sondern auch die Aufgabe, Grundfertigkeiten des musikalischen Ausdrucks auszubilden. L. Mozart beispielsweise schreibt in seiner Violinschule: «*Es ist nicht genug, daß man*

dergleichen Figuren nach der angezeigten Streichart platt wegspiele: man muß sie so vortragen, daß die Veränderung gleich in die Ohren fällt ... warum soll man denn nicht bey guter Gelegenheit auch etwas vom guten Geschmack mitnehmen, und den Schüler an einen singbaren Vortrag gewöhnen? Ein Anfänger wird dadurch geschickter die Regeln des Geschmacks seiner Zeit besser einzusehen» (Mozart 1756/1968, 135).

Klar tritt der musikalische Zweck der Sätzchenübung bei den heute noch öfters gespielten Handstücken von Türk zutage. In der «Vorerinnerung» zu den Handstücken heißt es: «*Bey den deutschen Überschriften – die anfangs vielleicht ein wenig*

12

auffallen dürften – hatte ich vorzüglich die Absicht, auf den herrschenden Charakter, oder auf irgend einen besonderen Zweck des Tonstückes aufmerksam zu machen, und dadurch den Lernenden, seinen Kräften gemäß, dem jedesmal erforderlichen Vortrag etwas näher zu bringen» (Türk 1792/1933).

Die Sätzchenübung war der Dreh- und Angelpunkt der Klavierübung im 18. Jahrhundert. C. Ph. E. Bach verlangte ähnlich wie sein Vater sogar, daß anfangs ausschließlich solche Exempel geübt werden sollten: «... so lasse man», schreibt er, «seine Scholaren eine ganze Zeit durch nichts anders als die Exempel über die Applicatur im Anfange langsahm und nachhero immer hurtiger üben, damit mit der Zeit die Setzung der Finger, so schwer und verschieden sie auch bei dem Clavier ist, durch diese Uebung geläufiger werde, daß man nicht mehr darüber denken darf» (Bach 1753/1957, 12). Diese Unterrichts-auffassung wurde auch von anderen Lehrern geteilt. Nach Couperins Ansicht sollten sogar die ersten zwei bis drei Unterrichtsjahre mit dem Spiel von musikalisch-technischen Übungen ausgefüllt werden, noch bevor sich der Schüler dem Generalbaßspiel zuwenden durfte (Häfner 1937, 39).

Diese Beispiele zeigen, daß Musik im 18. Jahrhundert ähnlich wie die Muttersprache angeeignet wurde, nämlich durch das Spielen musikalischer Sätze. Im Sätzchenspiel lernte das Kind mit Sequenz und Kadenz umzugehen. Es lernte ferner den richtigen Gebrauch der musikalischen Syntax und Grammatik und übte sich schließlich auch im Darstellen bzw. Ausdrücken von Affekten und Charakteren. Nimmt man noch das Generalbaßspiel hinzu, so wurden dem Schüler schon in den ersten Lehrjahren alle Werkzeuge in die Hand gegeben, die er benötigte, um eigenhändig Musikstücke herstellen zu können.

Gefühl der Wehmut

Kinder-Romanze

(Türk 1792/1933, 5)

13

Vom Sätzchen zum Übungsstück

Auch in J. S. Bachs Klavierunterricht hatte die Sätzchenübung einen herausragenden Stellenwert: *«Ich will zuerst»*, schreibt Forkel, *«etwas über seinen Unterricht im Spielen sagen. Das erste, was er hierbey that, war, seine Schüler die ihm eigene Art des Anschlags, von welcher schon geredet worden ist, zu lehren. Zu diesem Behuf mußten sie mehrere Monathe hindurch nichts als einzelne Sätze für alle Finger beyder Hände, mit steter Rücksicht auf diesen deutlichen und saubern Anschlag üben. Unter einigen Monaten konnte keiner von diesen Uebungen loskommen, und seiner Überzeugung nach hätten sie wenigstens 6 bis 12 Monate lang fortgesetzt werden müssen. Fand sich aber, daß irgend einem derselben nach einigen Monathen die Geduld ausgehen wollte, so war er so gefällig, kleine zusammenhängende Stücke vorzuschreiben, worin jene Uebungssätze in Verbindung gebracht waren. Von dieser Art sind 6 kleine Präludien für Anfänger, und noch mehr die 15 zweystimmigen Inventionen. Beyde schrieb er in den Stunden des Unterrichts selbst nieder, und nahm dabey bloß auf das gegenwärtige Bedürfnis des Schülers Rücksicht. In der Folge hat er sie in schöne, ausdrucksvolle kleine Kunstwerke umgeschaffen.»* (Forkel 1802/1925, 70). An anderer Stelle berichtet Forkel, was Bach unter einer Invention verstand: *«Man nannte einen musikalischen Satz, der so beschaffen war, daß aus ihm durch Nachahmung und Versetzung der Stimmen die Folge eines ganzen Stücks entwickelt werden konnte, eine Invention»* (Forkel 1802/1925, 93).

Bei der Komposition seiner Inventionen dachte Bach neben dem musikalischen Zweck sehr wohl auch an die technische Bildung der Hand. Dazu wieder Forkel: *«Durch solche Uebungen bekamen alle seine Finger beyder Hände gleiche Stärke und Brauchbarkeit, so daß er nicht nur Doppelgriffe und alles Laufwerk mit bei-*

den Händen, sondern auch einfache und Doppeltriller mit gleicher Leichtigkeit und Feinheit auszuführen vermochte» (Forkel, 1802/1925, 35). Oder an anderer Stelle: *«In mehrere dieser Inventionen hatten sich anfänglich einige steife und unedle Wendungen der Melodie, auch einige andere Mängel eingeschlichen. Bach ... nahm ihnen nach und nach alles, was nach seinem gereinigtern Geschmack nicht taugte, und machte am Ende wahre ausdrucksvolle Meisterstücke daraus, die deswegen ihren Nutzen für Hand-, Finger- und Geschmacksbildung nicht verloren haben»* (Forkel 1802/1925, 93,94).

Forkels Worten nach zu urteilen, müssen Bachs Inventionen in den ursprünglichen Fassungen schwieriger zu spielen gewesen sein als in den heute überlieferten Versionen. Die Quellen lassen weiterhin erkennen, wie eng bei Bach Musik- und Bewegungsübung miteinander verflochten waren. Die Inventio war nicht nur ein musikalischer Einfall, sondern auch eine wohldurchdachte Fingerübung. Jeder Inventio liegt ein spezifisches mechanisches Problem zugrunde. Die Spielfigur der ersten Invention beispielsweise behandelt die Schwierigkeit des Richtungswechsels bei gleichzeitigem Wechsel von Skala zu Terzenfolge. Die Inventio der vierten Invention, bestehend aus einer harmonischen Molltonleiter mit abwärts springendem Leitton, also ohne Weiterführung zum Grundton, ist musikalisch ebenso genial wie vom Standpunkt der Bewegungsübung: Die Richtungsgewandtheit und -flexibilität der Hand wird dabei genauso geschult wie der Wechsel zwischen Skala und Öffnung der Hand hin zu einem großen Intervall.

Durch das Spiel der Inventionen wird sowohl die Variabilität der Bewegungsmuster als auch die Unabhängigkeit der Hände trainiert. Die Inventionen sind zumeist so angelegt, daß der Schwierigkeitsgrad allmählich gesteigert wird. Die «Störungen» durch den Kontrapunkt und die Schwierigkeiten, die sich durch Transposition in unbequemere Tonarten, Kettentriller, Engführungen etc. ergeben, nehmen zumeist gegen Ende der Invention zu. Der Lerneffekt dieser Methode liegt auf der Hand: Wer diese Hürden überwindet, hat einen höheren Fertigkeitsgrad im spielerischen Umgang mit der Invention erreicht. Diese größere Fertigkeit besteht darin, daß die Bewegungsfigur nun in allen erdenklichen Varianten und ohne Beeinträchtigungen durch schwierige Spielfiguren in der anderen Hand ausgeführt werden kann.

Darüber hinaus wäre genauer zu untersuchen, welcher kompositorischen Entwicklungsverfahren sich Bach bediente. Eine Analyse der Inventionen würde problemlos ein ganzes Buch füllen (z. B. Wohlfahrt 1987). Bach verwendet nämlich in jeder Invention ein anderes Fortführungsprinzip. Die Palette reicht vom Kanon über die strenge und freie Fugenform und dem Suitensatz bis hin zur Toc-cata. Bachs Inventionen zeigen, daß Spiel nicht nur Spielerei, sondern auch Ernst sein kann. Die Übungen zur Unabhängigkeit der Hände, das Spiel mit interessanten rhetorischen Figuren und die Variabilität bei der Weiterführung des Hauptgedankens fördern gleichermaßen körperliche und geistige Beweglichkeit sowie musikalische Kreativität und Intelligenz.

Bachs Unterrichtsverfahren war nicht etwa eine Ausnahme, sondern allgemeiner Usus. F. Couperin gibt in seiner Schule einige Anregungen wie man aus den Sätzen (siehe S. 12) Generalbaßlinien entwickeln kann. Das Dokument zeigt, wie innig damals Fingerübung und Komposition aufeinander bezogen waren.

(Couperin 1717/1933, 21)

Variationsspiele

Das von J. S. Bach in den Inventionen bis zur höchsten Meisterschaft vervollkommnete Verfahren, längere Musikstücke aus einem Achttakter zu entwickeln, war jedoch nur eine von zwei Möglichkeiten, einen Satz kompositorisch weiter zu verarbeiten. Fast noch verbreiteter war die Praxis, zu einem Satz zahlreiche Variationen zu bilden. Wie man folgendem Zitat Matthesons entnehmen kann, wurde das Spiel von Variationen im 17. Jahrhundert häufig praktiziert: *«Zu Frobergers Zeiten, etwa vor 70–80 Jahren war der Variationsgeist dermaßen eingerissen, daß nicht nur auf besondere kleine Arien oder Arietten ... wenigstens 2 Duzend Variationen herhalten mußten; sondern selbst die Allemanden, Couranten u.s.w. wurden damit angesteckt und kamen nicht ohne Brühe, krumme Sprünge und vielgeschwänzte Noten davon»* (Mattheson 1739/1954, 232).

Matthesons Meinung wird durch die umfangreichen historischen Untersuchungen von R. Häfner (1937) und R. Gress (1929) bestätigt. R. Gress bezeichnet das 18. Jahrhundert als das «Jahrhundert der Variation» (Gress 1929, 117). R. Häfner hat anhand detaillierter Quellenarbeit sogar nachgewiesen, daß das Erfinden von Variationen über Arien, Kirchenlieder, Tänze und Volkslieder in vielen Ländern Europas, z. B. England, Spanien, Frankreich und Italien vom 14. bis zum 18. Jahrhundert einen zentralen Stellenwert beim Klavierüben hatte (Häfner 1937, 10 ff.).

Die Erscheinungsformen des Variationsspiels waren vielfältig: Sehr beliebt war z. B. die Figuralvariation, die es erlaubte, die Spielfiguren, die man zuvor beim Passagenspiel automatisiert hatte, musikalisch sinnvoll anzuwenden (Häfner 1937, 97). Ebenso häufig wurden Variationen in Form von Tänzen verfaßt, die anschließend zu Suiten zusammengestellt wurden (Gress 1929, 89 ff.). Viele Kompo-

nisten, z. B. Froberger, Couperin und Rameau, erweiterten ihre Suiten, indem sie zu einzelnen geeigneten Tänzen, sogenannte virtuose «Doubles» erfanden (Gress 1929, 101 ff.). Weit verbreitet war schließlich auch das Auszieren von Generalbaßformeln und das Spiel von Chaconnen (Häfner 1937, 105; Gress 1929, 107 ff.).

Bei aller Verschiedenheit im Detail haben die Variationszyklen des 18. Jahrhunderts allerdings zwei Gemeinsamkeiten. Erstens werden technische Schwierigkeiten durchwegs in musikalisch sinnvollen Zusammenhängen eingeübt. Zweitens nimmt der Schwierigkeitsgrad durch Verschnellerung der Notenwerte und die Wahl komplizierterer Spielfiguren im Verlauf eines jeden Variationswerks kontinuierlich zu (Häfner 1937, 13). Auf diese Weise ergibt sich ähnlich wie bei den Inventionen von Bach ein Trainingseffekt.

Wie weit der Spieltrieb ausuferte, verdeutlichen z. B. die Chaconne in G-Dur mit 62 Variationen von G. F. Händel oder Frescobaldis «cento partite sopra il passacaglio» (Häfner 1937, 159). Bisweilen enthielt ein einziger Variationszyklus das gesamte spieltechnische Repertoire eines Klavierspielers, so etwa J. S. Bachs «Goldbergvariationen», die in puncto Virtuosität weit über ihre Zeit hinausreichen.

Der hohe Stellenwert, den das Variationsspiel hatte, ist ein weiterer Beleg dafür, daß das Erproben auf dem Instrument und Komponieren im 18. Jahrhundert noch in unmittelbarer Wechselwirkung zueinander standen. D. Themelis bezeichnet derartige Variationswerke zurecht als «Spielkompositionen» und trifft damit den Sachverhalt ziemlich genau (Themelis 1967, 10). Man kann davon ausgehen, daß das Erfinden von Variationen zunächst am Instrument und nicht am Komponiertisch geschah. Es gibt sogar einige Anleitungen, wie man solche Variationen bilden kann, so z. B. F. E. Niedts «Handleitung der Variation», in der gezeigt wird, wie man zu einem gegebenen Baß «Präludien, Ciaconnen, Allemanden, etc.» erfinden kann (Niedt, 1710/1717).

Das handwerkliche Lernen läßt sich etwas vereinfacht in einem Schema darstellen:

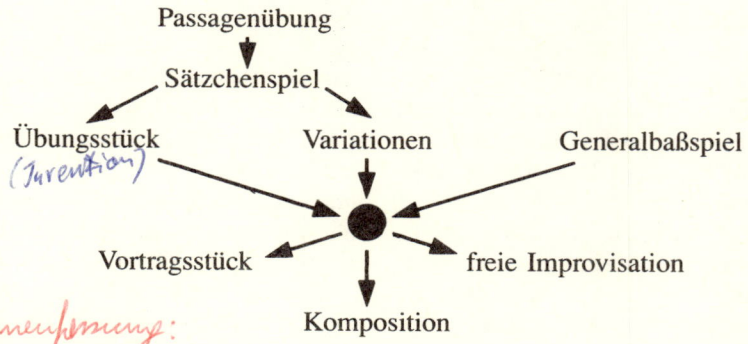

Zusammenfassung:

Die Lehrzeit eines Klavierspielers begann mit dem Spiel von Passagen vielfältigster Art: Tonleitern, Akkordbrechungen, Sequenzen und Verzierungen. Aus diesem Material wurden anschließend kleine Sätze gebildet. Die Sätze wurden anschließend entweder im Variationsspiel ausgeziert oder dienten als Keimzelle für die Erfindung größerer Musikstücke, den *(Inventionen)* Vorläufern der späteren Etüden. Parallel dazu begann der Unterricht im Generalbaßspiel. Nachdem alle diese Fertigkeiten separat bis zu einem gewissen Grade vervollkommnet waren, sah sich der Schüler in der Lage, sie beim Improvisieren, dem Spiel von Vortragsstücken und Komponieren in vermischter Form zur Anwendung zu bringen.

Regelspiele

Das alte handwerkliche Musiklernen unterscheidet sich von der heute üblichen Lernmethode im wesentlichen in vier Punkten:

1. Der Schüler lernte von Anfang an, durch das Herstellen von konkreten Produkten, genauer gesagt durch das Selbermachen von Musikstücken.

2. Das notwendige Wissen wurde niemals als abstrakte Theorie oder in Form von Trockenübungen vermittelt.

3. Die Arbeit des Meisters diente dem Lehrling als Vorbild. Er studierte dessen Meisterwerke, um sie zu imitieren, nicht aber um sie buchstabengetreu zu reproduzieren.

4. Das Klavierspielhandwerk wurde in Form von Regeln tradiert.

Mit dem letzten Punkt wollen wir uns ausführlicher beschäftigen. Die Kunstregelsysteme entstanden, als einige Musiker sich nicht mehr damit begnügten, ihre individuellen Handwerkserfahrungen nur persönlich weiterzugeben, sondern sie in Form von kurzen Lehrsätzen niederschrieben einer breiteren Öffentlichkeit preisgeben wollten. Wie viele Unterrichtswerke, sind auch die großen Instrumentalschulen des 18. Jahrhunderts von C. Ph. E. Bach (1753, 1762/1957), Türk (1789), L. Mozart (1756/1968) und J. J. Quantz (1752) allesamt großangelegte Handwerkslehren.

F. Couperin

Man findet darin so gut wie keine Musikstücke, stattdessen eine Fülle von Regeln und Anweisungen für Lehrer und Schüler. Kunstregeln gab es für musikalische Elementarlehre, Fingersetzung, Verzierungen, Generalbaß, Stimmführung, improvisierte Begleitung, Improvisation und den musikalischen Ausdruck. Es ist erstaunlich, wie fein ausgetüftelt diese Regelsysteme bisweilen sind. Einzelne Aspekte werden oft mit einer Differenziertheit behandelt, die in später erschienenen Instrumentalschulen nur selten anzutreffen ist.

Diejenigen Schüler, die sich damit begnügten, die durch ein Lehrbuch oder ihren Meister vorgegebenen Regeln zu übernehmen, nannte man Gesellen. Wer Meister werden wollte, durfte sich nicht nur auf das bloße Reproduzieren von Vorgegebenem beschränken. Die Qualifikation des Meisters erlangte der, der das Handwerk weiterentwickelte, einen persönlichen Stil ausprägte und somit in der Lage war, das Übernommene zu modifizieren und zu ergänzen. Häufig wurde diese Befähigung dadurch erlangt, daß man nach der ersten Lehrzeit auf Wanderschaft ging, um sich andernorts bei berühmten Meistern Anregungen zur Vervollkommnung der Kunst zu holen. Jeder Meister leistete somit seinen Beitrag zur Weiterentwicklung des Kunsthandwerks. Das Regelsystem eines Meisters enthielt quasi in kondensierter Form das angehäufte Wissen der zurückliegenden Handwerksgenerationen. So ergaben sich vielfältige Regelsysteme, die zwar untereinander Ähnlichkeiten aufwiesen, aber dennoch jeweils ihre speziellen regionalen und traditionsspezifischen Eigentümlichkeiten besaßen.

Für alle der oben genannten, vielfältigen Fertigkeiten, die ein Klavierspieler im 18. Jahrhundert beherrschen mußte, gab es solche Regeln. Da die meisten dieser Fertigkeiten in starkem Maße improvisatorische und kompositorische Fähigkeiten erforderten, hatten diese Regeln zum großen Teil den Status von «Produktionsre-

geln», die das Selbstfinden leiteten. Fernab von jeder mystisch überhöhten Kunstauffassung war man damals der Ansicht, daß sich allein durch das richtige Anwenden dieser Regeln Kunstwerke herstellen ließen. Sulzer z. B. schreibt: *«Es giebt auch Werke, die so blos Kunst sind, daß auch nicht einmal das besondere Künstlergenie dazu erfordert wird; die blos durch Ausführung deutlicher Regeln, die jeder Mensch lernen kann, ihre Würdlichkeit erlangen ... Dergleichen Werke machen ohne Zweifel die unterste Classe der Kunstwerke aus»* (Sulzer 1792/1967, 97).

Eine weitere Funktion des regelvermittelnden Lernens bestand darin, die schriftliche Fixierung von Musik zu erleichtern. In einer Zeit, in der gedruckte Noten teuer und rar waren und daher fast alle Musik, die nach Noten gespielt wurde, handschriftlich notiert werden mußte, bedeutete es eine große Erleichterung, daß nicht alle Einzelheiten aufgeschrieben werden mußten. Die Notentexte in dieser Zeit, und das gilt nicht nur für den Generalbaß, hatten durchwegs stenographischen Charakter. Die Feinheiten des Vortrags und der Verzierungen sowie die Ergänzung von Füllstimmen und Durchgangsnoten wurden in Form von aufführungspraktischen Regeln tradiert.

Aus heutiger Sicht sind wir geneigt, die Regeln in den Lehrbüchern des 18. Jahrhunderts als allgemein gültige Vorschriften zu interpretieren. Diese aus dem 19. Jahrhundert stammende Auffassung galt noch nicht für das 18. Jahrhundert. Im Rahmen des handwerklichen Lernens wurden die Regeln liberaler gehandhabt. Sie waren Kann- und keine Mußregeln. Verfehlungen gegen sie trübten zwar den Gesamteindruck eines Kunstwerks, wurden aber von den Beurteilern der Kunst, den «Kennern», wie man sie damals nannte, nicht für zentral angesehen. Nach Sulzers Auffassung sollte der Kunstkenner folgende Maßstäbe bei der Begutachtung von Kunstwerken anlegen: *«Die Fehler gegen das Mechani-*

sche der Kunst erkennet er für Unvollkommenheiten, hält sie aber gegen die höhern Vollkommenheiten der Kraft des Werks, nicht für überwiegend. Er hält nie dafür, daß die genaue Befolgung aller mechanischen Regeln, ein gutes Werk machen könne; weil er in jedem Werk zuerst auf den Geist und die Kraft des Gedanken sieht» (Sulzer 1792/1967, 7).

Sehen wir uns einige Fingersatzregeln aus C. Ph. E. Bachs «Versuch» näher an. Das Kapitel über die Fingersetzung ist interessant, weil es in einer Zeit des geschichtlichen Umbruchs geschrieben wurde. Einerseits führte Bach noch die alte Tradition weiter, die dadurch charakterisiert war, daß das Überschlagen der Finger als wichtiger angesehen wurde als das Untersetzen, und daß die Ungleichmäßigkeit und Individualität der Finger dazu benutzt wurde, um Akzentuierung und Phrasierung plastischer zu gestalten (siehe Lohmann 1982). Andererseits war Bachs Fingersatzsystem zu seiner Zeit durchaus sehr fortschrittlich: Er plädierte ähnlich wie sein Vater und Marpurg (1765/1970) schon für eine gleichmäßige Ausbildung aller Finger an beiden Händen und erhob den Daumen zum «Hauptfinger» (Bach 1753/1957, 17).

Es ist daher nicht verwunderlich, daß Bach für die C-Dur-Tonleiter drei Fingersätze gelten läßt. Sie werden, wie die folgenden Exempel zeigen, je nach gewünschter Akzentuierung (Daumen betont) ausgewählt. Da Bach im Untersetzen und Überschlagen zwei gleichberechtigte Mittel sieht, *«wodurch wir bequem so viel Finger gleichsam kriegen als wir brauchen»* (Bach 1753/1957, 23), hält er die beiden ersten Fingersätze für gleich wichtig. Es fällt jedoch auf, daß Bach die beiden ersten Fingersätze «gewöhnlicher» findet als die heute übliche dritte Art (Bach 1753/1957, 24).

(Bach 1753/1957, Beilage S. 1)

Ähnlich variable Applikaturen gibt Bach auch für andere Tonleitern mit vielen weißen Tasten an. Er sieht den Vorzug dieser «leichten» Tonarten darin, daß sie mehr als die hohen Kreuz- und B-Tonarten zu Fingersatzexperimenten «verführen» und somit auch mehr Möglichkeiten eröffnen, den musikalischen Ausdruck durch die Wahl der Fingersetzung zu schattieren. Er schreibt: *«Folglich sind die so genannten leichten Ton-Arten (weil ihre Applicatur so verschieden ist, und man beyde Hülfs-Mit-tel* [gemeint sind Überschlagen und Untersetzen] *zur rechten Zeit gebrauchen lernen muß, ohne sie zu verwirren; ...) viel verführerischer und schwerer als die sogenannten schweren Ton-Arten, indem sie nur eine Art von* *Finger-Setzung haben»* (Bach 1753/1957, 34).

Wenngleich das Beispiel verdeutlicht, daß die Kunstregeln im 18. Jahrhundert eher den Charakter von Kannregeln denn Gesetzen hatten, muß doch hinzugefügt werden, daß damals bezüglich der Einhaltung von Kunstregeln unterschiedliche Auffassungen existierten. Die alte, strengere Auffassung des Regelspiels behielt das ganze 18. Jahrhundert hindurch ihre Bedeutung. Die Genialität eines Künstlers wurde daran gemessen, wie kunstvoll er mit den Handwerksregeln spielte, d. h. wie er mehrere Regeln miteinander reagieren ließ, komplizierte Systeme von «Vorfahrtsregeln» ausknobelte und Grenzfälle erprobte.

J. S. Bachs Kompositionsunterricht ist hierfür ein gutes Beispiel. Trotz aller Strenge, die er sich und seinen Schülern bei der Arbeit auferlegte, setzte er der erfinderischen Kreativität keine Grenzen. *«Bey aller Strenge dieser Art»*, berichtet Forkel über Bachs Kompositionsunterricht, *«gestattete er dennoch auf einer andern Seite seinen Schülern große Freyheiten. Sie durften im Gebrauch der Intervallen, in den Wendungen der Melodie und Harmonie alles wagen, was sie wollten und konnten»* (Forkel 1802/1925, 74).

Manche Künstler machten sich sogar einen Spaß daraus, sich durch die gleichzeitige Anwendung einander widersprechender Regeln in scheinbar ausweglose Situationen hineinzumanövrieren, aus denen sie sich nur durch sogenannte Kunstgriffe befreien konnten. Sulzer schreibt dazu: *«Eigentlich sind die Kunstgriffe da nöthig, wo der gewöhnliche Gang der Kunst entweder nicht weiter reichen, oder wo er natürlicher Weise in einen Fehler führen würde»* (Sulzer 1792/1967, 99).

Solche Kunstgriffe finden sich freilich nicht in den üblichen Lehrbüchern. Darin wurden nur die «mechanischen Regeln» der Kunst abgehandelt. Die Kunstgriffe hatten vielmehr den Status von Geheimwissen und wurden von einem jeden Meister nur einigen auserwählten Schülern weitergegeben. C. Ph. E. Bachs «Versuch» war in dieser Hinsicht eine Ausnahme. Bachs Anliegen war es, über die üblichen Lehrbücher seiner Zeit hinausweisend, öffentlich zu machen, was *«bishero so unbekannt gewesen und nach Art der Geheimnisse nur unter wenigen geblieben ist»* (Bach 1753/1957, 15). Eine andere Möglichkeit, sich Kunstgriffe anzueignen, war das Studium bedeutender Kunstwerke, in denen die Kunstgriffe angewendet waren. Aber auch hier wurde es dem Suchenden nicht leicht gemacht, da es damals als ästhetisches Ideal galt, die Kunstgriffe zu verbergen (Sulzer 1792/1967, 97, 98).

Obwohl sich die regel-geleitete Arbeits-

technik noch das ganze 18. Jahrhundert und teilweise darüber hinaus gehalten hat, gibt es doch einige Anzeichen, die darauf hindeuten, daß zunehmend mehr Musiker versuchten, die engen Grenzen, die sich aus der regelvermittelten Kunstausübung ergaben, zu übertreten und freier zu experimentieren. Das freie Phantasieren auf dem Klavichord und dem Cembalo spielte hierbei eine zentrale Rolle.

Nach Forkels Meinung war es gerade das Improvisieren auf dem Klavichord, bei dem oft die guten Einfälle kamen, die anschließend kompositorisch verwertet wurden: *«Wenn unsere besten Komponisten aufrichtig genug wären, so würden wir erfahren, daß sie öfters ihre glücklichsten Gedanken aus dieser Quelle genommen oder wenigstens zu ihrer Anreizung die reizende Form und die innere wirkende Kraft derselben zu verdanken haben»* (Forkel, zit. nach Neupert 1956, 76).

C. Ph. E. Bach ist zweifellos schon zu jenen Komponisten zu rechnen, die viele ihrer Ideen aus der Improvisation gewannen, doch blieb er andererseits noch der alten Kunstauffassung treu und faßte die Ergebnisse seiner Experimente in Form neuer Regelsysteme zusammen. Andere Musiker gingen noch einen Schritt weiter. Sie akzeptierten die Bindung an strenge Regeln nur noch bedingt. Gerade die bedeutenden Komponisten scheinen sich beim Fantasieren und Komponieren oft über die strengen Kunstregeln hinweggesetzt zu haben. C. Burney z. B. berichtet in seinem «Tagebuch einer musikalischen Reise» über Scarlatti: *«Scarlatti sagte öfter . . ., er wisse recht gut, daß er in seinen Klavierstücken alle Regeln der Komposition beiseite gesetzt habe, fragte aber, ob seine Abweichung von diesen Regeln das Ohr beleidigte, und auf die verneinende Antwort fuhr er fort, er glaube, es gäbe fast keine andere Regel, worauf ein Mann von Genie zu achten habe, als diese, dem einzigen Sinne, dessen Gegenstand die Musik ist, nicht zu mißfallen»* (Burney 1773/1774, zit. nach Häfner 1939, 67).

Eine ähnliche Meinung über die Rolle der Kunstregeln vertrat J. Haydn: *«Man erzählte Haydn»*, schreibt G. A. Griesinger in seinen biographischen Notizen, *«daß Albrechtsberger alle Quarten aus dem reinsten Satze verbannt wissen wollte. ‹Was heißt das?› erwiderte Haydn; ‹die Kunst ist frey, und soll durch keine Handwerksfesseln beschränkt werden. Das Ohr, versteht sich ein gebildetes, muß entscheiden, und ich halte mich für befugt, wie irgend einer, hierin Gesetze zu geben›»* (Griesinger 1810/1981, 114). Und schließlich war nach H. G. Nägelis Urteil auch W. A. Mozart zwar ein «Kunst-Genie» aber «kein großer Künstler» (Nägeli 1826/1980, 159), weil er die Kunstregeln zuhauf übertreten habe, und zwar die der Formbildung, Rhythmik, Melodiebildung, Ideenentwicklung und der Modulation (Nägeli 1826/1980, 159–167).

Gerade Scarlattis, Haydns und Mozarts weit über ihre Zeit hinausreichende Harmonik und Formbildung verdeutlichen, daß die beim freien Experimentieren eher zufällig aus den Fingern fließenden originellen Regelverstöße wichtige, wenn nicht gar die wichtigsten Impulse zur Weiterentwicklung der Kunst gaben.

Der umfassende Begriff von «Übung»

Der Begriff «Übung» hatte im 18. Jahrhundert eine weit gefaßte Bedeutung. Er bezog sich auf die Gesamtheit der musikalischen Handwerksbetätigung. Diese umfassende Bedeutung von «Übung» ist uns heute in der Redewendung «sich in einer Kunst üben» noch in vager Erinnerung, obwohl der Begriff inzwischen eine engere Bedeutung erhalten hat (Goebels 1969, Bollnow 1978, Niswandt 1984, Grimmer 1986). Wenn man von «Clavierübung» sprach, meinte man das Musizieren auf dem Klavier überhaupt und zwar von den ersten Anfängen bis zur höchsten Meisterschaft. Zum ersten Mal begegnet uns das Wort «Clavierübung» bei Kuhnau, Kirnberger und Lübeck. Bei Kuhnaus «Neuer Clavier-Übung, 2 Teile» (1689/1692) handelt es sich um eine Folge von Suitensätzen und nicht etwa um Fingerübungen. Kuhnau betrachtet seine Kompositionen u. a. auch als Anregung zum Komponieren, *«... wobey denn nicht alleine die Incinienten sondern auch die, welche des Claviers, und der Composition mächtig sind, das Ihrige antreffen werden. Jene finden Gelegenheit sich zu exerciren; diese aber der Sache weiter nachzudenken, und den Geist zu dergleichen, oder auch wohl zu einer bessern Erfindung aufzumuntern»* (Kuhnau 1692, 1, 2).

Die «Clavierübungen» von Lübeck, Krieger und Kirnberger enthalten ähnlich wie die Kuhnaus eine Reihe von Übungsstücken. Lübecks «Clavierübung» besteht aus einer sechssätzigen Suite mit einem abschließenden Choral (Lübeck 1728), Kirnbergers vier Bände «Clavierübungen» aus einer Vielzahl verschiedenartigster Musikstücke, die «von den leichtesten bis zu den schwersten Stücken» angeordnet sind (Kirnberger 1766).

J. S. Bach führte die Tradition der Klavierübung weiter (Clavierübung Teil I–IV' 1731, 1735, 1739, 1741; s. a.: Gradenwitz 1986, 107–150). Als Bach seine erste Sammlung von Partiten im Selbstverlag herausgab, bestimmte er sie als «Clavier-Übung, bestehend in Präludien, Allemanden, Couranten, Sarabanden, Giguen, Menuetten und anderen Galanterien, denen Liebhabern zur Gemüthsergötzung verfertigt». Die vier Duette «verfertigte» Bach «denen Liebhabern, und besonders denen Kennern von dergleichen Arbeit, zur Gemüthsergötzung» (s. a. Gradenwitz

21

1986, 107). Die einzelnen Bände der Clavierübung enthalten mannigfaltige Beispiele homophoner und polyphoner Musik in verschiedensten musikalischen Formen, wobei der Schwierigkeitsgrad bis hinauf zu den Goldbergvariationen führt. Der Begriff «Übung» wurde demnach von Bach recht umfassend im Sinne von lebenslanger Handwerksausübung verstanden. Bach widmet wie auch Kuhnau seine «Clavierübung» Liebhabern und Kennern gleichermaßen. Daraus läßt sich der weitergehende Schluß ziehen, daß der Niveauunterschied zwischen professionellen und nicht professionellen Klavierspielern im 18. Jahrhundert noch nicht sehr beträchtlich gewesen sein kann.

Schwierige Stellen weglassen

Zum Abschluß dieses Kapitels werden noch zwei speziell die Übemethodik betreffende Punkte angesprochen: erstens der Umgang mit schwierigen Passagen in Musikstücken und zweitens das Übetempo.

Durch das ausgiebige Training von musikalisch-technischen Übungen eignete sich der Musiker zwar eine solide Technik an, die ihm erlaubte, die manuellen Schwierigkeiten in Vortragsstücken weitgehend zu bewältigen, aber trotzdem blieben natürlich immer noch eine Reihe von Stellen übrig, die nicht auf Anhieb beim ersten Durchspielen gelangen. Wie mit solchen Passagen verfahren wurde, erklärt uns C. Ph. E. Bach: *«Alle Schwürigkeiten in Passagien sind durch starke Uebung zu erlernen und erfordern in der That nicht so viele Mühe als der gute Vortrag einfacher Noten. Diese machen manchem zu schaffen, welcher das Clavier für simpler hält als es ist. So faustfertig man unterdessen sey: so traue man sich nicht mehr zu als man bezwingen kan, wenn man öffentlich spielt, indem man alsdenn selten in der gehörigen Gelassenheit, auch nicht allezeit aufgeräumt ist. Seine Fähigkeit und Disposition kan man an den geschwindesten und schwersten Passagien abmessen, damit man sich nicht übertreibe und hernach stecken bleibe. Diejenigen Gänge, welche zu Hause mit Mühe und sogar nur dann und wann glücken, muß man öffentlich weglassen, man müßte denn in einer ganz besondern Fassung des Gemüthes seyn. Auch durch Probirung der Triller und andrer kleinen Manieren kann man das Instrument zuvor erforschen»* (Bach 1753/1957, 120, 121).

Bach unterscheidet zwischen «starker Übung», mittels derer die «Schwierigkeiten den Passagien» zu überwinden sind und der «Mühe», die auf den «guten Vortrag einfacher Noten» verwendet werden soll. Er gibt ein eindeutiges Votum für die Priorität des musikalischen Vortrags ab und erteilt eine klare Absage an hohle Virtuosität. Weiterhin zeigt die Quelle, vielleicht ein Trost für uns heute, daß auch die «Alten» schon so etwas wie Vorspielangst kannten, daß auch sie trotz ihrer hohen improvisatorischen Fähigkeiten bisweilen «stecken blieben». Sie hatten jedoch weniger Schwierigkeiten, damit umzugehen. Welchem Pianisten ist es heute erlaubt, vor Beginn seines Spiels «Triller und andere kleine Manieren» in Anwesenheit des Publikums auszuprobieren? Wer kann es sich erlauben, unsichere «Gänge» einfach wegzulassen? Bei Bach steht der leichte und fließende Vortrag absolut im Vordergrund. Die Schwierigkeit des Stückes hatte sich diesem Hauptzweck unterzuordnen. Das Vereinfachen von schweren Stellen scheint übrigens nicht nur von Bach praktiziert worden zu sein. Auch Rameau gibt die Anweisung, schwierige Variationen oder Doppelgriffe einfach wegzulassen, wenn man sie noch nicht beherrscht (Rameau 1731/1972, 19; s. a. Häfner 1937, 43). Auf der anderen Seite gibt es allerdings auch eine Reihe von Quellen, die belegen, daß man schon im 17. und 18. Jahrhundert unbequeme Passagen durch separate Übung gefügig zu machen versuchte. Eine beliebte Übemethode war das Transponieren, das z. B. von Rameau (1731/1972, 19) sowie den Spaniern J. Bermudo und H. Cabezon empfohlen wird (siehe Häfner 1937, 24).

Langsam und einzeln üben

Langsam geübt wurde immer dann, wenn man eine neue, ungewohnte Spielfigur in die Finger bekommen wollte oder mit dem Studium eines Vortragsstückes begann. Im fortgeschrittenen Übestadium ging man nicht wieder auf das langsame Spiel zurück. C. Ph. E. Bach beispielsweise rät langsames Üben am Beginn der Arbeit an einem Musikstück (1753/1957, 12). «Man hüte sich», warnt auch Marpurg, «im Anfange ebenfalls vor dem geschwinden Spielen. Es ist dieses der erste Schritt zur Undeutlichkeit und zur Verwirrung des Tacts und der Finger» (Marpurg 1762/ 1969, 8). Und ebenso sprach sich W. A. Mozart für das anfänglich langsame Üben aus. Über Rosa Cannabich, einer Mannheimer Schülerin, mit der er eine seiner Sonaten einstudierte, äußerte er sich: «... wenn ich jetzt ihr förmlicher Meister wär, so sperrte ich ihr alle Musikalien ein, deckte das Klavier mit einem Schnupftuch zu, und ließ ihr so lang mit der rechten und linken Hand, anfangs ganz langsam, lauter Passagen, Triller, Mordanten et

cetera exercieren, bis die Hand völlig eingericht wäre» (Mozart, zit. n. Schonberg 1972, 41).

Diese Quelle verdeutlicht ferner, daß das einzelhändige Üben damals durchaus schon praktiziert wurde. Weitere Quellen bestätigen diese Praxis. So empfiehlt z. B. D. G. Türk in seiner Klavierschule, die Hände separat zu üben (Türk 1789, 21), und Couperins weiter oben abgedruckte kleine Musikstücke sind ja auch explizit für die rechte Hand als Melodielinie und für die linke Hand als Generalbaßlinie gesetzt. Allerdings scheint das einzelhändige Üben nicht generell üblich, sondern weitgehend auf den Anfangsunterricht beschränkt gewesen zu sein; wie sonst wäre das Wörtchen «noch» in folgender Passage aus der Klavierschule Marpurgs zu verstehen: «Übrigens muß man einen jungen Anfänger noch besonders mit jeder Hand alleine nach Noten spielen lassen, bevor man sie beyde zusammenspielen lässet» (Marpurg 1762/1969, 7).

2. Kapitel
Die Passagenfantasie

Der Leser mag sich vielleicht fragen, ob es überhaupt notwendig ist, einer scheinbar trockenen Materie wie Fingerübungen drei umfangreiche Kapitel zu widmen. Wenn wir heute das Wort «Übungen» hören, dann denken wir unwillkürlich sofort an langweilige Fingerexerzitien. Fingerübungen im eigentlichen Sinne spielten jedoch insbesondere in der ersten Hälfte des 19. Jahrhunderts eine eher untergeordnete Rolle. Das Spektrum von Übungen war wesentlich breiter. Sie hatten einen direkten Bezug zur Musik und waren außerdem, wie wir gleich sehen werden, keineswegs trocken und fade.

Die Verlängerung der Übezeit

Zumindest in den ersten Jahrzehnten des 19. Jahrhunderts blieb die Lehr- und Lernform der innigen Meister-Schüler-Bindung noch erhalten. Gerade der Anfangsunterricht erfolgte in der Regel noch täglich (Müller 1804, 4; Hummel 1828, 11). Einmal pro Tag eine Stunde unterrichtete z. B. auch F. Wieck seine Tochter Clara (Litzmann 1910, 6).

Ein Schüler erhielt zwar auf diese Weise wesentlich mehr Unterricht als heute, doch unterschied sich die damalige Art zu unterrichten erheblich von der heutigen. Weder saß der Meister während der gesamten Unterrichtszeit neben dem Schüler, noch richtete er seine Konzentration immerwährend auf die Kontrolle desselben. Es war vielmehr wie in jedem Handwerksbetrieb: Meister und Schüler werkelten unter einem Dach. Der Meister lehrte seinen Schüler die Regeln des Handwerks, überließ ihn anschließend sich selbst und ging seiner eigenen Arbeit nach. Auf diese Weise wurde der Lehrling sehr schnell zur Selbständigkeit geführt. Die Maxime des eigenverantwortlichen Arbeitens, ein zentrales Merkmal des handwerklichen Lernens, galt bis weit in das 19. Jahrhundert hinein (siehe Köhler 1860, 161 ff.). Schindler beispielsweise berichtet, daß sowohl Czerny als auch Beethoven während des Klavierunterrichts oft komponierten oder etwas anderes taten. Ries erzählt, daß Beethoven sich nur selten zu ihm setzte und es dann kaum mehr als eine halbe Stunde «aushielt» (Schindler 1927, 13).

Ende des 18. Jahrhunderts sind erste Anzeichen einer Umgestaltung der handwerklichen Instrumentalübung zu erkennen. Ein äußeres Indiz dafür ist die teilweise beträchtliche Verlängerung der Zeit, die der Schüler alleine übend verbrachte. Milchmeyer empfiehlt in seiner Klavierschule aus dem Jahre 1797 bereits eine Übezeit von acht Stunden täglich (Kullak 1922, 71). Clementi soll schon als Kind acht bis vierzehn Stunden in «Einzelhaft» am Klavier verbracht haben: «*8 Stunden täglich widmete er dem Klavier; und wenn er wegen gesellschaftlicher Verpflichtungen, die er Sir Beckford zuliebe erfüllte,* gezwungen war, die Länge seines täglichen Übens zu verkürzen, merkte er sich das Defizit und gab es am nächsten Tag zu. So war er manchmal gezwungen, zwölf oder vierzehn Stunden hintereinander zu üben, um dem Pensum, das er sich selbst auferlegt hatte, gerecht zu werden» (Platinga 1977, 6).

Sogar die normalen Klavieranfänger mußten nun länger üben: «... und außerdem», rät A. E. Müller, «muß sich der Anfänger täglich zwey, wenigstens Eine Stunde im Spielen selbst üben ... Der Schüler darf aber bey diesen Übungen, ehe er sehr beträchtliche Fortschritte gemacht hat, keine andern Stücke spielen, als die der Lehrer selbst für ihn verfertigt und gewählt hat, und die dieser mit ihm vorher durchgegangen ist» (Müller 1804, 4).

Die Tendenz, die Übezeit zu verlängern, setzte sich am Anfang des 19. Jahrhunderts fort. Von den großen Virtuosen werden für uns heute teilweise unvorstellbare Übezeiten berichtet. L. Köhler brachte es ähnlich wie Czerny auf täglich acht, Dreystock und Kalkbrenner auf zwölf, und Henselt nachweisbar sogar auf sechzehn Stunden (Theinhard 1889, 169; Músiol 1881, 3; Nautsch 1983, 21; Wehmeyer 1983, 161). Wenn man Kontzkis bissigen Bemerkungen im Vorwort zu seinem «L'Indispensable du Pianiste» Glauben schenken darf, so wurde bisweilen sogar achtzehn Stunden am Tag Klavier geübt (Kontzki 1851, 9).

Wirkliche Künstler reagierten allerdings schon damals mit Kopfschütteln auf die neue Mode: So bemerkt Hummel im Vorwort zu seiner Klavierschule: «Viele im Fortschreiten begriffene Spieler sind der irrigen Meinung, man müsse täglich wenigstens 6 bis 7 Stunden spielen, um zum Ziele zu gelangen; ich kann ihnen jedoch versichern, daß ein r e g e l - m ä ß i g e s , t ä g l i c h e s , a u f - m e r k s a m e s Studium von höchstens 3 Stunden zureichend ist; denn jede längere Übung stumpft den Geist ab, bewirkt ein mehr maschinenmäßiges als seelenvol-

les Spiel» (Hummel 1828, 11). Eine ähnliche Meinung vertrat Chopin. Madame Dubois, eine seiner Schülerinnen, berichtet, daß Chopin, als er sie sagen hörte, daß sie sechs Stunden täglich übe, ziemlich ärgerlich wurde und ihr verbot, mehr als drei Stunden täglich am Klavier zuzubringen (Gerig 1976, 165). Auch F. Wieck äußerte sich ironisch bis polemisch über die damals anscheinend so hochbrisante Frage nach der Länge des Übens. Auf sein Erfolgsrezept angesprochen, gab er zu verstehen, daß die reine Länge der Übezeit relativ unbedeutend sei: «Wie gesagt, auf's Ueben, auf's viele Ueben kommt es nicht an, nur auf's ‹ r e c h t e U e b e n › und daß man den Schüler auf keine Um- und Abwege geraten lässt» (Wieck 1853, 67, 68).

Fleiß galt damals trotz dieser kritischen Worte als wichtigste Tugend des guten Musikers. Hummel z. B. beschließt seine Klavierschule mit dem Motto: «Zeit, Geduld und Fleiß gelangen ans Ziel» (Hummel 1828, 444). Eine der berühmten «Musikalischen Haus- und Lebensregeln» von Robert Schuman lautet: «Durch Fleiß und Ausdauer wirst du es immer höher bringen» (Schumann 1848, Anhang). Ähnliche Hinweise finden sich bei Dussek und Moscheles (siehe Wehmeyer 1983, 160).

Wenn sich der Fleiß nicht von selbst einstellte, wurde bisweilen mit dem Rohrstock nachgeholfen. John Field beispielsweise, als Kind nicht gerade einer der fleißigsten, versicherte, «er habe in seiner Jugend um der Musik willen mehr Prügel als Brot erhalten» (AmZ 1837, 461). Czerny setzte eher auf die Wirkung des schlechten Gewissens. Er beendet die Folge von Unterrichtsbriefen, die an Cäcilie, ein zwölfjähriges, «talentvolles und gebildetes Fräulein vom Lande», adressiert sind, mit folgenden mahnenden Worten: «Und nun, Fräulein Cäcilie, verkünde ich Ihnen zu Ihrem Erschrecken, daß ich bald in die Gegend ihres Aufenthaltes kommen, Sie besuchen, und mit strenger Richtermiene mich in eigener Person von ihrem

*Fleisse überzeugen will. Daß Sie sich des-
halb einstweilen recht fürchten werden,
finde ich ganz in Ordnung»* (Czerny, Unterrichtsbriefe, 82).

Der Fleiß bezog sich jedoch nicht nur
auf die Klavierübung, sondern war eine
allgemeine Modeerscheinung jener Zeit.
Wenn man die Biographien berühmter Virtuosen und Komponisten durchsieht, stellt
man fest, wie hart und ausdauernd in der
ersten Hälfte des 19. Jahrhunderts gearbeitet wurde. Komponieren, Unterrichten,
öffentliche Auftritte, schriftstellerische
Tätigkeit und Erlernen von Fremdspra-
chen ließen den Arbeitstag oft bis auf
neunzehn Stunden anschwellen. Moscheles z. B. begann den Tag früh um sieben
Uhr morgens mit Englischlektionen und
beschloß ihn abends mit Komponieren,
das sich oft bis zwei oder drei Uhr nachts
erstreckte (Moscheles 1873, 16). Moscheles gab täglich zehn, Czerny zwölf Stunden Unterricht, was durchaus im Rahmen
des damals Üblichen lag. Von Clementi
wird berichtet, daß er vom frühen Morgen
bis in die Nacht hinein unterrichtete (AmZ
1837, 463).

Noch weniger ist aus heutiger Sicht
nachzuvollziehen, daß der Achtzehnstun-
dentag nicht etwa nur für Erwachsene,
sondern auch für Kinder galt. Kinder wurden damals noch wie kleine Erwachsene
behandelt. Eine Gesellschaft, die ihre Kinder im Alter von zehn Jahren in die Fabrik
zur zwölfstündigen Arbeit schickte,
schonte die Kinder auch in der Instrumentalübung nicht. Beispielsweise erzählte
Beethoven seinem Schüler Czerny, daß er
«in seiner Jugend ungeheuer, meistens bis
spät über Mitternacht exerciert hatte» (zit.
n. Cramer/Kann 1974, VI). Kalkbrenner
widmete sich neben seinem zwölfstündigen Klavierspiel noch der Mathematik und
der Arzneikunde (Nautsch 1983, 21). Die
großen Virtuosen, Komponisten, Wissen-
schaftler und Philosophen in der damaligen Zeit konnten nur deshalb schon in jungen Jahren Erstaunliches leisten, weil sie
bereits in frühester Jugend begannen, hart
zu arbeiten.

«Da kam das Passagenwesen an die Tagesordnung»
(Nägeli 1826/1980, 177)

In der ersten Hälfte des 19. Jahrhunderts
gewann das Passagenspiel allmählich eine
zentrale Stellung innerhalb der Klavierübung. Ein Großteil der verlängerten Übezeit wurde auf musikalisch-technische
Übungen verwendet. Sie sollten nach Hüntens Ansicht ein Drittel und nach Czernys
Meinung sogar die Hälfte der Übezeit ausfüllen, was bei einem Arbeitstag von acht
bis achtzehn Stunden recht beachtlich ist
(Hünten 1832, 22; Czerny 1839 II, 136).

Im Vorwort zum zweiten Band seiner
Pianoforte-Schule erklärt Czerny, warum
er die Passagenübung für so wichtig hält:
*«Sollte irgend ein Schüler glauben, dass
auf diesen Gegenstand eine allzugroße*
*Wichtigkeit gelegt wird, so kann man ihm
Folgendes erwiedern: Seit der Entstehung
des F o r t e p i a n o = Spiels sind
die S c a l e n = Passagen ein Gemein-
gut a l l e r Tonsetzer geworden. Man
findet sie in den Ton-werken, welche vor
100 Jahren geschrieben worden sind, eben
so zahlreich, wie in den Neuesten und
Modernsten; – eben so häufig in der unbe-
deutendsten Kleinigkeit, wie in den klassischen C o m p o s i t i o n e n eines
B a c h , M o z a r t , B e e t h o -
v e n : und auch jeder zukünftige Tonsetzer muss sich derselben noch bedienen,
wie originell er auch sonst sein mag. Die
meisten andern E t u d e n enthalten*

grösstenteils solche Passagen, welche ausserdem selten oder sonst gar nirgends gefunden werden. So nützlich nun auch das Studium solcher Uebungen unstreitig ist, so steht es doch jenem nach, welches man überall und alle Augenblicke anzuwenden und zu benützen hat» (Czerny 1839 II, 1). Nach Czernys Ansicht sind technisch-musikalische Übungen demnach noch wichtiger als Etüden.

Ähnlich wie im 18. Jahrhundert nahmen musikalisch-technische Übungen in den ersten Unterrichtsjahren einen breiten Raum ein. Beethovens Anfangsunterricht unterschied sich kaum von dem Bachs. Dies wird aus einem Brief des Vaters der Beethovenschülerin M.L. Blahetka an A. Schindler deutlich: *«Unter meinen Musikalien in Wien werden sich noch einige Übungen finden, die Beethoven Leopoldinen durch bloße Punkte auf dem Notensystem angedeutet und worauf sie sich selbst Figurationen für beide Hände auf mannigfaltige Weise in allen Tonarten konstruieren mußte, darauf hielt er besonders»* (zit. nach Cramer/Kann 1974, X). Eine ähnliche Meinung vertrat Czerny: *«Der erste Elementarunterricht zerfällt in zwei Theile, die miteinander gleichen Schritt halten müssen: nämlich a) in das Lernen der Noten, der Eintheilung des Taktes, usw. b) in die möglichst frühzeitige Entwicklung der Fingerfertigkeit durch das Üben auswendig gelernter zweckmäßiger Passagen. Keines darf über dem Andern versäumt werden»* (Czerny 1839 I, 17).

wo bleibt das Gehör!

Czernys und Beethovens Auffassung war allgemeine pädagogische Ansicht. A. Walter beispielsweise schreibt im Vorwort zu einer Sammlung von Übungsstücken: *«Mich überzeugte eine mehrjährige Erfahrung, daß es weit besser ist, die Lernenden zuerst mit dem Klaviere vertraut zu machen und so ihrer Hand einige Fertigkeit anzueignen, als sie ohne diese nöthige Vorbereitung sogleich zum Spielen ganzer Tonstücke anzuhalten. Die ersten Uebungen des Schülers sind daher leichte Gänge, welche die Haltung der Hand, den guten Anschlag, eine gewisse Schnellkraft und ein gleiches Verhältniss der schwächeren Finger zu den stärkeren erzeugen, und die Elemente der Fingersetzung, die Manieren usw. lehren»* (Walter, zit. nach AmZ 1824, 363). Der Rezensent in der AmZ fügt hinzu: *«Hiermit stimmt Rec. aus vieljähriger Erfahrung überein. Denn es ist gewiß ein unpädagogisches Verfahren, daß der Schüler Drey oder Viererley – Anschlag, Noten, Takt und Vortrag – z u g l e i c h lernen soll. Wie ist es möglich, daß er auf Alles dieses g l e i c h g e s p a n n t seine Aufmerksamkeit richtet»* (AmZ 1824, 363).

Durch diese Unterrichtsmethode erlangten die Kinder schon ziemlich früh eine virtuose Technik. F. Wieck vertrat die Meinung, daß gerade das Alter zwischen sechs und sieben Jahren sehr günstig sei, um die Spieltechnik auszubilden (Wieck 1853, 17). Mit sechzehn Jahren sollte nach seiner Ansicht die Technik vollständig entwickelt sein (Wieck 1853, 39).

Entwicklungspsychologie

500 Millionen Passagen

Wenn man die Instrumentalschulen aus der ersten Hälfte des 19. Jahrhunderts chronologisch geordnet durchblättert, fällt auf, daß die Anzahl der darin enthaltenen Passagenübungen von Jahr zu Jahr kontinuierlich zunimmt. Die Entwicklung deutet sich

erstmals in der Klavierschule von dem am Pariser Konservatorium tätigen L. Adam an (Adam 1802). Im ersten Teil der Schule findet man auf neunzig Seiten eine Fülle von Passagenübungen.

Die neue Art, Klavierschulen zu schreiben, fand schon bald in Deutschland Nachahmer. Die erste deutschsprachige Klavierschule, die sich an dem französischen Vorbild orientierte, wurde von A. E. Müller im Jahre 1804 verfaßt (Riemann 1883/1912, 107). Sie enthält hundertundfünf Übungen im Fünftonraum, dreihundertfünfzig Übungen mit fortschreitender Hand, zweihundertachtundzwanzig Übungen in verschiedenen Tonarten und eine Unzahl von einhändigen, zwei- und dreistimmigen Exerzitien. Der Schule war solch nachhaltiger Erfolg beschieden, daß sie sogar am Pariser Konservatorium als Lehrbuch eingeführt wurde (AmZ 1829, 162). Allerdings muß bemerkt werden, daß Müller gar keine eigene Klavierschule geschrieben hat. Er nahm die altbewährte Anleitung von G. S. Löhlein aus dem Jahre 1765 und ergänzte sie um mehr als hundert Seiten Fingerübungen (Kullak 1922, 72). Es handelt sich demnach bei Müllers Schule noch um eine handwerkliche Klavierschule, die um einen neuen, quasi maschinellen Teil ergänzt ist. Das Passagenstudium war der erste Bereich der Klavierübung, der nach dem Vorbild des maschinellen Produzierens umgestaltet wurde.

Einen vorläufigen Höhepunkt in dieser Entwicklungslinie bildet die Klavierschule von Hummel: Sie enthält zirka 2200 Exerzitien. Wer den zweiten Band der Schule von Hummel, entmutigt von der Masse der Finger- und Passagenübungen, wieder beiseite legt und stattdessen den zweiten Band der Klavierschule von Czerny oder von Greulich wählt, dem ergeht es kaum anders (Czerny 1839 II, Greulich 1830, s. a. AmZ 1830, 334). Hummels Schule entsprach durchaus dem Trend der Zeit. Deshalb ist es auch nicht verwunderlich, daß der Rezensent der Klavierschule von Hummel zwar beeindruckt ist von den Passagenübungen, die immerhin 264 Seiten des zweiten Bandes ausfüllen, daß er aber dennoch nichts Ungewöhnliches daran findet. Im Gegenteil, er stimmt mit Hummel darin überein, daß dieser Gegenstand einer der wichtigsten in der Lehre des Klavierspiels sei (AmZ 1829, 162).

Nun, Adam, Müller, Hummel u.a. haben zwar unendlich viele Tonkombinationen erfunden, aber bei weitem noch nicht alle entdeckt. A. B. Marx rechnete sie aus: «Schon durch Rechnung wissen wir, dass allein sechs Töne ‹24›, acht ‹40320› und ‹12› an ‹500 Millionen› Umstellungen gewähren» (Marx 1855, 199). Marxens Rechnung ist bezeichnend für die Denkart der Zeit. Eine Vielzahl von Pianisten arbeitete fieberhaft daran, die 500 Millionen möglichen Tonfiguren herauszufinden.

Der mechanische Nutzen der Übungen

Betrachten wir nun zunächst den spieltechnischen Aspekt der Übungen. Bei genauer Analyse zeigt sich, daß sie, was den mechanischen Zweck anbelangt, durchaus ihre Aufgabe erfüllten und das sogar besser als manche neuere Fingerübungswerke.

Die Schnelligkeit, bis zu der die Passagen gesteigert wurden, war, wie man den Metronomzahlen entnehmen kann, recht beträchtlich. «So schnell wie möglich», empfahl beispielsweise auch Brahms noch einige Jahrzehnte später für seine Übungen (E. Schumann 1927, 146). Sehen wir uns anhand eines Beispiels genauer an, mit welchen Trainingsmethoden die für uns heute kaum noch ausführbaren Tempi erreicht wurden.

A. E. Müller gibt zu den Übungen in seiner Schule folgende Anweisung: «*J e d e der folgenden Uebungen lasse man erst langsam spielen; nach und nach, so wie die Finger an Stärke, Schnellkraft und Gelenkigkeit zunehmen, lasse man sie geschwinder und immer geschwinder wie-* derholen. Bey dem ersten Beyspiele (No 1. a.) ist dieses Verfahren in Noten ausgesetzt worden» (Müller 1804, 37).

(Müller 1804, 37, 38)

Die Geschwindigkeit der Notenwerte wird über einem festen Grundrhythmus einfach dadurch gesteigert, daß jeweils eine Note mehr auf einem Schlag untergebracht wird. Die Übemethode läßt sich verallgemeinern. Um eine große Schnelligkeit zu erreichen, ist es äußerst hilfreich, den Grundrhythmus beizubehalten und von Wiederholung zu Wiederholung eine Note dazuzunehmen. Aus zwei Achteln wird so eine Triole und dann vier Sechzehntel usw. Wichtig ist dabei, daß der erste Ton immer akzentuiert wird, wie es Müller vorschreibt. Auf diese Weise bilden sich aus mehreren Noten bestehende, motorische Ketten, die auf einen Initialimpuls hin automatisch ablaufen. Die Ausbildung der Bewegungsschnelligkeit wird dadurch unterstützt, daß die Geschwindigkeit stufenweise beschleunigt wird und zwischen jeder Steigerungsstufe eine längere Ausruhphase in Form einer ganzen Note gewährt wird.

Interessant ist die von Müller geforderte Fingerbewegung: *«Bey der ersten Gattung dieser Uebungen vermeide man jede, auch die kleinste Bewegung der Hand: man hebe deshalb die längern Finger nach dem Anschlage, besonders wenn die Bewegung schnell ist, nicht a u f w ä r t s , sondern ziehe sie vielmehr, vermittelst eines leichten Abgleitens derselben von der Taste, nach dem Innern der Hand ein»* (Müller 1804, 37). Diese Anschlagtechnik scheint damals sehr verbreitet gewesen zu sein. Beispielsweise haben sich auch Hummel und Forkel dieser «Krabbelmanier» bedient (Brendel 1857, 201; Scherer 1989, 51). Das Abgleiten der Finger von der Taste nach dem Innern der Hand, das heute zumeist nur noch bei schnellen Tonrepetitionen angewendet wird, ergibt auch bei anderen Passagen eine erstaunlich lockere Virtuosität. Die Anweisungen, die Müller zum Studium seiner Passagenübungen gibt, lassen erkennen, welch großes Gewicht damals auf die absolute Lockerheit des Spielapparats gelegt wurde.

Aloys Schmitts Fesselfingerübungen

Die Bachsche Tradition, Übungen dazu zu benutzen, die Gleichmäßigkeit der Finger auszubilden, wurde im 19. Jahrhundert weitergeführt. Fast alle Klavierschulautoren waren sich darin einig, daß es eine der wesentlichen Aufgaben der Passagenübung ist, die Ungleichheit der Finger zu beheben und sie gelenkig, stark, geschmeidig und voneinander unabhängig zu machen (Adam 1802, 11; Müller 1804, 4; Kalkbrenner 1830, 29; Fétis & Moscheles 1837, 42). Die Methoden, mit denen man versuchte, dies zu erreichen, waren sehr effektiv.

Kalkbrenner fand heraus, daß die oftmalige Wiederholung des Einzelfingeranschlages besser geeignet ist, Fingerstärke, Spielgeschwindigkeit und Geschicklichkeit zu steigern als die bis dato üblichen Trillerübungen. Er ließ einen Einzelfingeranschlag oftmals hintereinander wiederholen, während die anderen Finger auf den Tasten ruhten (Kalkbrenner 1830, 29). Solche Tonrepetitionen sind in der Tat ein wirkungsvolles Mittel, um die Geläufigkeit und Leichtigkeit der Finger zu fördern.

Eine andere wirkungsvolle Übemethode erfand Aloys Schmitt. Er stellte seinen Etüden op. 16 zweihunderteinunddreißig Fesselfingerübungen im Fünftonraum voran, die alle die gleiche Struktur aufweisen. Die zweitaktigen Übungen enden auf jeweils unterschiedlichen Zieltönen.

(Schmitt 1819, 6)

Diese Übungen sind besser gemacht als viele Fesselfingerübungen, die in späterer Zeit, z. B. von Cortot, geschrieben wurden. Erstens hat die Hand, wie schon in der Übung Müllers, nach jeder Anstrengung die Möglichkeit, sich kurz zu entspannen. Einem allmählichen Verkrampfen wird damit vorgebeugt. In den Fesselfingerübungen von A. Cortot beispielsweise fehlt eine solche, für die reibungslose Automatisierung förderliche Pause (Cortot 1928). Zweitens erhalten die Übungen durch die Zweitaktigkeit ein festes metrisches Gerüst, das die Ausführung erleichtert. Der dritte Nutzen liegt darin, daß in vielen Übungen die variable Weiterführung der Bewegungsfigur in den nächsten Takt trainiert wird. Ein häufiges Problem beim Üben besteht nämlich darin, daß man die einzelnen Takte eines Musikstückes zwar schon beherrscht, aber noch nicht die Verbindung zwischen ihnen. Die spieltechnischen Schwierigkeiten «liegen zumeist genau auf dem Taktstrich», weil beim Übergang von einem Takt zum nächsten oft die Harmonik, die Spielfigur, die Klangfarbe oder die Dynamik wechselt.

Zweitonfingerübungen

Als Geheimtip unter den Virtuosen des 19. Jahrhunderts wurden sogenannte Zweitonübungen gehandelt. Solche Übungen findet man beispielsweise bei Knorr (1941, 19 ff.), Knina (1900, 16), v. Bülow (Mecklenburg 1904, 84) und Riemann. Letzterer rät in seiner Klavierschule das langsame Üben von Zweiton-Übungen insbesondere dann, wenn es darum geht, die verdorbene Technik eines Schülers umzustellen (Riemann 1883/1912, 2. Bd., 5). W. Mason war von den Zweitonfingerübungen, die ihn sein Lehrer Liszt gelehrt hatte, so begeistert, daß er daraus eine umfassende Methodik entwickelte: «Touch and Technic; or Technic of Artistic Touch by Means of Two-finger Exercise» (1889). Er dehnte das Prinzip der Zweifingerübung auf das Spiel von Skalen, gebrochenen Akkorden, Sexten, Oktaven etc. aus. Großen Wert legte Mason darauf, daß die Passagen in wechselnden Akzentuationen, Artikulationen und Rhythmen, sowie mit allen erdenklichen Fingerkombinationen geübt werden.

Solche Übungen verfehlen ihre Wirkung nicht. Die Verbindung von jeweils zwei Tönen ist sozusagen der Urbaustein, aus dem alle Spielfiguren zusammengesetzt sind. Und genau diese Bausteine sind Gegenstand der Masonschen Übungen. Der Spieler erwirbt auf diese Weise eine große Gewandtheit im Hinblick auf die verschiedenartigsten Assoziationen zweier aufeinanderfolgender Töne. Durch die treppenförmig auf- bzw. absteigende Anordnung wird erreicht, daß ein und dieselbe Bewegung oftmals automatisch, ohne willentliche Steuerung, wiederholt wird. Außerdem wird gewährleistet, daß sich nach jeweils zwei Tönen Finger und Hand «lösen». Eine Anspannung oder gar Verkrampfung wird damit von vornherein verhindert. Zweifingerübungen trainieren ferner Tonrepetitionen mit wechselnden Fingern, deren sichere Beherrschung, das weiß jeder erfahrene Klavierpädagoge, einer der zentralen Schlüssel zu einer virtuosen Technik ist. Beethoven verwendete übrigens das Prinzip der Zweitonfinger-übung im ersten Satz seiner Sonate op. 31. Nr. 1 als Kernmotiv.

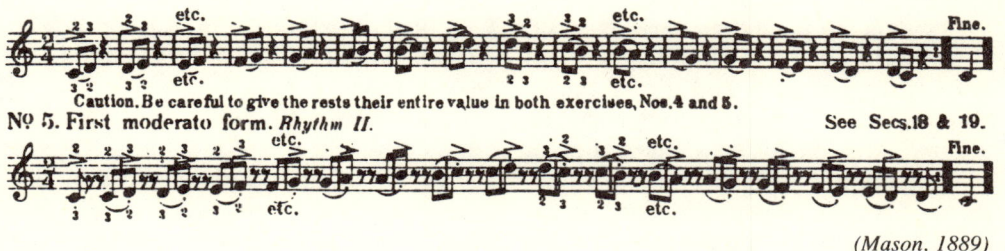

(Mason, 1889)

Transponieren

Ähnlich wie im 18. Jahrhundert wurden auch noch in der ersten Hälfte des 19. Jahrhunderts Fingerübungen in der Regel transponiert. A.E. Müller beispielsweise schreibt: «Kann der Lernende ein solches Beyspiel mit beyden Händen, mit jeder einzeln und mit beyden zugleich, in jedem Grade der Bewegung spielen: so fange man es mit j e d e r Taste in derselben Tonfolge und mit g l e i c h e r Fingersetzung an ... so fahre man fort durch alle halbe Töne, und lasse sie so lange üben, bis der Schüler sie in jeder Lage und Folge fertig vortragen kann. Dieses Versetzen (Transponieren) einer Passage ist nicht genug zu empfehlen, weil dadurch die Finger frühzeitig an verschiedene Lagen und Stellungen gewöhnt werden» (Müller 1804, 37). Ähnliche Anweisungen, manchmal erweitert durch den Zusatz, daß man die Fingersetzung beibehalten soll (Kullak 1860/1889, 117), geben auch Herz, Hummel, Czerny und Knorr.

Das Transponieren hatte eine doppelte Funktion: in andere Tonarten versetzt, ergeben sich, bei identischer Fingersetzung, leichte Variationen der Finger- und Handstellungen. Die Spielfiguren werden auf diese Weise stabiler automatisiert als durch stereotype Wiederholung. Man hatte damals schon durch praktisches Ausprobieren, das heute weitgehend experimentell gesicherte Gesetz des motorischen Lernens erkannt, welches besagt, daß variable Übung den Aufbau eines stabil-flexiblen Bewegungsmusters eher begünstigt als das stereotype (z. B. Schmidt 1982, Shapiro & Schmidt 1982).

Der zweite Zweck des Transponierens war musikalischer Art. Nachdem der Spieler gelernt hatte, eine große Anzahl von Bewegungsfiguren in alle Tonarten zu transponieren, gab es für ihn in Vortragsstücken kaum noch mechanische Schwierigkeiten. Zudem wurde mit dem Transponieren von Passagen der Grundstein dafür gelegt, später ganze Musikstücke in andere Tonarten zu versetzen. Schließlich diente das Transponieren von Passagen auch der Vorbereitung zur Improvisation (siehe Kapitel 10).

Der musikalische Nutzen des Passagenspiels

Ähnlich wie im 18. Jahrhundert wurden musikalisch-technische Übungen auch im 19. Jahrhundert noch dazu verwendet, um Grundfertigkeiten des musikalischen Ausdrucks, der Dynamik und der Akzentuation sowie diverse Anschlagsarten zu erlernen bzw. zu automatisieren. Bereits bei den ersten Anfängerübungen im Fünftonraum legen Pleyel und Dussek in ihrer Schule aus dem Jahre 1797 Wert auf diese Tatsache (Pleyel & Dussek 1797, 8). In gleicher Weise rät C. Czerny anhand von Übungen musikalische Ausdrucksmittel zu erlernen, allerdings erst, nachdem der flüssige, mechanische Ablauf einer Tonfolge sichergestellt ist: *«Nach Erlangung einer bedeutenden Geschwindigkeit sind diese Uebungen auch in Hinsicht auf die Grundregeln des V o r t r a g s zu üben, indem man sie bald f o r t e , bald p i a n o , bald streng l e g a t o , bald mit leicht abrupfendem Anschlag (sciolto), bald aufwärts crescendo und abwärts diminuendo, bisweilen auch langsam, mit schwerem gewichtigem Anschlag, und bisweilen auch mit möglichster Leichtigkeit, Prestissimo vorzutragen lernen muß. Dieses fällt unge-*

fähr in das z w e i t e Jahr des Unterrichts» (Czerny 1939 I, 55, 56).
Übungen wurden ferner grundsätzlich immer im Takt gespielt (Müller 1804, 37; Knorr 1841, 11; Kontzki 1851).
Die Automatisierung musikalischer Basisfertigkeiten anhand mechanischer Übungen war bei weitem nicht nur auf den Anfangsunterricht beschränkt. Auch fortgeschrittene Klavierspieler und sogar die großen Virtuosen vervollkommneten ein Leben lang ihre musikalischen Grundfertigkeiten mit Hilfe des Spiels von Passagen. Aus den Berichten von A. Boissier über den Unterricht, den der zwanzigjährige Liszt ihrer Tochter Valerie gab, wissen wir ziemlich genau, wie Franz Liszt in jungen Jahren geübt hat: *«Während sie diese Übungen (Tonleitern in Oktaven) ausführt, solle sie die Schattierungen studieren und sich darein versenken; bald unmerklich leichte und sanfte Piani, bald wohlgeformte Crescendi, Contraste dann schließlich glanzvolle Fortissimi herausbringen. Er will nicht, daß man mechanisch übe, sondern daß die Seele immer nach Ausdruck suche und daß alle diese*

Schattierungen, die die wahre Palette des Musikers ausmachen, vollendet und gewohnheitsmäßig der Hand zu eigen seien und er in dem Augenblick keine Mühe verwenden müsse, wo er ihrer bedarf» (Boissier 1832/1930, 25). In die gleiche Richtung weist eine andere Passage aus diesem Buch: «Valerie mußte verschiedene Fingerübungen machen und er empfahl ihr, ein unablässiges Studium der Schattierungen. Hat man sich regelmäßig an ein solches gewöhnt, so fallen sie selbst beim Blattlesen ganz leicht. Üben sie so»:

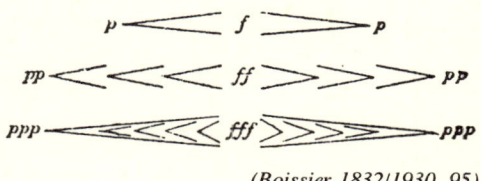

Liszts Lehrer Czerny hat einige Jahre später diese Übetechnik systematisiert. Um ein feines Gefühl für dynamische Abstufungen auszubilden, rät er, zweistufig vorzugehen:

«A) *1tens Pianissimo. 2tens Piano. 3tens Mezza voce. 4tens Forte. 5tens Fortissimo.*

Und zwar in allen Arten des Zeitmaßes, vom Tempo moderato bis zum Prestissimo, jedoch anfangs ohne alle crescendo's oder diminuendo's.

B) *Wenn er alle diese Grade der Stärke in seiner Macht hat, sind dieselben Scalen in der Anwendung des Anschwellens und Sinkens zu üben, indem der tiefste Ton pp oder p anfangt, und beim Aufwärtssteigen die Kraft gleichmäßig bis zum höchsten Tone zunimmt, von wo sie dann, beim Abwärtsgehen der Passage, wieder bis zum ersten Piano sich vermindert. Auch hier gibt es mehrere Abstufungen. Zum Beispiel:*

1tens Vom pp bis zum mezza voca und dann eben so zurück.
2tens Vom pp bis zum Forte und ...
3tens Vom pp bis zum Fortissimo und zurück.
4tens Vom p (oder mezza voce) anfangend, bis zum Forte (oder Fortissimo)» (Czerny 1839 III, 3).

R. Schumann versah seine «Studien nach Capricen von Paganini, op. 3.» mit einem interessanten Vorwort, das ein ziemlich gutes Bild darüber vermittelt, wie Schumann sich die Ausführung musikalisch-technischer Übungen vorstellte. Alle Beispiele, die Schumann dort aufführt, sind mechanisch wie musikalisch gleichermaßen sinnvoll. Obendrein erfahren wir aus diesen Übungen wichtige aufführungspraktische Regeln:

«*Um die einzelnen Finger zu stärken und unabhängig zu machen, kann man sich folgender Übungen bedienen:*»

Schumann ist es sogar gelungen, die trockene Fesselfingerübung in ein melodiöses Musikstück zu verwandeln.

«*Mit dieser Caprice*», fährt Schumann fort, «*übe man auch Tonleitern oder Passagen mit scharfer Betonung einzelner*

Noten im L e g a t o . Namentlich ist
diese Akzentuation auf Dissonanzen mit
guter Wirkung zu gebrauchen. Achte aber
der Spieler darauf, daß der Ton weder grell
noch hölzern werde. Beispielsweise:»

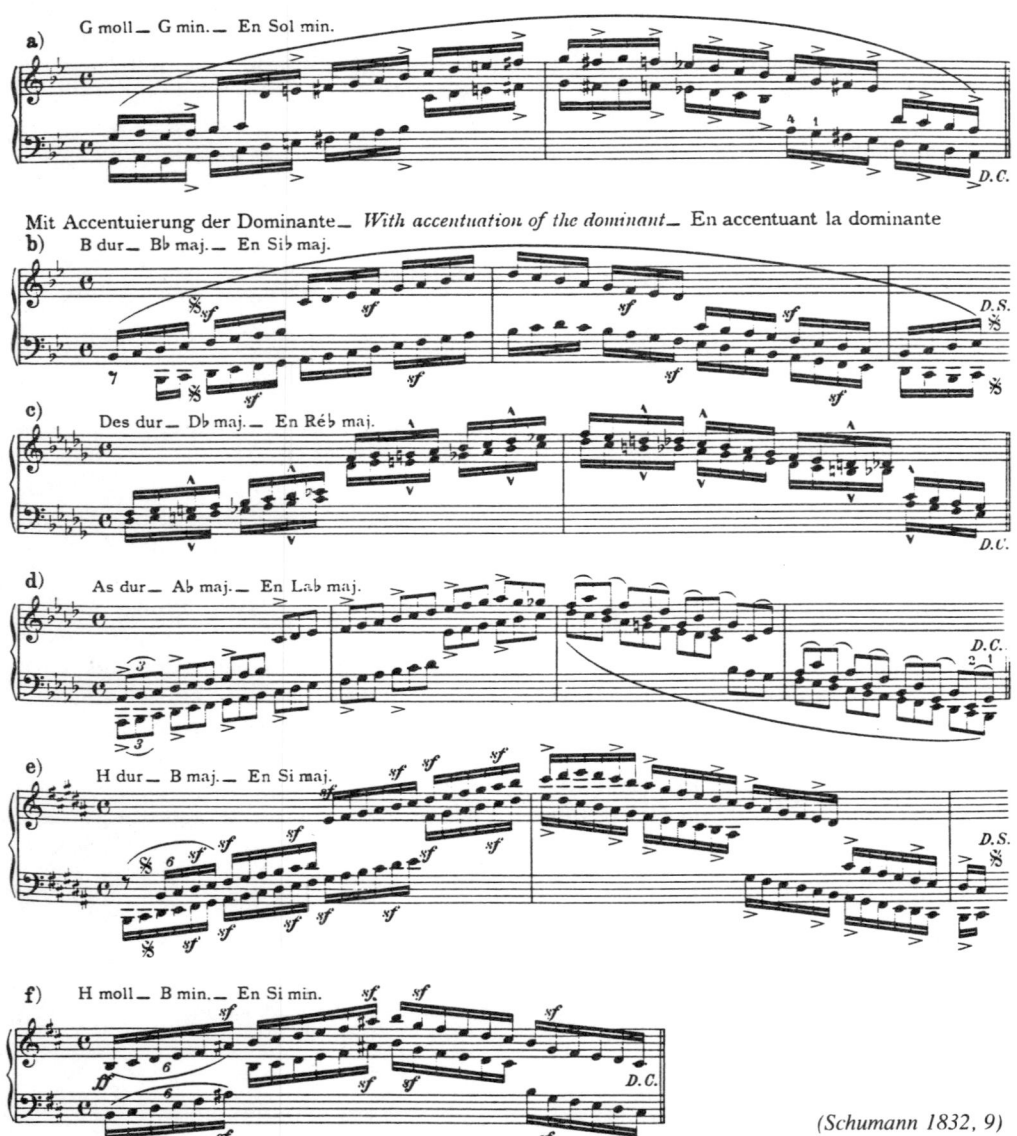

(Schumann 1832, 9)

Diese Beispiele zeigen sechs verschiedene, musikalisch sinnvolle Akzentuierungsmöglichkeiten von Tonleiterpassagen, die heute nahezu unbekannt sind:
a) gegen das Metrum, fast im «Swing»,
b) die Dominante hervorgehoben, c) die
chromatischen Nebennoten akzentuiert,
d) unterschiedliche Akzentuation in beiden Händen (Takt 3 und 4), e) Trochäus,
f) Leittöne betont.

Czerny gibt über Schumann hinausgehend sogar die Anregung, auch die Stärke der Akzente zu variieren, also z. B. in einer Piano-Passage zunächst mf, dann f, und dann ff zu betonen (Czerny 1839 III, 3,4).

Die Beispiele auf den letzten Seiten machen deutlich, daß die im 18. Jahrhundert vorherrschende Übepraxis, die Feinheiten der Vortragskunst durchaus mechanisch anhand von Passagen einzutrainieren, in der ersten Hälfte des 19. Jahrhunderts nicht nur beibehalten, sondern sogar noch verfeinert wurde. Ein Pianist, der über längere Zeit hinweg Passagen nach Czernys Anweisungen in allen möglichen Stärkegraden und Akzentabstufungen übte, erreichte sehr schnell eine große Verfügungsgewalt über die dynamischen und klanglichen Möglichkeiten seines Instruments. Darüber hinaus wurde durch diese Übemethode auch das bewußte Hören und Voraushören feinster klanglicher und dynamischer Schattierungen trainiert (Greulich 1830 II, 5).

«Pattern-Übung»

In den Schulen von Adam (1802), Müller (1804), Hummel (1828), Werner (1806/1830), Kalkbrenner (1830), Greulich (1830), Czerny (1839) und Knorr (1841) findet man die Passagenübungen ganz nach Tradition des 18. Jahrhunderts in den Kapiteln, in denen die Regeln der Applikatur erklärt werden.

Die Passagenübungen hatten die Aufgabe, die Fingersatzregeln zu automatisieren; sie waren ferner dazu bestimmt, einen Fundus an Spielfiguren auszubilden. Diese konnten anschließend beim Spielen eines Vortragsstückes oder der Improvisation jederzeit ohne Vorübung zur Anwendung gelangen. Hierin liegt übrigens einer der Gründe, weswegen man in alten Ausgaben recht wenig Fingersatzangaben findet. In diesem Zusammenhang ist eine Bemerkung E. Schumanns über den Unterricht ihrer Mutter Clara interessant: *«Was den Fingersatz anbelangt, so schrieb mir meine Mutter nur die notwendigsten, meistens Bindefinger, über die Noten, Sie war ganz gegen befingerte Ausgaben, meinte, man müsse sich den richtigen Fingersatz durch das Studium von Tonleitern, Arpeggien und so weiter erworben haben»* (E. Schumann 1948, 126).

Diese alte Übetechnik hat eine auffallende Ähnlichkeit mit der Art und Weise, wie heute an amerikanischen Jazzschulen Passagen (Pattern) geübt werden. Hier wie dort geht es darum, verschiedenartigste Spielfiguren so gut zu automatisieren, daß sie bei der Improvisation unbewußt von der Hand gehen. Wie groß die Parallelen zwischen damals und heute waren, kann man z. B. daraus ersehen, daß Czerny ein eigenes Buch mit Pattern über Dur- bzw. Molldreiklänge und den Dominantseptakkord geschrieben hat, also über jene Akkorde, die in der Musik seiner Zeit mit Abstand am häufigsten verwendet wurden. Der genaue Titel seines Lehrbuches heißt: *«Große Übung des vollkommenen und des Sept-Akkordes in gebrochenen Figuren, op. 152».* Dieses Buch unterscheidet sich, was die Methode betrifft, überhaupt nicht von modernen Jazzübungsbüchern. Auch in der Jazz-Patternübung sind die Spielfiguren jeweils nach Akkordtypen und Kadenzfloskeln geordnet. Damit die Pattern an jeder Stelle in einem Musikstück eingebaut werden können, muß man in der Lage sein, die Passagen von jedem ihrer Töne aus zu beginnen. Diese Übetechnik wurde von Beethoven, Czerny und Knorr empfohlen (Knorr 1841, 28), wird aber auch von Jazzern praktiziert. Dazu ein altes Beispiel aus den Skizzenbüchern Beethovens und ein neues aus R. Rickers «Pentatonic scales for jazz improvisation»:

(Cramer/Kann 1974, XIV)

(Ricker 1975, 41)

Die effektive Doppelseitigkeit der Handwerklichen Lehrmethode

Das der Passagenübung zugrundeliegende Arbeitsverfahren war genaugenommen zweigleisig. Einerseits wurden die Fingersatzregeln als richtige Regeln gelernt. Der Schüler hatte sie nach Czernys Ansicht sogar auswendig aufzusagen (Czerny 1839 I, Vorwort). So war er in der Lage, selbst die besten Applikaturen in Vortragsstücken herauszufinden. Andererseits wurde die Anwendung der Regeln in tausendfacher Variation, ohne Ordnung und ohne rechtes System trainiert (siehe insbesondere: Klavierschule von Hummel). Dieser Lernprozeß geschah ohne bewußte Vorplanung, war aber dennoch höchst effektiv. Auf diese Weise erlangte nämlich der Instrumentalist die Fertigkeit, die Regeln in allen erdenklichen Situationen anzuwenden.

Automatisiert wurden also nicht nur die Spielfiguren selbst, sondern auch die Regeln ihrer Produktion. Daher gelang auch problemlos der Transfer auf ähnliche, noch nicht geübte Spielfiguren. Dieses für handwerkliches Lernen ganz allgemein typische Verfahren ist merkwürdig widersprüchlich, weil es bewußtes und unbewußtes Lernen verbindet. Gleichwohl scheint es sehr wirkungsvoll zu sein.

36

Die «Technischen Studien» von F. Liszt

Sehr aufschlußreich für jeden, der an der Lösung spieltechnischer Probleme interessiert ist, sind die 1983 neu erschienenen drei Bände «Technische Studien» von F. Liszt. Die «Studien» gehören neben den Fingerübungen von Villoing, dem Lehrer des legendären Anton Rubinstein (1875), zu den letzten großen Fingerübungswerken des Virtuosenzeitalters. Liszts Übungen wird sich heute kaum noch ein Pianist vornehmen; sie sind jedoch interessant, weil man aus ihnen die Übetechnik von F. Liszt rekonstruieren kann.

Die Studien zeichnen sich durch mehrere Besonderheiten aus. Viele der Übungen schließen mit einer freien Kadenz ab, wodurch sie bisweilen sogar den Charakter von Musikstücken oder Etüden erhalten. Wahrscheinlich ist Liszt hierin dem Vorbild seines ehemaligen Lehrers Czerny gefolgt, der seine «Täglichen Studien», op. 337 ebenfalls jeweils mit einer Kadenz beenden läßt. Die Übungen sind alle nach dem gleichen Muster gebaut. Eine Spielfigur wird in zahlreiche Tonarten transponiert, wendet sich zu einem Höhepunkt und schließlich in eine Abschlußkadenz. Das Modell ist im Prinzip noch das gleiche wie bei den Übungen Couperins und L. Mozarts. Liszt hat lediglich die Form erweitert und mit einer Steigerung versehen.

Die Steigerung kann von zwei Seiten betrachtet werden. Erstens werden in der Abschlußkadenz die spieltechnischen Schwierigkeiten teilweise beträchtlich erhöht, und zweitens werden die jeweils ausgedrückten Affekte intensiviert. Diese Zweiheit im Auge zu behalten, ist meines Erachtens sehr wichtig und zwar nicht nur für das Spiel dieser Studien, sondern für die Interpretation von Liszts Klavierstücken überhaupt.

Die Steigerung wird von Studie zu Studie je unterschiedlich durch eine Verkleinerung der Notenwerte, Vergrößerung des Tonumfangs, Chromatisierung oder anschwellende Dynamik erreicht. Vom reinen Trainingsaspekt her betrachtet, könnte man die Schlußsteigerungen als «Endspurt» bezeichnen. Der Übende probiert das Überspringen der gelernten Fertigkeit auf ein höheres Niveau. Diese Trainingsmethode ist für das Finden neuer Ausdruckscharaktere ebenso hilfreich wie für das Fingertraining. Weiterhin hat sie auch einen nicht zu unterschätzenden Nutzen für die Steigerung der Kondition. Und schließlich sind diese Schlußsteigerungen unter dem Gesichtspunkt der Motivation sinnvoll: sie ziehen in gewisser Weise die Konsequenz aus der vorausgegangenen Übung, indem probiert wird, ob man der nächsthöheren Stufe bereits gewachsen ist. Der Spieler erfährt somit den Übungseffekt der vorausgegangenen Trainingsreihe recht unmittelbar.

Wichtig erscheint mir noch ein weiterer Gesichtspunkt: Die technischen Übungen konnten problemlos als, im Jazz würde man sagen Riffs, in Musikstücke, Fermaten, Kadenzen oder freie Improvisationen eingebaut werden. Liszt verwendete sie entsprechend zahlreich in seinen Klavierwerken. Erleichtert wurde der Einbau dadurch, daß neben dem Baustein selbst auch die variable Verbindung zum nächsten Baustein durch das Sequenzieren und das Kadenzieren trainiert wurde.

Eine weitere Besonderheit der Lisztschen Studien besteht in der bei jeder Übung veränderten Abfolge der Tonarten. Dadurch erwirbt der Klavierspieler eine große Sicherheit über alle Modulationsvarianten des Dur-Moll-tonalen Systems. Die Fertigkeit des schnellen und flüssigen Modulierens spielte insbesondere bei der Improvisation eine große Rolle (siehe Kapitel 10).

Zu beachten ist schließlich, daß Liszt in einigen Studien bei gleichbleibender Tonfolge den Fingersatz variiert. Unter den

Varianten finden sich auch einige Fingersätze, die beim ersten Durchspielen spröde und unhandlich erscheinen, bei längerem Üben und schnellerer Ausführung aber ihre Logik entfalten. Die Variation der Fingersetzung deutet weiter darauf hin, daß Liszt beim Spiel solcher Übungen sehr viel experimentierte und nicht nur darauf bedacht war, vorgegebene Fingersatzregeln einzuhalten.

Spiel ohne Grenzen

Es gibt eine Reihe weiterer Quellen, die belegen, daß das Experimentieren beim Passagenspiel generell recht beliebt war. Die Passagenübung wurde u.a. auch dazu verwendet, um neue spieltechnische Varianten und vor allem neue klangliche Wirkungen auszuprobieren. Unter den Fingerübungen Beethovens, die zahlreich in seinen Skizzenbüchern enthalten sind, befindet sich beispielsweise folgende:

(Cramer/Kann 1974, XII)

Das gleiche Klangexperiment ist auch bei Schumann zu finden (siehe Vorwort zu den Studien nach Paganini):

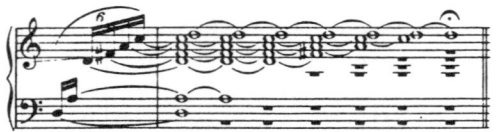

(Schumann 1832, 7)

Manchmal wurde ausprobiert, ob sich eine Tonfigur auch als Kanon

(Cramer/Kann 1974, XVI)

oder in Umkehrung gegeneinander spielen ließ.

NB Die 20 vorstehenden Beispiele erlauben, zu je zwei aufeinander folgenden Nummern, auch eine Zusammenstellung des untern Systems jeder ersten mit dem obern der zweiten, und umgekehrt.

(Knorr 1841, 13)

38

Manche Fingerübungen aus den Skizzenbüchern Beethovens zeigen, daß sich das Spiel bisweilen bis zum Übermut steigerte und witzige Effekte hervorbrachte:

(Cramer/Kann 1974, XIII, XIV)

Ferner ist hervorzuheben, daß solche Passagen im Spiel mit Taste und Ton und nicht mit Tusche und Notenpapier entdeckt wurden. Deshalb gibt es darüber nur wenige schriftliche und noch weniger gedruckte Protokolle. Aufschlußreich in dieser Hinsicht ist ein Bericht Eugenie Schumanns über das Klavierüben ihrer Mutter Clara: «*Wie Meereswogen brausten die Tonleitern, an- und abschwellend, gebunden und abgestoßen, in Oktaven, Terzen, Sexten, Dezimen und Doppelterzen, manchmal in einer Hand allein, während die andre begleitende Akkorde spielte, dann Arpeggien aller Art, Oktaven, Triller, alles im lebhaftesten Zeitmaße ohne die geringste Unterbrechung, in herrlichen Harmonien von einer Tonart in die andre übergehend. Das Wunderbare an diesem Üben war, daß es, obgleich ihm immer derselbe Plan zugrunde lag, doch jeden Tag neu, wie aus geheimen Quellen geschöpft, erschien. Hinreißender Schwung, vollendeter Rhythmus, wie er nur tiefinnerster Seele entspringen kann, höchste technische Meisterschaft strömten in diesen Übungen zusammen und schufen daraus ein wunderbar vergeistigtes Kunstgebilde. Eine entfernte Verwandte von uns, die zum Besuch bei uns weilte, sagte einmal, man habe ihr erzählt, Paganini habe mit einer Tonleiter die Menschen zu Tränen gerührt; sie habe das nie glauben können; jetzt aber, nachdem sie Mama üben gehört, verstehe sie es. – Wer es einmal gehört hat, dem ist es wohl unvergeßlich geblieben, und das hörten wir nun Tag für Tag, und so wie es damals schon mein Kindergemüt mit unaussprechlicher Wonne und Befriedigung erfüllte, so ist es geblieben all die Jahre hindurch bis zu dem Tage, wo wir sie zum letzten Male hörten. Oft bestürmten wir Mama, sie möge so eine Übungsstunde aufschreiben; sie sagte aber immer, es sei ihr nicht möglich, diese Art von freiem Phantasieren festzuhalten*» (E. Schumann 1948, 28).

Ähnlich wie Clara Schumann übten alle anderen großen Pianisten. Hummel, Beethoven, Czerny, Chopin, Liszt und andere entdeckten mannigfaltige neue Spielfiguren und Ausdrucksschattierungen. Jeder von ihnen trug somit seinen Teil zur Erweiterung des musikalischen Wortschatzes und der Palette musikalischer Ausdruckstechniken bei. Da sie lange übten, erfanden sie viel und in kurzer Zeit sogar fast alles, was am Klavier machbar ist. Was die Lehrer angefangen hatten, führten die Schüler fort. Hummel übernahm das Arbeitsverfahren von Mozart, Henselt wiederum von Hummel, Czerny lernte von Beethoven, Liszt von Czerny.

39

Viele der großen Pianisten waren der Meinung, daß jeder Klavierschüler solche Übungen selbst erfinden sollte. Daß Beethoven diese Ansicht vertrat, belegt der an anderer Stelle zitierte Brief des Vaters der Beethovenschülerin M. L. Blahetka. Ebenso gab F. Liszt seiner Schülerin Valérie den Rat: «*Erfinden Sie Schattierungen und, wenn Sie können, neue Kombinationen, dann werden sie jedem Ereignis gewachsen sein*» (Boissier 1832/1930, 95). Eine ähnliche Aussage findet sich auch bei Schumann im Vorwort zu den «Paganini Capricen op. 3»: «*Die beigefügten Beispiele sollen nur auf ähnliche hindeuten. Er rät sogar vorgerückten Schülern an, nur selten Übungen aus Klavier-schulen zu spielen, lieber eigene zu erfinden und etwa als Vorspiele im freien Fantasieren einzuflechten, da dann alles viel lebendiger und vielseitiger verarbeitet wird*» (Schumann 1832, 2). Schließlich fordern auch A. de Kontzki (1851) und E. Breslaur (1871, 9) den Schüler zum Selbstbilden von Übungen auf. Da der Schüler bereits im Anfangsunterricht dazu angeleitet wurde, eigene Passagen zu erfinden, prägte er fast zwangsläufig schon recht bald seinen Personalstil aus.

Fassen wir zum Abschluß dieses Kapitels noch einmal die Veränderungen zusammen, die die Passagenübepraxis anfang des 19. Jahrhunderts erfahren hat. Im Rahmen der im 18. Jahrhundert praktizierten rein handwerklichen Klavierübung fiel der Passagenübung die Aufgabe zu:

1. Spielfiguren zu automatisieren,
2. die Regeln der Fingersetzung anzueignen,
3. Grundfertigkeiten des musikalischen Ausdrucks zu erwerben und
4. das Sequenzieren und Transponieren zu üben.

Diese Funktionen blieben im 19. Jahrhundert erhalten, allerdings traten folgende Veränderungen ein:

1. Die auf die Passagenübung verwendete Übezeit wurde ausgedehnt.
2. Das virtuose Moment schob sich mehr in den Vordergrund.
3. Die Übemethoden wurden dahingehend umgestaltet, daß sie nicht nur ermöglichten, Fertigkeiten anzueignen, sondern auch zu steigern.
4. Das freiere Experimentieren löste das regelgeleitete Lernen ab.

Unabhängig von diesen Veränderungen blieb die für das handwerkliche Lernen typische enge Verbindung zwischen Passagenübung, Übungsstück, Improvisation und Komposition bis weit ins 19. Jahrhundert hinein bestehen. Wie im einzelnen noch in den nachfolgenden Kapiteln zu zeigen sein wird, dienten nämlich auch noch im 19. Jahrhundert die in der Passagenübung erfundenen Spielfiguren als Ausgangspunkt für das Sätzchen- und Etüdenspiel.

3. Kapitel
Die Rationalisierung der Passagenübung

Im folgenden Kapitel wollen wir uns mit weiteren Veränderungen beschäftigen, die die Passagenübung im Laufe des 19. Jahrhunderts erfahren hat. Erstens wird gezeigt, wie das Passagenspiel nach dem Vorbild des maschinellen Produzierens umgestaltet wurde, zweitens, wie der Übeprozeß zunehmend rationalisiert wurde und drittens, wie sich die Revolutionierung des Notendrucks auf die Passagenübepraxis auswirkte. Der letzte Teil des Kapitels beschäftigt sich mit dem Funktionswandel, den die Passagenübung erfuhr, als sich die Interpretationskunst durchsetzte.

2000- bis 3000maliges, bewußtloses Wiederholen

«Pädagogik ist von Übung nicht zu trennen, und im Prinzip der Übung wohnt zentral das der Wiederholung» (Adorno).

Adornos Motto haben die Virtuosen in den Jahren zwischen 1800 und 1850 sehr ernst genommen. Damals war es nämlich üblich, technische Fertigkeiten mittels unzähliger, gedankenloser Wiederholungen zu steigern. Czerny beispielsweise empfiehlt, seine «Täglichen Studien op. 337» bis zu dreißigmal zu wiederholen. Kontski berichtet, daß die mechanischen Übungen mit dem Daktylion, einer von H. Herz erfundenen Maschine zur Kräftigung der Finger, fünfundsiebzigmal repetiert werden sollten (Kontski 1851, 2). Czerny und Herz wurden von Field überboten: *«Field pflegte 200 Marken links auf's Pianoforte aufzustapeln, und nach jeder Skala eine rechts zu übertragen, bis sie alle rechts lagen. Bei schwierigen Passagen wanderte die Gesamtzahl zehnmal von einer Seite zur anderen»* (Der Klavier-Lehrer, 1889, 105). A. Rubinstein hielt einem Schüler vor, daß Field angeblich ein- und dieselbe Passage dreitausendmal wiederholt haben soll (Bowen 1939, 336).

Unter Wiederholung verstand man damals nicht nur das spielerische Variieren, sondern auch das bewußtlose, rein mechanische, stereotype Repetieren. Zwischen beiden Arten wurde damals leider nicht genau unterschieden. Es scheint wohl so gewesen zu sein, daß das mechanische Wiederholen dazu verwendet wurde, um Spielfiguren zu automatisieren und die Geschwindigkeit zu steigern, während das variierte Wiederholen dazu diente, neue Passagen und Klangeffekte zu entdecken. Damit das mechanische Wiederholen nicht langweilig wurde, begannen die Virtuosen während des Übens zu lesen. Die Idee kam wahrscheinlich von Kalkbrenner (Niecks 1890, 201). Viele Pianisten folgten seinem Beispiel. A. Boissier schreibt über Liszts Fingerübungen: *«Stundenlang treibt er es so für sich und liest dabei, um sich zu unterhalten. So versenkt er sich in seine Lektüre, während er zu gleicher Zeit seine Finger einübt»* (Boissier 1832/1930,

41

28). Eugenie Schumann berichtet über ihre Mutter Clara: *«Was mich dann am meisten wunderte, war, daß sie unentwegt fortspielte, während sie uns dies oder jenes sagte; auch las sie beim Tonleiterspielen oft eben angekommene Briefe, die vor ihr auf ihrem Pulte lagen»* (E. Schumann 1948, 29). H. Herz übertraf auch in diesem Punkte seine Zeitgenossen. Er verband sein tägliches «Bachbrevier» mit der täglichen Bibellektüre (Eigeldinger 1986, 146). Es bleibt allerdings offen, ob H. Herz die Bach- oder die Bibellektüre oder gar beide mechanisch repetiert hat.

«Ein Kopf wie eine Laterne»

Viele Musiker kritisierten allerdings schon damals das gedankenlose Wiederholen. G. W. Fink, der Herausgeber der AmZ, bemerkt zu den 40 täglichen Studien von C. Czerny: *«Lachte Hr. Czerny nicht, als er dieses Vorwort schrieb? Manche dieser Passagen sollen 20 und 30 Male, andere 6, 8, 12, 15 und 16 Male nach jedem Repetitionszeichen ohne Unterbrechung wiederholt werden. Nur erst nach jeder Coda wird ein Weilchen ausgeruht, um mit der nächsten eben so zu verfahren, bis alle 40 zu Ende gebracht sind. Nun! wer das Tag für Tag auszuhalten im Stande ist, dem versprechen wir, daß sein Kopf sein wird wie eine Laterne. Fertige Finger werden damit erzielt, aber auch Spielmaschinen»* (AmZ 1835, 166).

Ähnlich ablehnend äußert sich der Rezensent über das Kapitel «Passagenübung» aus der Klavierschule von F. Guthmann: *«Hier setzt nun wohl der Verfasser voraus, daß der Lehrer dem Schüler zwischeninnen und dann nebenbey allerley passende Hand- und Uebungsstücke zugleich vorlege: denn diese Passagen-Uebungen sind großentheils für den Anfänger nichts weniger, als leicht, und werden gar bald selbst für den schon ziemlich Geübten schwer, mitunter sehr schwer. Sollte man nichts als diese Beyspiele vortragen, wozu, sollen sie gehörig herauskommen, Jahre nöthig wären: so würde der Antheil, den sein Geist und Gefühl an der Musik nehmen darf, und, nach den* Elementen, nehmen soll, ermattend und abstumpfend wirken»* (AmZ 1823, 178, 179).

Kontrovers wurde nicht nur die Zahl der Wiederholungen, sondern auch die Bewußtlosigkeit diskutiert, mit der sie absolviert wurden. Nikuli berichtet von Chopin: *«Woran Chopin am Anfang des Unterrichts am meisten lag, war, den Schüler von aller Steifheit, von allen convulsischen, krampfhaften Bewegungen der Hand frei zu machen und ihm so die erste Bedingung eines schönen Spiels, die Geschmeidigkeit und mit ihr die Unabhängigkeit der Finger zu geben. Unermüdlich lehrte er, daß die bezüglichen Übungen keine bloß mechanischen seien, sondern die Intelligenz und den ganzen Willen des Schülers in Anspruch nehmen, daher ein zwanzig- und vierzigmaliges Wiederholen (bis zur Stunde das gepriesene Arcanum so vieler Schulen) gar nicht fördere, geschweige denn ein Üben, während dessen man, nach Kalkbrenners Rath, sich gleichzeitig mit irgendeiner Lectüre beschäftigen könne»* (zit. nach Molsen 1982, 114). Chopin war also keinesfalls gegen Übungen generell; im Gegenteil, er wandte sich lediglich gegen mechanisches Wiederholen bei gleichzeitigem Lesen.

Doch daß diese Übemethode gar nicht so ineffektiv ist, wußten auch noch einige Klaviervirtuosen dieses Jahrhunderts, so z. B. Arthur Rubinstein, der bei seinen technischen Studien, die er einzelhändig absolvierte, gleichzeitig las und mit der anderen Hand Schokoladenstückchen bzw. Kirschen zum Mund führte (Rubinstein 1973, 82). Durch gleichzeitiges Lesen wird erreicht, daß die Passagen samt den dazugehörigen Fingersätzen so gut automatisiert werden, daß eine zweite, völlig unabhängige Tätigkeit bewußt ausgeführt werden kann. Und warum sollte sich das Mechanische zum Musikalischen nicht genauso verhalten wie z. B. das Autofahren zur angeregten Unterhaltung? Das gleichzeitige Ausführen beider Tätigkeiten funktioniert ohne wechselseitige Störung. Das zentrale Nervensystem ist so leistungsfähig, daß es problemlos eine so komplizierte Handlung wie Autofahren gänzlich ohne bewußte Kontrolle steuern kann. Autofahren setzt ja die Wahrnehmung wechselnder Umweltgegebenheiten (Straßenführung, Verkehrsschilder, Ampeln, spielende Kinder) und die Umsetzung des Wahrgenommenen in Handlungskorrekturen voraus. Gleichzeitig ist der Autofahrer aber in der Lage, sich voll und ganz auf eine Unterhaltung zu konzentrieren. Die Steuerung von mechanischen Vorgängen beim Klavierspielen ist ähnlich kompliziert wie das Autofahren. Und auch sie soll, wenn möglich, ins Unterbewußtsein verlagert werden, damit der Kopf frei wird für die musikalische Gestaltung.

Das Versenken der bewußten Kontrolle ins Unterbewußtsein ist ferner Voraussetzung dafür, daß erstens beide Hände voneinander entkoppelt schwierige Rhythmen spielen können und zweitens das «gebundene Tempo rubato» (linke Hand streng im Metrum, rechte Hand frei) (siehe Van Beek 1988, 7, 8) ausgeführt werden kann. Von Czerny und Hummel erfahren wir, mit welcher Bewußtseinshaltung z. B. Mozart und Chopin das «gebundene Tempo rubato» geübt haben, das die Zeitgenossen so beeindruckte (Lenz 1868, 302). Czerny ist der Ansicht, daß schwierige rhythmische Kombinationen (in Czernys Notenbeispielen 19 gegen 8, 20 gegen 8, 23 gegen 8

und 21 gegen 8) nur dann flüssig gelingen, wenn man nicht an die Einteilung des Taktes denkt und beide Hände streng für sich handeln läßt (Czerny 1839 III, 36). Hummel dagegen vertritt die Meinung, daß *«die linke Hand das Zeitmass immer streng beobachte; denn sie ist hier die feste Basis, auf der die Verzierungsnoten in mancherlei Anzahl und ohne reguläre Takteintheilung gebaut sind»* (Hummel 1828, 429). Egal, ob man Czernys oder Hummels Auffassung teilt, in beiden Fällen ist wichtig, daß jede Hand ihre Bewegung vollkommen automatisiert hat. Czerny empfiehlt daher, jede Hand sehr lange einzeln zu üben. Chopin und Brahms haben übrigens die Unabhängigkeit der Hände ausgiebig trainiert. Sie spielten häufig Passagen mit verschiedenen Rhythmen in beiden Händen, zwei gegen drei, drei gegen vier, drei gegen fünf usw. (Eigeldinger 1986, 34; Brahms 1893).

Weder Czerny noch Hummel raten das Bilden von Kombinationsrhythmen, einer Methode, die heute häufig angewendet wird. Hinweise dazu finden sich das erste Mal in den 1840er Jahren bei Knorr (1841, 6, 7) und Döhler (AmZ 1844, 23). Die Methode funktioniert zwar bei leichten Kombinationen wie zwei gegen drei bzw. drei gegen vier, versagt aber bei komplizierten Mehrfachrhythmen. Wenn das Zusammenspiel von schwierigen Kombinationsrhythmen nicht gelingt, liegt es zumeist daran, daß entweder eine oder auch beide Bewegungsfiguren noch nicht vollständig automatisiert sind. Die Erfahrung lehrt, daß oft nicht die schwerere, sondern die leichtere Bewegung der Hemmschuh ist.

Man sieht also, daß das maschinelle, bewußtlose Passagenüben bei gleichzeitigem Lesen letztendlich doch musikalischen Zwecken diente. Zwar spaltete sich im Zeitraum von 1800 bis 1850 das mechanische Passagenspiel von der im großen und ganzen noch handwerklichen Klavierübung ab, aber der Sinn und die Gründe dieser Abspaltung waren noch unmittelbar bewußt nachvollziehbar (Marx 1855, 379). Zudem war dem Übenden klar, daß er die Passagen, die er mechanisch eintrainiert hatte, in der Improvisation oder in selbstkomponierten Stücken zur Anwendung bringen konnte.

Vom Selbsterfinden zum Abspielen nach Noten

Im vorangegangenen Kapitel wohnten wir der Übestunde eines Virtuosen bei und beobachteten ihn bei seiner «Passagenfantasie». Über diesen Prozeß gibt es, so behauptete ich, wenig schriftliche Aufzeichnungen. Man wird dagegen einwenden, daß in den Jahren zwischen 1800 und 1850 eine Unzahl von Fingerübungswerken veröffentlicht wurde. Diese gedruckten Passagen wurden jedoch von den bedeutenden Klavierkomponisten wenig bzw. überhaupt nicht verwendet.

Hummel z. B. brachte ein Leben lang damit zu, Passagen vielfältigster Art zu erfinden und die jeweils flüssigsten Fingersätze auszutüfteln. Erst im Alter von fünfzig Jahren schrieb er diese Experimente systematisch auf und veröffentlichte sie in seiner Schule. Die Schule gibt daher Aufschluß darüber, wie Hummel seine großartige Spieltechnik erworben hat, nämlich durch grenzenloses Spiel mit allen erdenklichen Tonkombinationen. So aufregend ein solcher lebenslanger Erfindungsprozeß ist, so langweilig und abstumpfend sind derartige Übungen, wenn man sie von Noten abspielt. Das kreative Spiel eines anderen nachzuspielen, ist vielleicht einige Minuten, Stunden, vielleicht auch eine Woche lang interessant, spätestens dann aber wird es reizlos. Unmäßiger Fleiß und eiserne Disziplin waren notwendig, um die «Marathonstrecke» der vierhundertsiebzehn Seiten Passagenübungen aus Hummels Klavierschule zu bewältigen. Gerade für Dilettanten, die das Klavierspiel nur als Hobby betrieben, stellte ein solches Lehrbuch eine schier unlösbare Aufgabe dar.

Ein unbekannter Kritiker machte sich die Mühe, eine dem Umfang der Hummelschen Schule angemessene, d. h. entsprechend lange Rezension für die AmZ zu schreiben. Darin lobt er ihre Systematik und Gründlichkeit und meint, daß sie trotz ihres Umfangs im Endeffekt eine Zeitersparnis beim Lernen des Klavierspiels bringe (AmZ 1829, 160). Allerdings fallen auch ihm einige Widersprüche auf: *«Wir haben diese Anmerkung hier vorausnehmen wollen, weil mancher Leser beym ersten Durchblättern des Werkes stutzig und verstimmt werden könnte, siehet er den grossen Apparat von Vor- und Nachübungen, worunter nicht Weniges sich befindet, was hier der Elementar-Schüler treiben soll, und was mancher vielgelobte Klavierhusar, zwar hinruscheln, aber in seiner Vollkommenheit schwerlich hervorbringen kann»* (AmZ 1829, 161,162). Was der «Klavierhusar» nur «hinruschelte», hatte der Anfänger geduldig so lange zu üben, bis ihm die Lust vergangen war. Da der Dilettant die Übungen niemals vollkommen ausführen konnte, wozu ja schon der Virtuose nicht in der Lage war, blieb ihm lediglich die Einsicht, eben doch nicht zum Kreis der Auserwählten zu zählen.

Wir stoßen hier zum ersten Mal auf den Gegensatz zwischen Virtuosen und Dilettanten, der die bürgerliche Musikkultur des 19. Jahrhunderts nachhaltig prägte. Etwas vereinfacht könnte man behaupten, daß die wahren Virtuosen die Passagenübung als freie Fantasie betrieben, während die Dilettanten Passagen systematisch nach Noten abzuspielen hatten (siehe nächstes Kapitel). Bereits in den 30er Jahren des 19. Jahrhunderts begann man damit, die Spieltechnik der Dilettanten

44

planmäßig auszubilden. Die Virtuosen dagegen übten auch noch in der zweiten Jahrhunderthälfte, als sie sich allmählich auf das Reproduzieren spezialisierten, immer noch nach der alten Methode. Insbesondere haben alle Virtuosen, die neben dem Interpretieren noch komponierten, das Passagenfantasieren beibehalten. Und das waren fast alle!

Ein wichtiger Grund, weshalb man immer mehr dazu überging, Schüler Passagenübungen nach Noten absolvieren zu lassen, bestand darin, daß das Herstellen von Noten in der ersten Hälfte des 19. Jahrhunderts insbesondere durch die Erfindung der Lithografie leichter und billiger wurde. Der billige Druck von Unterrichtsmaterialien und insbesondere von Finger- und Passagenübungen machte das mittels Regeln tradierte handwerkliche

Lernen und das handschriftliche Kopieren von Unterrichtsmaterial überflüssig. Was in gedruckter Form zu kaufen war, mußte nicht mehr selbst erfunden werden. Der Lehrer konnte nun Unterricht erteilen, ohne selber komponieren zu können. Der Schüler war in der Lage, Klavierspielen zu lernen, ohne selbst erfinderisch tätig zu werden. Die Revolutionierung des Notendrucks war somit einer der Gründe, weshalb sich Kompositions- und Instrumentalübung voneinander trennten. Freilich verschwand die alte Lehrform nicht von heute auf morgen. Es dauerte immerhin gut siebzig Jahre, bis die Ende des 18. Jahrhunderts erfundene Lithographie so weit verbessert war, daß sich der billige und massenhafte Notendruck durchsetzen konnte (Ballstedt & Widmaier 1989, 104 ff.).

Die etappenweise Rationalisierung der Passagenübung

Die Entwicklung neuer Druckverfahren war jedoch nicht der alleinige Grund, weswegen man allmählich dazu überging, Passagenübungen Note für Note aufzuschreiben. Dieses Phänomen ist in engem Zusammenhang mit den Rationalisierungsbestrebungen zu sehen, die in der ersten Hälfte des 19. Jahrhunderts das Musikunterrichtswesen nachhaltig veränderten. Das Selbstfinden von Spielfiguren wurde für zu langwierig befunden. Um die Effektivität des Unterrichts zu steigern, wurde der Lernstoff in viele kleine, logisch aufeinander aufbauende Arbeitsschritte gegliedert.

Die Rationalisierung setzte sich allerdings, das muß ergänzend hinzugefügt werden, im Musikunterricht und speziell im Instrumentalunterricht relativ spät durch. Der Rezensent der «Kinder-Clavierschule» von H. Wohlfart in der AmZ

bemerkt noch im Jahre 1845: «*Auch in jener Zeit, wo die Methodik des Unterrichts im Allgemeinen Gegenstand des Denkens scharfsinniger und zugleich practisch gebildeter Männer war, eigentlich erst geschaffen und zugleich auf einen gewissen Höhepunct geführt wurde, ist die des Musikunterrichts für sich allein nicht bedacht und unmittelbar kaum gefördert worden. Was vor zwanzig, dreißig Jahren von Hering, von Logier u. A. dafür geschah, hat einer sehr langen Zeit bedurft, sich oder vielmehr der dadurch ausgesprochenen Idee einen allgemeineren Eingang zu verschaffen*» (AmZ 1845, 793).

Es ist recht spannend, nachzuvollziehen, wie die Kunst des Klavierspiels von Jahr zu Jahr strenger und konsequenter durchrationalisiert wurde. Verfolgen wir den Gang dieser Entwicklung anhand ausge-

45

wählter Quellen am Beispiel der Passagenübung.

Abfolge und Aufbau der Passagenübung in den Klavierschulen von Adam (1802) und Müller (1804) folgen fast ausschließlich den Gesetzen des Spiels und des Zufalls. Das gleiche trifft für die bereits besprochenen Fesselfingerübungen von A. Schmitt zu. Auch die 20 Jahre später erschienenen Übungen in Hummels Klavierschule lassen kaum eine überlegte Systematik erkennen. Sie scheinen im Spiel mit verschiedenen Kombinationsmöglichkeiten gewonnen worden zu sein. Hummel hatte dennoch eine gewisse Systematik im Hinterkopf. Das läßt sich an der Zahl der Übungen für die jeweiligen Handstellungen und an der Abfolge der verschiedenen Gruppen ablesen: hundertsiebzig Übungen im Fünftonraum, hundertfünfundvierzig Übungen im Sechstonraum, sechzig Übungen im Siebentonraum und zweihunderteinundvierzig Übungen im Achttonraum. Die Zahlen entsprechen dem tatsächlichen Vorkommen in den damals gespielten Musikstücken. Unsystematisch ist die Auswahl und Reihenfolge der Übungen innerhalb jeder Gruppe.

Eine neue Stufe der Systematisierung wird im 2. Band der Klavierschule von Czerny erreicht. Die Anordnung der einzelnen Gruppen von Übungen, Skalen, Akkordbrechungen, Tonrepetitionen, Doppelgriffen usw. folgt unverkennbar einem gewissen Plane. Die Regeln der Fingersetzung werden streng logisch, im Schwierigkeitsgrad fortschreitend, entwickelt. Trotzdem zeigt sich innerhalb der einzelnen Passagengruppen ein ähnlich buntes Bild wie bei Hummel. Die Reihenfolge der Übungen scheint eher dem Prinzip des Spiels als dem der systematischen Überlegung zu folgen.

Czerny gelangte zu seiner Passagensystematik durch kritische Analyse seiner Übepraxis und seiner Unterrichtserfahrungen, ähnlich wie sein Schüler Liszt. Bei A. Boissier z. B. lesen wir: «Er (Liszt) will alle Passagen auf bestimmte grundlegende Formeln zurückführen, aus denen alle Kombinationen sich herleiten lassen; hat man erst den Schlüssel dazu gefunden, so führt man nicht nur alles leicht aus, sondern kann jegliche Musik vom Blatt lesen» (Boissier 1832/1930 90).

Etwa um die Jahrhundertmitte ändert sich die Qualität der Systematik, nach der die Spielfiguren geordnet wurden. A. Kullak gelang es, das gesamte System der Passagenübung auf einige wenige Grundprinzipien zu reduzieren (Kullak 1860/1889). Er entwarf einen systematisch vom Leichten zum Schweren aufsteigenden Lehrplan zur Ausbildung technischer Fertigkeiten. Kullak nahm allerdings, und dieser Punkt ist meines Erachtens entscheidend, einen anderen Analysestandpunkt als seine Vorgänger ein. Czernys und Liszts Systematisierungsversuche beschränkten sich auf das musikalische Material. Kullak dagegen gewann seine Systematik aus der Analyse von Spielbewegungen.

Auf eine umfassende Darstellung von Kullaks Passagenübung muß hier aus Platzgründen leider verzichtet werden. Ein Beispiel muß genügen. Kullak unterscheidet zwischen Fingerbewegungen auf der einen und dem Öffnen bzw. Schließen der Hand auf der anderen Seite. Diese Unterscheidung hat mit der musikalischen Qualität der Passagen unmittelbar nichts zu tun, hat jedoch den Vorzug, daß sich die vielfältigen Passagen auf zwei wesentliche Grundprinzipien reduzieren. Kullaks Passagenübung enthält kein einziges Notenbeispiel, stattdessen gibt er eine Tabelle von Fingerkombinationen (zunächst fünf, dann vier, dann drei, dann zwei Finger) und rät, dieselben mit verschiedenen Handstellungsweiten zu kombinieren (Quint-, Sext-, Sept- und Oktavlage) (Kullak 1860/1889, 153 ff.).

Anhand der kurzen Übersicht kann man nachvollziehen, wie die Passagenübung im Laufe des 19. Jahrhunderts allmählich rationalisiert wurde. Am meisten haben jene Musiker zur sprunghaften Entfaltung der Spieltechnik beigetragen, die auf der einen Seite unablässig experimentiert haben und auf der anderen Seite die Ergebnisse ihrer Experimente systematisch geordnet haben, also z. B. Hummel, Czerny, Liszt und Kullak. Ihre Arbeitsmethode war spielerisch und zugleich rational durchdacht.

Wenn man die einzelnen Fingersatzsysteme miteinander vergleicht, zeigen sich noch deutlich die Spuren der alten handwerklichen Tradition. A. E. Müller entwickelte die Fingersatzregeln C. Ph. E. Bachs weiter, Hummel die von Müller, und Czernys Fingersatzsystem besteht quasi aus einer Zusammenfassung der Systeme von Bach, Müller, Hummel und Adam. Diese Querverbindungen machen deutlich, wie im Rahmen der Handwerkstradition das Wissen von Generation zu Generation weitergegeben wurde. Die Schüler, die über den Status des Gesellen hinausgelangten, ahmten ihren Meister nicht nur nach, sondern versuchten, *«durch das Studium fremder Originalität selbst original zu werden»* (Dahlhaus 1984, 29). Auf diese Weise leistete jeder bedeutende Meister seinen Beitrag zur Weiterentwicklung der Kunstregelsysteme.

Übungen gegen Bewegungsblockaden

Die Passagenübung veränderte sich in Funktion und Inhalt grundlegend, als sich die Kunst des Klavierspiels etwa um die Jahrhundertmitte zur Interpretationskunst wandelte. Sie wurde zur Fingerübung. Der Zweck der Passagenübung bestand darin, Patterns zu automatisieren, die in Improvisationen und selbsterfundene Musikstücke eingebaut werden konnten; die Fingerübung hatte die Aufgabe, abstrakte, technische Fertigkeiten zu fördern, die für das Interpretieren von Kunstwerken notwendige Voraussetzung waren. Deutlich wird der Funktionswandel schon allein an der Überschrift. Bis zum Jahre 1850 etwa lautete der Titel der Passagenübung «Regeln der Fingersetzung», nach 1850 dagegen «Technische Studien», «Klaviertechnik» etc. Solange das Instrumentalspiel als produktive Kunst betrieben wurde, war der Begriff «Technik» so gut wie unbekannt (Ausnahme: Rameau 1731/1972). Der Klavierübende konzentrierte seine ganze Aufmerksamkeit und Kreativität allein auf das Erfinden und Gestalten von Klängen. Als sich die Reproduktionskunst durchsetzte und damit das Ziel des Übens durch den Notentext festgelegt wurde, mußte sich die Übekreativität fast zwangsläufig weg vom Ergebnis auf das «Wie» der Reproduktion verlagern. Nun erst lenkte der Übende seinen Blick, und das ist wörtlich zu nehmen, auf seine Spielbewegungen und den Spielapparat. Das Aufkommen der abstrakten Bewegungsübung und die Entstehung der Interpretationskunst hängen also unmittelbar zusammen (Gellrich 1990, 107 ff.).

Die musikalisch-technischen Übungen der zweiten Jahrhunderthälfte unterscheiden sich teilweise von denen der ersten Hälfte. Sie waren vornehmlich Bewegungsübungen und dienten dazu, lockere Spielbewegungen auszubilden, störende Mitbewegungen abzustellen und die Bewegungsbewußtheit zu fördern.

Als erstes Beispiel hierfür habe ich zwei Übungen von G. Stoeve ausgewählt. Er war einer der ersten, der klaviertechnische Probleme physiologisch analysierte und auf diese Weise zu wertvollen Erkenntnissen gelangte. Vom Gesichtspunkt der Praxisrelevanz betrachtet, ist Stoeves Buch wesentlich ergiebiger als einige in späterer Zeit erschienenen Bücher, die physiologische Aspekte des Klavierspiels behandeln (z. B. Ritschl 1911, Bach 1929).

G. Stoeve schreibt über seine Methode:

47

«*Eine der wichtigsten Aufgaben der musi-
kalisch-physiologischen Bewegungslehre
besteht darin, die vollen Bewegungen, wie
sie in der Technik des Klavierspiels vorkommen, in e i n z e l n e T h e i l e
z u z e r l e g e n . Die Zerlegung ist
um so besser, je kleiner die einzelnen
Theile, M o m e n t e genannt, geworden sind, und je mehr es ermöglicht wird,
die einzelnen Momente auch e i n -
z e l n z u ü b e n . Die dann erfol-
gende Z u s a m m e n s e t z u n g
besteht darin, daß nach und nach einander
verschiedene Momente zu einem vereinigt
werden, bis schließlich die ganze Bewegung in einem Zuge gemacht wird ... Es
tritt hier das Hauptprinzip für jede Lehrmethode, ‹ T h e i l u n g d e r A r -
b e i t › , in sein Recht»* (Stoeve 1886,
59).

Diese Quelle ist aufschlußreich, weil sie
zeigt, wo die elementaristische Methode
ihren Ursprung hat, nämlich in der naturwissenschaftlichen Denkweise. Sie verdeutlicht ferner, daß die Rationalisierung
der Passagenübung konsequent weitergeführt wurde. Kullaks Passagenübung
basierte auf einer äußerlichen Analyse
von Spielbewegungen, Stoeve ging den
Erscheinungen tiefer auf den Grund und
versuchte, seine Übungen physiologisch
abzusichern. Stoeve betreibt reine Bewe-
gungsanalyse. Die Verbindung zwischen
Spielbewegung und differenzierter Toner-
zeugung, die bei Kullak noch eine zentrale
Rolle spielte (Kullak 1860/1889), interes-
sierte ihn nicht. Trotzdem sind Stoeves
Übungen zu empfehlen, und zwar vor
allem Pianisten, die Probleme mit Verspannungen, Sehnenscheidenentzündun-
gen etc. haben.

Beispielsweise erklärt Stoeve, warum
die beim Klavierspiel übliche Handhaltung unnatürlich ist. Seine Kritik betrifft
insbesondere die normale Daumenhaltung
(auf der Tastatur liegend). Sie ist seiner
Auffassung nach ungünstig, weil sie sowohl die natürliche Bewegung der anderen
Finger behindert, als auch eine forcierte

Unterarmdrehung in Richtung Körper als
Ausgleichsbewegung erfordert (Stoeve
1886, 49, 50). Daher schlägt Stoeve eine
andere Handhaltung vor, nämlich die,
deren sich Klavierspieler in der Frühzeit
des Klavierspiels bedient haben: «*Diese
Stellung finden wir vorläufig, wenn wir
dem Daumen freien Spielraum lassen,
nämlich dadurch, daß er gar nicht auf die
Taste kommt, sondern nach Gefallen frei
vor derselben herabhängt, oder, beim Pia-
nino, allenfalls auf der Leiste vor den
Tasten ruht. Die Finger werden dabei
etwas gestreckt, ungefähr derartig, wie sie
nach den meist üblichen Spielmethoden
beim Andruck der Obertasten aussehen ...
Die erste Lage gilt nun als einzig normale
für den Anfangsunterricht. In derselben
werden die ersten Fingerübungen (ohne
Daumen), je nach den verschiedenen Lehr-
methoden vorgenommen*» (Stoeve 1886,
50). Mit dieser Handhaltung ausgeführte
Übungen sind nicht nur Anfängern sondern auch fortgeschrittenen Pianisten zu
empfehlen. Sie bewirken einen lockeren
und weichen Anschlag und einen feinen
Ton.

Ebenso wirkungsvoll ist eine andere
Übung, die man am besten auch mit der
eben beschriebenen Handhaltung ausführt.
Die Finger (außer dem herabhängenden
Daumen) liegen auf der Tastatur, ohne daß
die Tasten niedergedrückt werden. «*Als
Kontrole, ob die Finger ausgelöst oder
steif sind, dienen hier die Untertasten, und
zwar derartig, daß diese durch die nicht
übende andere Hand, oder besser durch
eine andere Person (den Lehrer, einen Mit-
schüler) lautlos, sanft herabgedrückt werden. Selbstverständlich ist dieser Druck
zwischen den Obertasten vorzunehmen,
um die Finger des Schülers nicht zu berüh-
ren. Hierbei stellt sich Folgendes heraus:
Ist ein Finger ausgelöst, so geht er zugleich
mit der angedrückten Taste hinab; ist er
steif, so bleibt er auf seiner Stelle, schwebt
also in der Luft*» (Stoeve 1886, 42). Durch
mehrmaliges Wiederholen dieser Übung
verändert sich das Hand- und Fingergefühl

48

erheblich. Insbesondere erfährt man so die Kraft des Tastenauftriebs, die den Finger in die Höhe hebt. Diese Kraft, die freilich beim Flügel viel größer ist als beim Klavier, kann man sich bei vielen Passagen zunutze machen. Man versuche diese Übung z. B. in einer Pause während der Arbeit an einer schweren Passage (am besten einer spröden Folge von schnellen Noten) einzubauen und sehe, was geschieht, wenn man zu der Passage zurückkehrt. Die verblüffende Wirkung dieser Übung beruht auf dem Prinzip der Isotonie. Die Muskeln und Gelenke der Finger werden bewegt, während die Muskelspannung unverändert bleibt.

Stoeve gibt in seinem Buch noch zahlreiche weitere Beispiele, unter anderem auch solche, die mit Hilfe eines Ringes bzw. Stabes auszuführen sind. Sie rufen zum Teil ähnliche «Aha-Erlebnisse» hervor wie die beiden eben beschriebenen Übungen.

Eine ganze Reihe wirkungsvoller Bewegungsübungen entwickelte auch L. Deppe, einer der gesuchtesten Klavierpädagogen seiner Zeit. Obwohl er seine Ansichten über Klavierunterricht nie aufgeschrieben hat, wissen wir dank der regen Schreibtätigkeit einiger seiner Schüler, z. B. Klose (1885), Fay (1882), Ehrenfechter (1890) und Caland (1897), recht gut über seine Unterrichtsmethodik Bescheid. Ähnlich wie die Übungen von G. Stoeve, hatten auch die von Deppe den Zweck, Spielbewegungen zu ökonomisieren und unnötige Mitbewegungen abzustellen. Wie folgende zwei Beispiele verdeutlichen, richtete Deppe sein Augenmerk vor allem auf die Sensibilisierung des Bewegungs- und Gewichtsbewußtseins.

«Als erste Uebung sei Folgendes mit größter Aufmerksamkeit auszuführen: um des Gefühls uns bewußt zu werden, wie man die Hand, durch den Arm vom Rücken getragen, leicht machen kann, hebe man die Arme, von den Schultern aus, leicht nach vorne, ohne jedoch die Schultern selbst hin-

aufzuziehen. Man lenke seine volle Aufmerksamkeit auf die Muskeln der Schultern und des Rückens während dieser Uebung; des intensiven Gefühls, daß die Arme vom Rücken aus getragen und festgehalten werden, muß man sich voll bewußt bleiben, indem man die Arme langsam auf die Tasten niedersinken läßt» (Caland 1897, 9, 10). Die Übung hat die Aufgabe, die Schulter- und die Nackenmuskulatur zu lockern und das Gewichtsgefühl für Arm und Hand zu entwickeln. Etwas problematisch erscheint mir allerdings das steife Handgelenk (siehe Bild nächste Seite). Meines Erachtens ist es besser, die Übung mit lose hängendem Handgelenk auszuführen.

Eine weitere Übung: *«Eine zur häufigen Wiederholung sehr empfehlenswerte Uebung um die Hand leicht zu machen, ist die, daß man, vom Klaviere entfernt, versucht, den Arm, von der Schulter aus zu heben; man lasse dann langsam den ganzen Arm, von dem Rücken aus getragen, eine runde Bewegung von außen nach innen machen; der Arm selber soll insofern passiv bleiben, als nur das eine Glied das andere trägt: aber weder der Ober-, noch der Unterarm, noch das Handgelenk, noch die Hand dürfen dabei tätig sein – der Arm soll vollständig in Ruhe getragen werden, dann wird auch die Hand leicht wie eine Feder sein. Das beste Mittel zur Kontrollierung dieser Bewegung ist, genau darauf zu achten, daß der Winkel zwischen Ober- und Unterarm unverändert bleibt ... Man übt dies am besten mit Hilfe des Spiegels, indem man sich seitwärts beobachtet»* (Caland 1897, 10, 11).

Diese Übung hat den Zweck, die Sensibilität für den kontrollierten Einsatz des Armgewichtes zu fördern. Das Gefühl des «Getragenseins» des Arms, verbunden mit einem «Federgefühl» der Hand und der Finger, ermöglicht es, das Armgewicht und damit die Lautstärke und Intensität des Tones fein zu dosieren und gleichzeitig die

(Caland 1897, 10)

Entspannung des Spielapparates beizube-halten.

Übrigens waren E. Caland und L. Deppe mit ihren Entspannungsübungen ihrer Zeit durchaus um einige Jahrzehnte voraus. Langsame Bewegungsübungen, wie die eben beschriebenen, die mit Konzentration auf Körperspürung ausgeführt werden, weisen nämlich eine erstaunliche Ähnlich-keit zu Übungen auf, wie sie in den moder-nen Bewegungstherapien nach Gindler, Feldenkrais und Alexander verwendet werden, um Bewegungsblockaden und Verspannungen zu beseitigen.

Übungen zur Verbesserung der Spannfähigkeit der Hand

Neben isotonischen Übungen und Übungen zur Steigerung der Bewegungs-sensibilität waren bei den Pianisten der zweiten Hälfte des 19. Jahrhunderts Dehn-übungen sehr beliebt, die die Spannfähig-keit zwischen den Fingern vergrößerten. So ist bekannt, daß Chopin regelmäßig Fingergymnastik machte (Mikuli 1880, 3) und auch F. Wieck seine Schüler von Kin-desbeinen an mit Spannübungen trainierte (Wieck 1853, 95). Um die Spannfähigkeit zwischen den Fingern zu vergrößern, ver-wendete E. W. Jackson sogar Korken in verschiedenen Größen, die zwischen die Finger gesteckt wurden. Wir mögen heute zwar über derartige Hilfsmittel lachen, aber für die Entwicklung einer virtuosen Technik sind solche Übepraktiken sehr för-derlich. Daß nämlich die große Spannfä-higkeit der Hand ein wichtiger Schlüssel für die Ausbildung von Virtuosität ist, haben viele Jahre früher C. Ph. E. Bach (1753/1957, 23) und viele Jahre später keine geringeren als S. Rachmaninoff und W. Horowitz (Plaskin 1988, 238) aus-drücklich betont. Ähnlich wie beim Ballet oder Turnen ermöglicht eine große Dehn-fähigkeit der Gelenke geschmeidigere

50

Bewegungen auszuführen und die Hand selbst bei verwickelten Passagen ruhig zu halten.

Neben Stoeve, Deppe und Jackson erfanden eine ganze Reihe anderer Klavierpädagogen Gymnastikübungen, z. B. Willborg (1887), Germer (1896b) und Pembaur. Viele dieser zum Teil sehr nützlichen Übungen sind leider inzwischen in Vergessenheit geraten. Sie sind gute Beispiele dafür, daß der naturwissenschaftliche Fortschritt zu positiven Erkenntnissen im Bereich der Klaviermethodik führte.

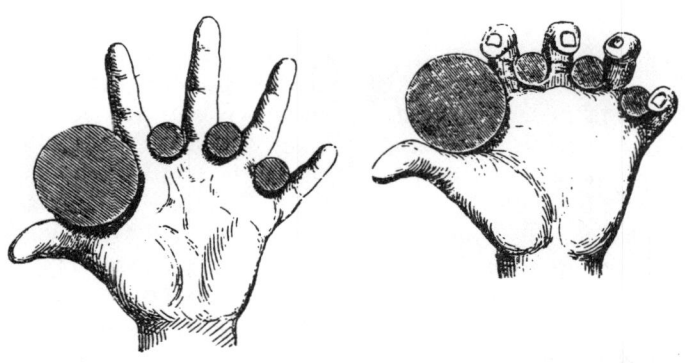

(Jackson 1866)

4. Kapitel
Die Kritik der Meister
am verschulten Lernen

Uebungen mit stillstehender Hand

Die Uebungen mit stillstehender Hand,
Von Herz bis Plaidy, sind wohlbekannt;
Willst Du Kraft und Ausdauer erhalten,
So muß Dein Eifer nie erkalten.
Sie bilden die wahre Fingergymnastik
Und geben dem Spiele Rundung und Plastik
(Aus: J. Alexanders «Poetischem Hilfsbüchlein beim Musikunterricht», zit. in Der Klavier-Lehrer» 1884, 108)

Neben den in den beiden vorangegangenen Kapiteln besprochenen Passagenübungen findet man in vielen nach dem Jahre 1800 publizierten Klavierschulen einige Übungen, die einzig und allein dazu bestimmt waren, mechanische Fertigkeiten zu steigern. Diese «unmusikalischen» Übungen dürfen keinesfalls als identisch mit den Passagenübungen betrachtet werden. Sie hatten ihren Platz ganz am Anfang der Klavierschule und wurden als unumgängliche Voraussetzung für jegliches weitere Musizieren angesehen.

Nach dem Jahre 1830 ging man dazu über, eigene Bücher mit mechanischen Studien herauszugeben. Das Training mechanischer Fertigkeiten löste sich von der handwerklichen Klavierübung ab und etablierte sich allmählich als eigenständiger Arbeitsbereich. H. Herz, zunächst Schüler und später Lehrer am Pariser Konservatorium, machte mit seinen «Tausend Übungen für das Dactylion» und den «Collection des gammes, passages etc.» in den 30er Jahren den Anfang (Herz 1835, 1838). J. Knorr schrieb 1841 eine «Pianoforteschule der neuesten Zeit in 280 technischen Übungen» (Knorr 1841). Es folgten in den Jahren zwischen 1840 und 1870 eine Vielzahl weiterer Fingerübungsbücher, z. B. von Breslaur (op.30), Pischna, Plaidy, Mertke, Vetter, Handrock (1866), Loeschhorn und Mengewein. Viele dieser heute unbekannten Fingerübungswerke mahnen oft schon im Titel, daß sie täglich und systematisch auszuführen seien. Sie versprechen maximale und gleichmäßige Kräftigung der Finger bei geringem Zeitaufwand.

Es ist evident, daß ein Virtuose mechanische Übungen machen mußte. Aber warum sollte gerade der Dilettant dem Mechanischen so große Aufmerksamkeit schenken? Denn für ihn waren die oben genannten Fingerübungsbücher vornehmlich bestimmt. Er hatte doch kaum ein technisch-mechanisches Interesse an Musik. Der wahre Grund ist folgender: Mechanische Übungen hatten nur in zweiter Linie den Zweck, Virtuosität auszubilden, sie wurden vor allem dazu verwendet, um den Schüler zu disziplinieren. Die Aufwertung des Mechanischen im Klavierunterricht, insbesondere in der zweiten Hälfte des 19. Jahrhunderts, steht in engem Zusammenhang mit der Funktionalisierung des Instrumentalunterrichts für erzieherische Zwecke.

Die lückenlose technische Schulung!

— 3 —

Für .... den .... ten 18

		M. M.
5Finger-Uebungen		
Vorübungen zum Tonleiterspiel. .		„
Tonleitern.		„
Vorübung zu gebr. Dreiklängen . .		„
Gebr. Dreiklänge.		„
Vorübung zu gebr. Vierklängen . .		„
Gebr. Vierklänge.		„
Staccato aus dem Handgelenk. . .		„
Staccato aus dem Fingergelenk . .		„
Gebundene Terzen, Sexten u. Oktaven		„
Etüden: wiederholen.		„
„ neu . . .		„
		„
Stück: wiederholen .		„
		„
„ neu		„
		„
Theorie		
Zusammenspiel. .		
Besondere Bemerkungen: (Censur des Lehrers etc.)		

Unterschrift des Lehrers: .... Unterschrift der Angehörigen: ....

(Aus dem Aufgabenbuch für den Musikunterricht, Ausgabe B. für die Mittelstufe, Bressur, 1896)

53

«Mädchen, warum weinest du?»

Welchen großen Stellenwert die «systematizistische» mechanische Schulung innerhalb der pianistischen Ausbildung hatte, verdeutlicht eine Seite aus dem Aufgabenbuch für den Musikunterricht von E. Breslaur (siehe Beispiel S. 53). Breslaur verlangt, daß das abgeleistete Übepensum vom Lehrer und einem Angehörigen per Unterschrift beglaubigt wird.

E. Breslaur gehörte neben L. Köhler und H. Ehrlich zu den einflußreichsten Klavierpädagogen im Zeitraum zwischen 1850 und 1880. Sie hatten sich zum Ziel gesetzt, Kinder durch systematischen Unterricht zu wahrer Kunst zu erziehen. Daneben gab es freilich eine ganze Reihe Klavierlehrer, die ohne großartigen Erziehungsanspruch auftraten, den Liebhaber Liebhaber sein ließen, und sein Bedürfnis, das Klavierspiel zur Zerstreuung und Kurzweil zu betreiben, akzeptierten. Sie wurden von den «wahren Klavierpädagogen» als «Afterlehrer» (Breslaur 1896, 439) beschimpft. Allerdings kannten auch sie kein Pardon, wenn es um die mechanische Schulung ging.

Theodor Leberecht Steingräber gab 1868 unter dem Pseudonym Gustav Damm eine Klavierschule mit dem Titel «Klavierschule und Melodienschatz für die Jugend» heraus. Die Schule war den kleinbürgerlichen Bedürfnissen auf den Leib geschnitten. Sie enthielt vom Volkslied über Militärmärsche bis hin zur schmalzigen Opernmelodie alles, was des Dilettanten Herz begehrte. Damms Schule wurde schnell zum Verkaufsschlager. Bereits im Jahre 1889 waren 240 000 Exemplare verkauft (53. Auflage). Mir persönlich liegt eine deutsch-englische Ausgabe in der 254. Auflage vor. Die Millionengrenze an verkauften Exemplaren dürfte inzwischen weit überschritten sein.

Es ist nicht unbedingt einzusehen, warum die «höhere Tochter», die ja die Damm-Schule gerade wegen der schönen Stücke wählte, zunächst auf den «Exerzierplatz Klavier» zitiert wird. Statt ein Kleinod aus dem Melodienschatz zu heben, wie es der Titel der Schule eigentlich verspricht, soll sie ihre zarten Hände mit Hilfe einer der «vielen schnellfördernden technischen Übungen», auf die im Kleingedruckten des Titelblattes hingewiesen wird, stählen. *«Bei den nun folgenden kleinen Finger-Übungen sehe man auf richtige Handstellung, sowie darauf, daß die Finger nicht einknicken ... Die Viertel sind mit s c h a r f e r Aussprache l a u t zu zählen, das e r s t e Viertel jedes Taktes zu b e t o n e n und jede Wiederholung, zunächst für die rechte Hand allein, 16mal zu spielen»* (Damm 1868, 9).

(Damm 1868, 9)

Dieselben Übungen lasse man nun eine Oktave tiefer mit der l i n k e n Hand spielen, wozu der Schüler den Fingersatz jetzt selbst finden wird. Darauf werden sie mit b e i d e n Händen zugleich gespielt, wobei auf präzises Zusammenschlagen der Oktaven zu achten ist.

The left hand should play the same exercises one octave lower; the pupil will now find out the fingering himself. Finally they should be played with both hands together; in the execution, attention should be paid to a precise playing together of the octaves.

So hat sich Käthchen den Anfang am Klavier nicht vorgestellt. Käthchen blättert um und sucht das erste «Melodienjuwel». Vielleicht spendet das Liedchen Nr. 6 mit dem Titel «Mädchen, warum weinest du» Trost. Als wenn Gustav Damm geahnt hätte, daß der Anfang am Klavier keinen Spaß macht!

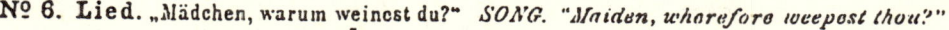

(Damm 1868, 12)

Und weil die Melodie so schön war, das Ganze noch einmal in der vierhändigen Variante auf Seite neunzehn. Ob die stramme Melodie Käthchen tatsächlich aufmuntert? Zumindest hat sie den richtigen «aufmunternden» Anschlag dafür bereits gelernt. Der «höhere Sohn» genießt darüber hinaus den Vorteil, bereits in jungen Jahren seinen Fingern beigebracht zu haben, was beim späteren Militärdienst seine Beine noch ausgiebig betreiben müssen. In dem «Rondo militaire» auf S. 45 kann er seine neu erworbene Marschierfestigkeit testen. Doch lange währen weder Weinen noch Marschieren: Spätestens beim Lied Nr. 9 ist der Klavierunterricht totgezählt und gestorben:

(Damm 1868, 14)

Die Klavierschule von Damm ist typisch für ihre Zeit. Der Dilettant wurde mit mechanischen Fingerübungen, zu denen er laut zu zählen hatte, traktiert und anschließend mit seichten, inhaltslosen, schlecht gesetzten Opernbearbeitungen, Militärmärschen, Volksliedern und Nationalhymnen belohnt.

Ein zweites Beispiel ist die u. a. von T. Kullak «preisgekrönte» Klavierschule von K. Urbach. Der Schule war zwar kein ähnlicher Welterfolg beschieden wie der von T. L. Steingräber, aber immerhin waren 1895 bereits 150 000 Exemplare verkauft. Nach acht Lektionen Trockenübungen über die vorschriftsmäßige Haltung, den Knöchelgelenkanschlag, Notenschrift etc. beginnt das Spiel nach Noten.

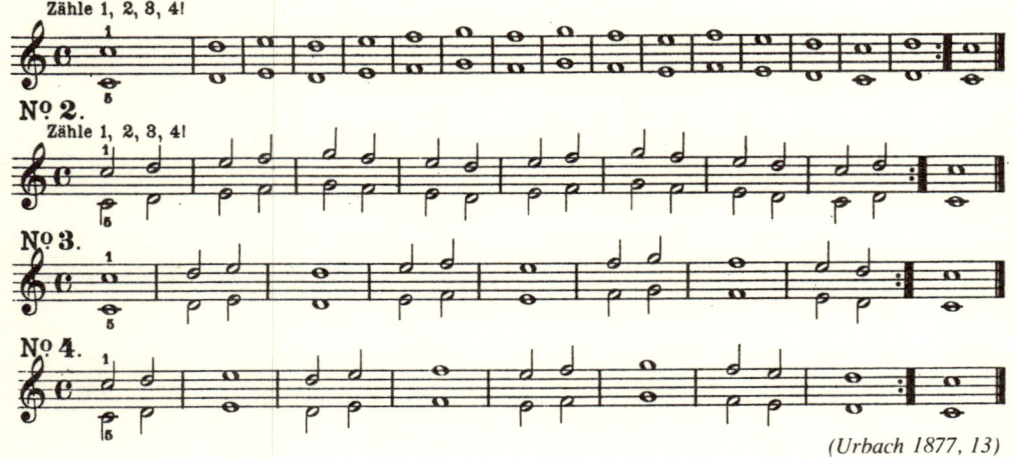

N° 1. Beim Spielen die Noten das eine mal laut lesen, das andere mal laut zählen.
In gleicher Weise sind die folgenden Nummern zu üben, bis zur völligen Sicherheit und Geläufigkeit im Notenlesen und Zählen.

Zähle 1, 2, 3, 4!

N° 2.
Zähle 1, 2, 3, 4!

N° 3.

N° 4.

(Urbach 1877, 13)

Warum eigentlich geht es Urbach um Sicherheit und Geläufigkeit im Zählen und Notenlesen und nicht um Klavierspielen? Die Forderung nach lautem Zählen, die etwa jedem dritten Stück als «musikalische Charakterbezeichnung» vorangestellt ist, wird anfangs noch moderat vorgetragen, später heißt es nur noch barsch:
«Die Noten lesen!» «Nicht ohne zählen!» (S. 27)
«Erst langsam und nach und nach schneller! Halbstark!» (S. 22)
«Jede Hand ist einzeln vorzuüben! Halbstark!» (S. 23)
«Gute Haltung!» (S. 24)
«Auf präzises ‹Zusammenspiel› beider Hände achten! Halbstark!» (S. 25)

Auf Seite 30 sind unter der Überschrift «Rhythmisch-melodische Tonstücke» zum erstenmal musikähnliche Notenzusammenstellungen zu finden. Da diese den Schüler vielleicht zu ausdrucksvollem Spiel animieren könnten, heißt promt der Befehl: «Keine Armbewegung!»

Die Fesselung von Armen und Händen im Fünftonraum wird immerhin bis zur Nr. 125 durchgehalten. Man kann dem Schüler Urbachs nachfühlen, wenn er neidisch auf die Nachbarin ist, die gleichzeitig mit ihm das Klavierspielen begonnen

hat und aus deren Wohnung inzwischen schon fünf gefühlvolle Operettenmelodien aus der Schule von Damm erklungen sind. Dabei stand doch im Vorwort von Urbachs Klavierschule irgend etwas von «Lust zum Lernen»!

Überhaupt war die langjährige Beschränkung auf den Fünftonraum ein beliebtes Mittel, um den Dilettanten die Musizierlust auszutreiben. E. Eggeling beispielsweise gab unter ausdrücklicher Berufung auf J. S. Bach ein Studienwerk heraus, das auf 53 Seiten nichts als mechanische Übungen im Fünftonraum enthält (Eggeling 1850). Nur wenige kritische Stimmen meldeten leise Zweifel an, ob die vom technischen Standpunkt allseits für nützlich befundene Fesselung auch die Motivation der Schüler hebe. So bemerkt etwa der Rezensent der «Neuen praktischen Pianoforte-Schule auf fünf Tönen oder in den verschiedenen Quintlagen beider Hände begründet» von C. Gerlach:
«Die Uebungen in den Quintlagen oder bei ruhenden Händen sind bereits von Vielen und lange Zeit für wichtig gehalten worden und mit Recht; darum fehlt es auch nicht daran. Wir haben ganze Hefte solcher Uebungen ... Aber dergleichen lange fortgesetzte Uebungen nehmen eine Geduld in

Anspruch, die man von der Jugend kaum verlangen kann» (AmZ 1840, 1026). Verschärfend kommt hinzu, daß solche Übungen im Fünftonraum häufig unter Zuhilfenahme von Apparaten, wie z. B. den Handleitern von Logier, Kupke und Lenz ausgeführt werden mußten, bei denen die Hand des Klavierspielers wie mit einem Schraubstock an die Klaviatur angekettet wurde (Gellrich 1990).

Die Vorschriften darüber, wie die mechanischen Übungen auszuführen sind, werden nicht nur von Urbach, Damm, Köhler und Lebert & Stark sehr präzise angegeben. Im Vorwort der in den 60er Jahren erstmals veröffentlichten «Mechanischen Studien» von J. Handrock heißt es zum Beispiel: *«Stets ist auf eine reine Ausführung dieser Anschläge zu achten, und es sind deshalb dieselben dem Schüler in ihren einzelnen Momenten: dem Aufheben, Anschlagen (Fallen) und Andrücken (Festhalten) recht anschaulich zum klarsten Bewußtsein zu bringen. Zunächst spiele er die Übungen unter B, C und D legato, später staccato; bezüglich der Kraftgebung aber zuvörderst mf sodann f, dann p ...»* (Handrock 1866, III). Die mechanischen Übungen wurden demnach auch nach 1850 noch musikalisch geübt. Im Unterschied zum Virtuosen, der mit den musikalischen Schattierungen spielerisch umging, war dem Dilettanten der genaue Gang des Übens, bis hin zur Anzahl der Wiederholungen Schritt für Schritt vorgezeichnet.

Ein weiteres Erziehungsmittel waren strenge Vorschriften über die Übelautstärke. Sie betrafen allerdings nicht nur die mechanischen Exerzitien, sondern das Üben überhaupt. Die einen forderten, daß allein forte (Lebert & Stark 1858 I, 1), andere daß nur mezzoforte (zum Beispiel Urbach 1877, 27; Hanon 1898, 4; Scharwenka 1907 Vorwort; Loeschhorn op. 65, 1), wieder andere, daß einzig piano gespielt werden dürfe (Breslaur 1896, 311). Die Reglementierung ging sogar so weit, daß zum Beispiel verlangt wurde, zuerst laut, dann leise, dann mittellaut usw. zu üben (Lebert und Stark 1858 II., 24; Riemann 1883/1912, 40; Scharwenka 1907, Vorwort; Lambert 1899). Die meisten Pädagogen machten allerdings keine Angaben darüber, warum diese oder jene Übemethode sinnvoll und nützlich sei. Als Tendenz läßt sich feststellen, daß in Konservatorien, um es einmal vorsichtig auszudrücken, etwas lauter geübt wurde.

Es versteht sich von selbst, daß solche stupiden mechanischen Übungen, deren Vollzug bis ins kleinste Detail vorgezeichnet war, von den Kindern nicht mit Freude absolviert wurden. *«Wohl weiss ich»*, schreibt A. B. Marx, *«wie oft besonders sehr junge Schüler jene zahlreichen und in das Kleine und Feine gehenden Vorschriften der Technik ausser Acht lassen und den Fortschritt dadurch verzögern»* (Marx 1955, 419). Doch Pädagogen und Eltern hatten bald probate Mittel gefunden, um den lückenlosen technischen Fortschritt des Klavierschülers dennoch zu gewährleisten. So wurden zum Beispiel von angesehenen und teuer zu bezahlenden Hauptlehrern sogenannte Hilfslehrer angestellt. Begüterte Eltern leisteten sich außerdem eine Art Nachhilfelehrer, welcher die Kinder beim Vollzug der mechanischen Übungen zu überwachen hatte (Marx 1855, 419).

Als vorläufiges Schlußwort für dieses unschöne Kapitel der Geschichte der Klavierpädagogik bietet sich folgende sinnträchtige musikalische Hausregel von H. Laube an, dem Direktor zunächst des Wiener Burgtheaters und später des Leipziger Stadttheaters: *«Zuerst technische Studien, alsdann das Musikstück! Fingerübung ist das tägliche Brod des Klavierspiels. ‹Die Tyrannei der Form ist schrecklich, aber ausser der Form Barbarei›!»* (Urbach 1877, 4).

«Ach, wie versündigt ihr euch, Lehrer!»

Die Verbreitung der neuen Methode des systematischen Übens nach fest vorgeschriebenen Lehrplänen ist übrigens in direktem Zusammenhang mit der Anfang des 19. Jahrhunderts immer stärker werdenden Volksbildungsbewegung und, damit verbunden, der Erweiterung der auf eine relativ kleine Bevölkerungsschicht beschränkten handwerklichen Musikkultur zur bürgerlichen Massenkultur zu sehen. Der Anstoß zu der neuen Entwicklung kam unter anderem von C. G. Hering und H. G. Nägeli, die die Elementarmethode J. H. Pestalozzis erstmals auf das Musiklernen übertrugen (Heise 1987, Lorenz 1988). Der Rezensent einiger Unterrichtswerke von Hering begründet, warum die alten Handwerkslehren zur musikalischen Volksbildung wenig geeignet waren: *«Jene Bücher setzen einen geschickten Lehrer voraus, und sollen ihm nur als Hülfsmittel beym mündlichen Unterrichte dienen; doch mancher geübte und kenntnisreiche Klavierspieler weiss zwar, w a s, aber nicht, w i e er lehren soll. Am seltensten ist die Gabe, bey Anweisung kleiner Kinder, sich zu deren Fassungskraft herabzulassen, durch ihre langsameren Fortschritte nicht ungeduldig zu werden, und eben deshalb im Unterricht keine S p r ü n g e zu machen. Überdies wünschen manche Aeltern, die etwas Musik erlernt haben, ihre Kinder in Nebenstunden selbst darin zu unterrichten, sind aber über die Methode in Zweifel, und verstehen es nicht, jene m e h r z u s a m m e n g e d r ä n g t e n Lehrbücher schicklich zu handhaben. Endlich hätten wohl manche Erwachsene Lust zum Klavier, aber zugleich auch Gründe, weder für die ersten Elemente einen Lehrer anzunehmen, noch sich durch jene Bücher hindurchzuarbeiten, die zwar an sich zweckmäßig, aber nicht durchaus s o populär und leichtfaßlich geschrieben sind, wie es h i e r z u nöthig wäre»* (AmZ 1805, 509, 510).

Während die Verfechter der musikalischen Volksbildungsidee der schnellen Verbreitung der neuen Methode durchaus positiv gegenüberstanden, war das Urteil der noch traditionell handwerklich arbeitenden Künstler durchweg negativ. Wie folgendes Beispiel zeigt, wurden die problematischen Folgen der Pädagogisierungswelle von einigen weitsichtigen Musikern schon früh erkannt. Die meisten der zitierten Kritiker beziehen sich allerdings auf die neue Lehrmethode ganz allgemein und nicht nur speziell auf die Passagenübung. Einer von ihnen war Beethoven. Seine Meinung über die neue Methode wird aus folgender Textpassage deutlich. Schindler erklärt darin, warum Beethoven die Klavierschule von Clementi bevorzugte: *«Wie Mancher schüttelt den Kopf über Beethoven's Werthschätzung der kleinen, kurzgefaßten Schule des ‹alten› Clementi, besonders wenn er das Heil in irgend einem modernen Folianten zu finden glaubt, der von den Zeitblättern wie eine Panacea angepriesen wird! In unserm Falle handelt es sich aber zunächst um Elementar-Unterricht. Wenn man jedoch des Meisters entschiedene Abneigung gegen alle theoretische Weitschweifigkeiten, sammt ihren noch weitschweifigeren practischen Anhängseln in Etüden-Form kennt, die den Schüler unvermeidlich zum Automaten machen müssen; wenn man ferner sein Kopfschütteln über Hummel's voluminöse und dennoch sehr leicht wiegende Klavierschule gesehen, wenn man sein Anathema über Lehrer der Tonwissenschaften donnern gehört, die jeden möglichen Fall zum Gegenstand der Schreiberei machen, daher zum ‹Durchschleppen› bloß durch den Generalbaß nicht weniger denn zwei bis drei Jahre brauchen, bis die Phantasie des Schülers* getödtet ist, die nichts der sich ergebenden Erfahrung überlassen wollen, die sowohl das Erfinden wie Gestalten vermittels der Schablone erlernen lassen, (all' dieser Unfug hatte damals seinen Anfang genommen;) so würde der Meister sehr wahrscheinlich auch in einem andern Fall der Clementi'schen Klavier-Schule den Vorzug gegeben haben» (Schindler 1927 II, 183, 184).

Schindler hat seine eigene Auffassung über das neue Verfahren in einer «wohl verzeihlichen Randglosse» (Schindler 1927 I, 36) niedergeschrieben. Er bezieht sich dabei auf den intensiven Erfahrungsaustausch, den Beethoven mit einigen hervorragenden Instrumentalisten und Instrumentenbauern pflegte: «Die jetzige Generation der Komponisten ersieht aus Vorstehendem, auf welchem Wege die Komponisten der früheren Epoche, welche von der Kunstgeschichte die ‹classische› genannt wird, die Kenntnis des naturgemäßen Gebrauches aller Instrumente übernommen hat, nämlich auf dem der m ü n d l i c h e n U e b e r l i e - f e r u n g , den man den practisch-empirischen nennt. Dies war der Weg, auf dem die sogenannte ‹Kunst zu instrumentieren›, das Kunst- H a n d w e r k überhaupt, wohl zwei Jahrhunderte lang gelehrt worden, wie es in allen andern schönen Künsten der Fall gewesen, und bis zu diesem Tage noch ist. Sollte die Frage entstehen, welcher Weg wohl zu Erreichung solcher Kunstgeschicklichkeit der sichere und zweckmäßigere sey, der frühere, practisch-empirische, oder der nunmehr eingeschlagene vermittels gedruckter Methoden, welche sich bis zu sclavischer Nachahmung gegebener Musikbeispiele, somit bis zur Schablone, verstiegen haben, um die Erfindungsgabe des Kunstjüngers im Keime schon, wenn nicht ganz zu tödten, so doch sicher und gewiß nicht zu kräftigen, vielmehr träge zu machen; wir wiederholen, sollte eine derartige Frage gestellt werden, so entscheiden wir uns unbedingt für den Weg, den

unsere Altvordern gegangen, weil er im analogen Verhältnis zu dem in andern Künsten steht, vor allem, weil er den Kunstjünger zu Selbstdenken auffordert und ihm die Sache nicht so leicht macht, als es vermittelst der bestehenden Methoden geschieht. Daß jener Weg nothwendig ein gedehnterer seyn müsse, als der moderne, macht ihn auch noch vorzuziehen, weil er dem Lernenden zu naturgemäßer Entwicklung aller intellectuellen Kräfte Zeit gelassen und keinerlei Sprünge gethan werden können» (Schindler 1927 I, 35, 36).

J. Fields Kritik wendet sich speziell gegen Czernys bürokratische Systematisierung der Passagenübung. Er nannte ihn «ein richtiges Tintenfaß» und sagte ihm nach, «er fabriziere nur Muster von Passagen und Kadenzen, um sie dann, aufs sorgfältigste geordnet, in einen Schrank in verschiedenen Schachteln unterzubringen. Die weitere Arbeit bestände je nach Bedarf in der Auswahl dieser Muster, die auf seinem Büreau von sachkundigen Musikern zu Musik verarbeitet würden» (Dessauer 1912, 76).

Schumanns Zielscheibe der Kritik ist J. B. Logier, einer der einflußreichsten Musikpädagogen seiner Zeit. 1834 schreibt er in den «Kritischen Büchern der Davidsbündler»: «Methode, Schulmanier bringen wohl rascher vorwärts, aber einseitig, kleinlich. Ach! wie versündigt Ihr Euch, Lehrer! Mit Eurem Logierwesen zieht Ihr die Knospen gewaltsam aus der Scheide! Wie Falkeniere rupft Ihr Euren Schülern die Federn aus, damit sie nicht zu hoch fliegen – Wegweiser sollt Ihr sein, die Ihr die Straße wohl anzeigen, aber nicht überall selbst mitlaufen sollt!» (Schumann 1871 I, 8).

In R. Wagners Schrift «Mitteilung an meine Freunde» (1851) findet man folgende bissige Bemerkung, die heftige Reaktionen einiger Konservatoriumsprofessoren hervorrief (siehe Wagner 1910, 40, Fußnote): «Die eine verschmähte Gabe: ‹der nie zufried'ne Geist, der stets

59

auf Neues sinnt›, bietet uns Allen bei unserer Geburt die jugendliche Norn an, und durch sie allein könnten wir alle ‹Genies'› werden: jetzt, in unserer erziehungssüchtigen Welt, führt nur noch der Zufall uns diese Gabe zu, – der Zufall, n i c h t e r z o g e n z u w e r d e n . Vor der Abwehr eines Vaters, der an meiner Wiege starb, sicher, schlüpfte vielleicht die so oft verjagte Norn an meine Wiege und verlieh mir ihre Gabe, die mich Zuchtlosen nie verließ, und, in voller Anarchie, das Leben, die Kunst, und mich selbst zu meinem einzigen Erzieher machte» (Wagner 1910, 40).

Schindler, Beethoven, Schumann und Wagner waren nicht die einzigen, die der neuen Lehrmethode ablehnend gegenüberstanden. Doch sie kämpften gegen einen allgemeinen Trend der Zeit, den sie nicht aufhalten konnten. Unter der Rubrik «Winke für allerlei Leser» erschien im Jahre 1842 in der AmZ folgende kurze zeitkritische Bemerkung. Sie zeigt, daß die methodische Umgestaltung des Lernens nicht nur die Musik, sondern auch andere Künste betraf: «Ich kann es nicht billigen, wenn Lehrer der Künste den Geist der Lehrlinge unter der Uebung blos technischer Fertigkeiten erlahmen und ertödten, in der Hoffnung, dass die technische Geläufigkeit später die geistige Produktion hervorrufen werde. In der Jugend sind diejenigen geistigen Kräfte, welche dem Kunstwerke den wahren Schmelz verleihen, auch schon vorhanden, und diese Keime wollen entwickelt und gebildet sein. Wie mächtig regt sich im Kinde die Fantasie, sei es nun die, welche sich in Strichen und Formen, oder in Tönen und Worten ausspricht. Es will der Geist selbsttätig schaffen und bilden, und das kleinste eigene Produkt ist mehr werth, als ein noch so weitschichtiges Werk der Nachahmung» (AmZ 1842, 177).

Die Zitate machen deutlich, daß die wahren Künstler die Auflösung des Handwerks und auch deren Ursachen damals sehr wohl schon sahen. Dies zeigt Schumanns Kritik an Logiers Methode, Fields Anspielung auf Staat und Bürokratie und Wagners Hinweis auf das Erziehungssystem. Man muß ferner berücksichtigen, daß die kritischen Stimmen aus einer Zeit stammen, als das Instrumentalspiel im wesentlichen noch als produktive Kunst gelehrt wurde. Die genannten Künstler, die das Instrumentalspiel alle noch nach der alten praktisch-empirischen Methode gelernt hatten, bezogen ihre Kritik auf die Versuche, das Selbsterfinden von Musikstücken nach festgefügten gedruckten Lehrplänen zu vermitteln.

«Plapperspiele» mit Tasten und Tönen

Eine der Intentionen, die meine Arbeit leitete, war, nach Parallelen zwischen dem Musiklernen und dem Erwerb der Muttersprache zu suchen. Das Passagenspiel spielte, so behaupte ich, beim muttersprachlichen Musiklernen eine zentrale Rolle. Es entspricht der sogenannten Plapperphase beim Muttersprachenerwerb. Ein Kind beginnt nicht zu sprechen, indem es richtige Worte oder gar vollständige Sätze bildet, es imitiert vielmehr zunächst die Sprache der Erwachsenen, indem es die Sprachmelodie nachahmt bzw. nachplappert. M. und H. Papoušek vom Max-Planck-Institut für Psychiatrie in München haben darüber interessante Untersuchungen angestellt (Papoušek 1981 a, b, c). Sie zeichneten mit Hilfe der Methoden der musikalischen Transskription und der sonographischen Analyse Mutter-Kind-Interaktionen in den ersten Lebensjahren auf. Von den vielfältigen Ergebnissen dieser Forschungen sind für unsere Fragestellung vor allem die Befunde über die «Plapperphase», die in etwa im ausgehenden ersten Lebensjahr einsetzt, von Interesse: *«Das Spiel mit der Stimme gewinnt eine neue Dimension mit dem Auftreten deutlich artikulierter Silben und dem sog. Wiederholungsplappern. Anfänglich wird je-* *weils eine Silbe 1–2 Wochen monoton durchexerziert und mit zunehmender Regelmäßigkeit in Ketten wiederholt, um dann vorübergehend wieder aus dem Repertoire zu verschwinden. Die zeitweilige morphologische Stabilität der Silben zeigt die wachsende kortikale Kontrolle an»* (Papoušek 1981c, 469).

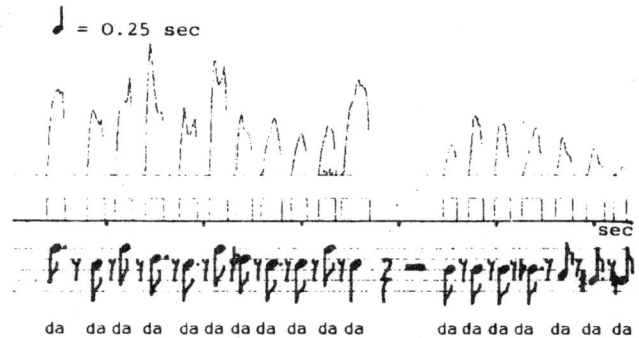

Abb. 9: Wiederholungsplappern (Silbenfolgen) (10 Monate). Von oben nach unten: Intensität, Zeitstruktur, musikalische und phonetische Transkription.

Abb. 10: Tänzerischer Rhythmus im 4/4-Takt (13 Monate). Intensität, Zeitstruktur, musikalische Transkription.

Aus den Aufzeichnungen läßt sich ersehen, daß beim Plappern unter anderem Artikulationsvarianten geübt werden. Manchmal wird stereotyp (Abb. 9, 10), manchmal variiert wiederholt (Abb. 12). Das Wiederholungsplappern enthält sprachliche und musikalische Elemente. Es wird auch noch beibehalten, wenn das Kind bereits richtig sprechen kann, wie ich beobachtet habe, sogar bis ins Alter von fünf Jahren.

Die Ähnlichkeit zwischen den Sprachspielen des Kleinkindes und der Passagenübepraxis ist offensichtlich. Wie die Virtuosen früher beim Passagenspiel, entwickeln Kinder eine bewundernswerte Ausdauer im unablässigen Wiederholen von Wörtern oder sinnlosen Silbenfolgen. In gleicher Weise wie der Virtuose beim Passagenspiel übt auch das Kind beim Wiederholungsplappern verschiedene metrische Grundmuster. Sowohl bei der Pas-

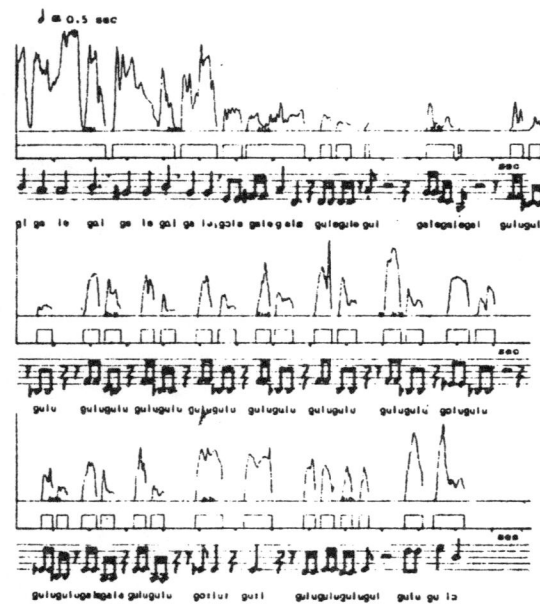

Abb. 12: Spiel mit musikalischen Mustern im Monolog (16 Monate): Variationen mit einer Silbengruppe. Intensität, Zeitstruktur, musikalische und phonetische Transkription.

sagenübung als auch bei den Sprachspielen wird manchmal stereotyp, manchmal variabel wiederholt. Ein gemeinsames Merkmal ist ferner das Moment der Steigerung der Lautstärke und der Geschwindigkeit. Das Material des Passagenspiels waren oft selbsterfundene Tonfolgen, das Ausgangsmaterial der Sprachspiele sind oft selbst gebildete Silbenfolgen.

Daß der Zusammenhang zwischen Plapperspiel und Passagenübung nicht aus der Luft gegriffen ist, belegt ein berühmtes Beispiel: W. A. Mozart. Er begann bereits im Alter des Spracherwerbs mit dem Klavierspiel. Daher konnte er die Tasten des Klaviers in seine Plapperspiele mit einbeziehen. Seine Lieblingsspielzeuge waren Terzen (Schlichtegroll 1793/1924). Sein Vater war zwar überrascht, welche Ausdauer er entwickelte, unterband aber das Probierspiel nicht. Wolfgang Amadeus durfte den «Unsinn» treiben, solange er Lust dazu hatte. Aus der Genialität der Mozartschen Melodiebildung, die im wesentlichen auf Dreiklängen beruht, kann man rückwirkend schließen, wie bedeutsam die Tatsache war, daß sein früheres

Lieblingsspielzeug Terzen waren. Der Wunderkindmythos läßt sich also zumindest teilweise entziffern.

Mozarts Tastenspiele waren sicherlich keine Ausnahme. Viele Kinder, die nach der praktisch-empirischen Methode Klavierspielen lernten, durften noch Plapperspiele mit Tasten und Tönen betreiben (siehe auch Lorenz 1988, 220 ff.). In diesem Spiel trainierte das Kind das flüssige Plappern von musikalischen Silbenfolgen. Es erfand seine eigenen musikalischen Wendungen. Es übte Metren, Betonungen und Senkungen. Das Spiel wurde lauter und leiser, bis zum Höhepunkt, ja bis zum Übermut gesteigert. Es wurde lange fortgesetzt, sogar sehr lange, einfach aus der Motivation, die sich aus der Freude am Spiel der Finger und der entdeckten Klänge ergab.

Das Passagenspiel blieb, ähnlich wie das Plapperspiel, auf die akustisch-motorische Ebene, linguistisch gesprochen auf den Signifikanten beschränkt; Bedeutungen spielten zunächst nur eine untergeordnete Rolle. Sie kamen später hinzu; diese Spielfigur bedeutete dies, jene das. Ein

62

neues Spiel, das Spiel mit dem Signifikant begann. Dies wird im nächsten Kapitel weiter ausgeführt.

Die Parallelen zwischen dem Spracherwerb und dem Lernen eines Instruments wurden damals schon gesehen (Scherer 1989, 60 ff.). In G. G. Merbachs «Clavierschule für Kinder» zum Beispiel wird das musikalische Aussprechen über die Tasten eingeübt. *«So wie der Mund die an dem Papier stehenden Buchstaben und Worte ausspricht, eben so thun dies die Tasten auf dem Klavier, welche gleichsam die vorliegenden Noten aussprechen» (Merbach 1783, 1).* Auch der Rezensent der «Kinder-Clavierschule» von Wohlfart in der AmZ überträgt das Sprachspiel auf das Instrumentalspiel: *«Die Finger sind dem Clavierspieler, was der Mund dem Sprechenden. Die unendlich vielen und zarten Modificationen, deren es beim Spielen bedarf, das Darzustellende als ein lebensvolles Abbild des innersten Gefühls wiederzugeben, können nur erlangt werden durch den sorgfältigst ausgebildeten Anschlag, und dieser nur durch eine natürliche und ungezwungene Haltung der Finger, der Hände, der Arme, des ganzen Körpers»* (AmZ 1845, 796).

5. Kapitel
Das Sätzchenspiel

Im ersten Kapitel wurde nachgewiesen, daß das Sätzchenspiel im 18. Jahrhundert eine zentrale Stellung innerhalb der Klavierübung hatte. In diesem Kapitel wird gezeigt, daß das Sätzchenspiel auch noch in der ersten Hälfte des 19. Jahrhunderts das Kernstück der Kunst des Klavierspiels war. Wer das Unterrichtsmaterial aus dieser Zeit aufmerksam durchsieht, wird die historischen Nachfahren der Bachschen Sätzchen zuhauf finden.

Ganz nach handwerklicher Tradition wurden Sätze häufig dazu verwendet, den Gebrauch von Handwerksregeln zu veranschaulichen. Zahlreiche solche Beispielsätze enthält die Klavierschule von Hummel. Die einzelnen Kapitel beginnen jeweils mit einem erklärenden Textteil, an den sich einige «Übungs-stücke» anschließen, *«worin die erklärten Regeln in Anwendung gebracht werden»* (Hummel 1828, 19). Den Erklärungen über Notenwerte folgen z. B. nachstehende Übungen:

(Hummel 1828, 35)

Am Ende des ersten Teils der Schule sind sechzig Übungsstücke abgedruckt, in denen alle im ersten Teil erklärten Regeln vermischt angewendet sind. Jedem Stück liegt ein individueller Charakter zugrunde.

Auffällig ist außerdem, daß die Sätzchen nicht mehr nur vier- und achttaktig, sondern auch unregelmäßig, z. B. drei-, sieben- und neuntaktig gebaut sind.

Ähnlich wie im 18. Jahrhundert wurden Sätzchen auch noch in der ersten Hälfte des 19. Jahrhunderts häufig dazu benützt, um die in der Passagenübung automatisierten Spielfiguren musikalisch sinnvoll anzuwenden. Gute Beispiele hierfür sind die «Pianoforte-Studien» Friedrich Wiecks. Bei diesen Studien handelt es sich um ursprünglich handschriftliches Unterrichtsmaterial, nach dem F. Wieck seine beiden Töchter Marie und Clara unterrichtet hat. Zahlreiche dieser Übungen sind dadurch entstanden, daß Akkordbrechungen und Laufpassagen über erweiterte Kadenzen gerankt wurden. Wieck ließ sie nach dem Gehör einüben und in alle Tonarten transponieren (Wieck 1875, Vorwort; 1853, 6). Viele Übungen sind mit kurzen Anmerkungen über anschlagstechnische Probleme versehen:

Rechte Hand gut gebunden, linke Hand mit lockerem Handgelenk. Den letzten Akkord in jedem Takt nicht zu kurz und schnell absetzen.

Bind the notes in the right hand well and play with a loose left wrist. The last chord in each bar not to be quitted too abruptly or quickly.

(F. Wieck 1875, 12)

Die heute noch häufiger gespielten «160 kurzen achttaktigen Übungen» op. 821 von C. Czerny sind eine weitere aufschlußreiche Quelle, die die These der engen Verknüpfung von Passagen- und Sätzchenspiel belegt. In ihnen kommen viele Figuren vor, die auch im 2. Band der Klavierschule Czernys abgedruckt sind. Die Achttakter hatten eine ähnliche Funktion wie Etüden: *«Jede Nummer»*, schreibt Czerny, *«ist wenigstens achtmal nacheinander ununterbrochen im Tempo zu üben, indem sie auf diese Weise eine größere Etüde bildet».* Die Sätze trainieren den Spieler gleichmäßig in allen Tonarten, mannigfaltigen Spielfiguren und Anschlagsvarianten. Trotz ihrer Kürze sind sie allesamt prägnante Charakterstücke. Die gewählten Vortragsbezeichnungen und Artikulationen sind recht vielfältig. Zudem fällt die Variabilität der Begleitfiguren ins Auge. Dem Spieler werden auf diese Weise zahlreiche Anregungen zur Gestaltung von Begleitstimmen beim Improvisieren und Komponieren gegeben.

Tote Tonfiguren zum Leben erwecken

Trotz des unstreitbaren Nutzens, den das Sätzchenspiel für die Entwicklung technischer Fertigkeiten hatte, war es der alten Tradition entsprechend auch noch in der ersten Hälfte des 19. Jahrhunderts vorrangig dazu bestimmt, musikalische Fertigkeiten zu vermitteln. Die in der Passagenübung abstrakt angeeigneten Grundfertigkeiten der musikalischen Gestaltung wurden beim Sätzchenspiel zur Formulierung konkreter musikalischer Aussagen verwendet.

Dem Übungssätzchen lag zumeist nur ein Affekt zugrunde. Koch und Schilling bestimmten den Satz als «Glied eines Tonstückes, welches an und für sich einen vollständigen Sinn bezeichnet» (Koch, 1802/1964, 1291; Schilling 1835–1842).

Der Affektausdruck wurde üblicherweise durch eine artikulierte Tonfigur, eine Begleitfigur und eine vorangestellte Affektbezeichnung festgelegt. Der Schüler lernte auf diese Weise Schritt für Schritt, einen Affekt nach dem anderen musikalisch auszudrücken. Später wurde diese Fertigkeit ausgebaut. Nachdem die musikalische Darstellung einzelner Affekte keine Schwierigkeiten mehr bereitete, übte sich der Schüler darin, von einem Affekt zum anderen «umzuschalten», zwei oder mehrere Affekte gegeneinander zu setzen, in verschiedenen Stimmen gleichzeitig erklingen zu lassen und schließlich auch zu einem Mischaffekt zu verschmelzen. Folgendes Beispiel aus dem 3. Band der Klavierschule Czernys enthält nach Meinung ihres Verfassers drei Charaktere.

(Czerny 1839 III, 56)

Vor diesem Hintergrund erscheint auch die pädagogische Funktion des Spiels von kleinen dreiteiligen Liedformen in neuem Licht. Sie entstanden ganz einfach durch das Zusammenfügen von zwei Sätzen. Mit dem B-Teil wird dem A-Teil ein mehr oder minder stark kontrastierender Affekt gegenübergestellt. Zahlreiche solcher kleiner A-B-A Formen findet man beispielsweise in Schumanns Album für die Jugend (Schumann 1848).

Gehalten hat sich ferner in den ersten Jahrzehnten des 19. Jahrhunderts die Unterrichtspraxis, den Schüler mittels kurzer Sätze in die polyphone Spielart einzuführen. Mehrere Achttakter polyphoner Setzart findet man z. B. in den «160 achttaktigen Übungen» von C. Czerny und in der Klavierschule von Birnbach (1832). K.M. Kunz veröffentlichte sogar ein Lehrbuch, das ausschließlich kurze polyphone Sätze enthält. Anfang der 40er Jahre erschien eine Fassung von fünfzig «kleinen zweistimmigen Canons, den Umfang einer Quinte nicht überschreitend», die später, im Jahre 1875 um weitere hundertfünfzig Nummern ergänzt wurde.

H. von Bülow versah das Lehrbuch von Kunz mit einem Vorwort, in dem er empfiehlt, die Canons als Vorbereitung auf Bachs Inventionen zu unterrichten. Die Querverbindung, die von Bülow zieht, ist durchaus nicht aus der Luft gegriffen: Man kann annehmen, daß die Bachschen Übungssätzchen, die uns leider nicht überliefert sind, eine ähnliche Gestalt wie die Canons von K. M. Kunz gehabt haben.

Der Begriff «Satz» verweist auf die Analogie zur Sprache. In der Tat sind die vielen Achttakter, die man in der Unterrichtsliteratur der ersten Hälfte des 19. Jahrhunderts finden kann, weitere Belege dafür, daß Musik früher ähnlich wie die Muttersprache erlernt wurde. Eine wichtige Aufgabe des Sätzchenbeispiels bestand daher in der Vermittlung der sprachlich-syntaktischen Regeln der Musik. Der Schüler lernte anhand des Sätzchenspiels die Regeln der symmetrischen Vier- bzw. Achttaktigkeit mit Halb- und Ganzschluß und die Gesetze von Kadenz, Metrik und Periodenbildung. Interessant ist hierbei, daß diese Regeln zumindest im Anfangsunterricht nicht als abstrakte Regeln, sondern gleich in konkreter Anwendung angeeignet wurden. Das Wissen der Regeln stellte sich also unbewußt hinter dem Rücken des Übenden ein. Diese Lernform deckt sich weitgehend mit dem Erwerb der Muttersprache, der ebenfalls dadurch charakterisiert ist, daß die grammatischen Regeln unbewußt angeeignet werden.

Wie die Artikulation dazu benützt wurde, um Affekte auszudrücken, führt Logier in seinem «System der Musik-Wissenschaft und der musikalischen Composition» (1827) vor. Eine «tote» Tonfigur wird in Form von sechzehn Variationen zu musikalischem Sinn belebt (siehe Seite 68). Logier schreibt dazu: *«In den vorangehenden Beispielen ist gezeigt, daß die Takte, durch Zusammenstellung einer Folge von Noten in gewisse Abteilungen, entstehen. Verfahren wir in eben der Art mit einer Folge von Takten, so entstehen daraus Perioden, oder Phrasen»* (Logier 1827, 289). Obwohl die Quelle, wie übrigens auch einige der folgenden, aus einer Kompositionslehre entnommen ist, gibt sie dennoch Auskunft über die damalige Form des Klavierunterrichts. Logier war nämlich dafür berühmt, daß er Klavier- und Kompositionsunterricht miteinander verband (Sowa 1973, Hentschel 1824/1988).

Sicherlich hat Logier diese Lehrmethode nicht neu erfunden, sondern lediglich die «flüssige» Handwerkspraxis seiner Zeit genau beobachtet und systematisch niedergeschrieben. Mit Logiers Lehrbuch verhält es sich wie mit vielen anderen Lehrwerken seiner Zeit. Sie sind als Systematisierungen einer bis dato mündlich tradierten Handwerkspraxis aufzufassen. Im Rahmen der alten praktisch-empirischen Methode wurden solche Sinnfindungsspiele nicht streng nach Lehrbuch absolviert. Der Schüler entdeckte durch spielerisches Experimentieren, welch vielfältige Affektbedeutungen sich mit ein und demselben Tonmaterial darstellen ließen. Das Kind probierte: Wenn ich alles im Dreivierteltakt und staccato spiele, wie klingt das, was könnte das bedeuten? ... Wenn ich die Figur im 6/8 Takt wiegend spiele, wie klingt das, was könnte das heißen? Der Vorzug der alten Methode bestand darin, daß sowohl die Melodien als auch die Bedeutungen, die das Kind herausfand, immer eine individuelle Komponente enthielten. Auf diese Weise bildete jeder Schüler schon früh seinen persönlichen musikalischen Sprachstil aus.

67

(Logier 1827, 288, 289)

Einübung in die Regeln der Harmonie

Das Sätzchenspiel wurde u.a. auch dazu benützt, um die Regeln der Harmonie zu erlernen. Werfen wir dazu einen Blick in den zweiten Abschnitt der «Pianoforte-Studien» von F. Wieck, der den Untertitel «Anhang mit praktischer Anwendung der Akkordlehre» trägt. Zunächst lernt der Schüler die regelmäßigen Akkordverbindungen, z. B. einfache Kadenzen und Quintfälle, und anschließend darf er sich an komplizierteren harmonischen Wendungen versuchen. Wieck ordnet z. B. alle Grunddreiklänge im Terzzirkel an (C-Dur-a-Moll-F-Dur-d-Moll-B-Dur), ein harmonisches Muster, das bei romantischen Komponisten recht beliebt war. Anschließend schlägt er sechzehn Übevarianten vor.

(F. Wieck 1875, 32, 33)

Das figurative Ausschmücken von Sequenzen wurde auch noch von fortgeschritteneren Schülern praktiziert. In F. Kalkbrenners «Traité d'harmonie du pianiste ...» (1849) findet man folgende variierte Sequenz über einen Quintfall.

(*Kalkbrenner, 1849, 21, 22*)

Nach ähnlichem Muster wurden auch Variationen über Kadenzen gespielt.

(Wehner, 1826 II, 60)

Nach D dur. *to D-major.*   Nach C dur. *to C-major.*   Nach A moll. *to a-minor.*

(F. Wieck 1875, 40)

Wieck rät, verschiedenartigste Figurationen über solche Kadenzen selbst zu erfinden (Wieck 1853, 6). Weiter empfiehlt er, zu kleinen Melodien verschiedene Harmonien zu suchen, etwa so:

Melodie mit 3 verschiedenen Harmonieunterlagen.   *Melody set to 3 different harmonious lower parts.*

(F. Wieck 1875, 38)

Auch die Fertigkeit des Modulierens, über die damals viele Pianisten verfügten, wurde in Form kurzer Übungssätze angeeignet. Ein einschlägiges Beispiel hierfür ist das Lehrbuch «Versuch aus der harten und weichen Tonart jeder Stufe der diatonisch-chromatischen Tonleiter vermittels des enharmonischen Tonwechsels in die Dur- und Moll-Tonarten der übrigen Stufen auszuweichen» von H. C. Koch, das eine Vielzahl von Modulationsbeispielen, allesamt zwei- bis viertaktige Sätzchen enthält.

Aus h moll in'ß b moll:

Aus h moll in'ß as moll:

(Koch 1812, 60)

71

Solche «Rezeptbücher», gedacht als Hilfen für das Improvisieren und Komponieren, sind damals zahlreich erschienen, so von Hering (1812/1814), Knecht (1828), Frantz (1829) und Kühn (1830). Lehrbücher dieser Art sind ähnlich wie die Klavierschulen aus jener Zeit nach verschiedenen Gesichtspunkten zu beurteilen. Einerseits sind sie als Protokolle einer lebendigen Übepraxis zu verstehen. Sie verdeutlichen somit, wie beliebt das Herausknobeln von interessanten Modulationen bei Pianisten damals war, eine Praxis die, nebenbei gesagt, übrigens auch durch andere Quellen bestätigt wird. E. T. A. Hoffmann beispielsweise berichtet, daß er in Kindesjahren anstatt «Übungsstücke zu exerzieren» lieber die «Spielerei des Akkordsuchens» betrieb (Hoffmann 1977, 237). Andererseits ergaben sich aus der Tatsache, daß diese Experimente nun gedruckt und damit zu systematischen Lehrplänen umfunktioniert wurden, einige Probleme. Für die Autoren solcher Modulationssammlungen war es sicher sehr aufregend, fünfhundert Modulationsvarianten und mehr auszutüfteln. Aber wie langweilig und kreativitätstötend mußte es für den Klavierschüler sein, die fünfhundert Exempel nummernweise von Noten abzuspielen! Außerdem wurde durch das platte Reproduzieren solcher Schablonen allenfalls das mechanische Ausführen von Modulationen, nicht aber das geistige Verständnis derselben gefördert.

Es muß allerdings einschränkend bemerkt werden, daß sehr viel davon abhängt, wie solche Lehrwerke im Unterricht benutzt werden. Hier scheint es so zu sein, daß derartig gedruckte Modulationsmuster bis zum Jahre 1830 nicht nur die Funktion hatten, harmonische Patterns mechanisch einzutrainieren, sondern darüber hinaus das Selbsterfinden anregen sollten (Kalkbrenner 1849, 38). Beispielsweise bemerkt der Kritiker der AmZ zu den achtundvierzig Modulationsbeispielen von J. C. Kühn: «... so ist es doch gewiss eine nützliche Uebung, solche Beyspiele aufmerksam durchzuspielen und seine eigenen Uebergänge damit zu vergleichen» (AmZ 1830, 496).

Variationsspiele

Das Spielen und Aufschreiben kleiner Sätzchen blieb nicht bei simplen Handstücken stehen, sondern entfaltete aus sich heraus eine spielerische Dynamik. Dies wird z. B. deutlich, wenn wir die bereits erwähnten zweihundert kleinen Canons von K. A. Kunz näher betrachten. Kunz ließ sich eine erstaunliche Vielzahl von Varianten einfallen, um das Üben derselben interessant zu gestalten: «Zur möglichsten Beseitigung oder Milderung der Monotonie», schreibt Kunz im Vorwort, «... musste vorzugsweise dienen: Abwechslung im Rhythmus, in Takt- und Tonarten ... Es wurden demnach alle üblichen Tonarten herangezogen, und absichtlich weder nach dem Quintenzirkel, noch nach ihrer parallelen Verwandtschaft geordnet. Einen verschiedenen Charakter erhalten die Melodien auch durch die Anwendung der verschiedenen Tetrachorde (bei der Ausdehnung auf den Umfang einer Quinte natürlich mit Hinzufügung einer Tonstufe oben oder unten), welche man zu Grunde legt. Eine Melodie z. B., die sich zwischen der 1. und 5. bewegt, wird anders klingen, als eine zwischen der 5. und 9., 6. und 10., 7. und 11. derselben Tonart ... Die Imitationen sind vorherrschend in der Oktave; doch wird man deren ziemlich häufig auch in anderen Intervallen finden. Etliche sind in der Verkehrung, wozu noch die Anwendung des doppelten Contrapunkts (in der 8.) kommt. Von den Taktarten sind vertreten 4/2, 3/2, 2/2, 6/4, 4/4, 3/4, 2/4, 12/8, 9/8, 6/8, 3/8, 6/16» (Kunz 1844/1875, Vorwort).

Die Kompositionstechnik der Canons läßt erahnen, auf welch hohem künstlerischem Niveau mit den Übungssätzchen gespielt wurde. Kunz wählte sehr eng gefaßte Spielregeln: Achttaktigkeit, Kanon, Fünftonraum, setzte jedoch seine ganze Erfinderkraft ein, um trotzdem ein Maximum an Variationsmöglichkeiten auszuschöpfen. Andererseits bleibt wiederum kritisch anzumerken, daß das nummernweise Reproduzieren von zweihundert Übungsexempeln, so abwechslungsreich sie auch gestaltet sein mögen, die Kreativität und Motivation des Schülers wohl kaum fördern.

Die seit der Frühzeit des Klavierspiels beliebte Übepraxis, Sätze im Variationsspiel auszuzieren, wurde bis weit ins 19. Jahrhundert hinein beibehalten. Ganz nach alter Tradition wurde das Variationsspiel nach wie vor dazu verwendet, um die in der Passagenübung gelernten Spielfiguren in musikalischen Zusammenhängen zu trainieren. Kleine unmittelbar an die Passagenübung anschließende didaktische Variationssätze wurden mit Vorliebe im Anfangsunterricht gespielt (siehe Lorenz 1988, 92 ff.). Man findet sie in fast jeder alten Klavierschule, z. B. bei Pleyel & Dussek (1797), Müller (1804), Wehner (1826), Hummel (1828) und Birnbach (1832). C. G. Hering, neben Logier einer der Urväter der Musikpädagogik, gab sogar vier Hefte mit «Instruktiven Variationen» (1802/1805) und zwei Hefte mit «Progressiven Variationen» (1818) heraus.

Das nächste Beispiel ist der Klavierschule von Pleyel & Dussek (1797) entnommen. Die ersten acht Lektionen, von denen die ersten vier abgedruckt sind, bestehen jeweils aus zwei kurzen zusammengehörigen Sätzen. Der viertaktigen Kadenz folgt eine achttaktige Sequenz, die auf dem Harmonieschema des bekannten Kanons von Pachelbel beruht. Schon im Anfangsunterricht eignete sich der Schüler auf diese Weise die beiden für das Komponieren wichtigen Fertigkeiten des Kadenzierens und Sequenzierens an.

(Pleyel und Dussek 1797, 121)

73

Ähnlich wie das Spiel von Modulationssätzen, beschränkte sich auch das Spiel solcher Variationssätze nicht auf das bloße Reproduzieren. Sie dienten auch als Anregung zum Selbstfinden. C. Czerny riet zu diesem Zweck, originelle Variationen berühmter Komponisten auswendig zu lernen (Czerny op. 200, 99). Wieviele Klavierspieler Czernys Rat folgten, kann man aus folgender tabellarischer Übersicht der zwischen 1818 und 1848 neu veröffentlichten Kompositionen für Klavier ersehen, die N. Petrat anhand der musikalischen Handbücher von Whistling und Hoffmeister erstellt hat. Da man davon ausgehen kann, daß nur ein Bruchteil der zunächst improvisierten Variationen aufgeschrieben wurde und ein noch geringerer Prozentsatz von ihnen anschließend in Druck ging, kann man in etwa erahnen, welche Bedeutung das Variationenspielen einstmals hatte (siehe auch Puchelt 1973).

Aufstellung der erschienenen Klavierkompositionen zwischen 1818 und 1848

Gattung	1818	1823	1828	1833	1838	1843	1848
Sonate	35,3% (111)	12,6% (47)	27,3% (1801)	3,0% (9)	10,4% (41)	6,4% (21)	6,1% (16)
Variationen	38,7% (122)	52,2% (195)	47,7% (3146)	37,0% (111)	25,2% (97)	7,0% (26)	4,5% (13)
Rondo	13,0% (41)	6,2% (23)	8,0% (523)	22,4% (67)	20,2% (79)	23,2% (77)	15,4% (41)
Marsch	3,3% (7)	8,3% (31)	10,5% (695)	8,4% (25)	7,9% (30)	7,8% (26)	41,5% (112)
Potpourri	2,5% (8)	4,8% (18)	2,5% (151)	7,7% (23)	12,4% (49)	27,5% (91)	10,5% (28)
Etüde	0,6% (2)	0,4% (2)	0,3% (21)	4,1% (12)	2,2% (9)	5,4% (18)	3,1% (8)
Caprice	0,9% (3)	0,4% (2)	0,7% (46)	4,1% (12)	3,2% (13)	2,7% (9)	3,1% (8)
Divertimento	2,3% (7)	3,2% (12)	1,5% (101)	6,0% (18)	7,8% (31)	2,6% (8)	2,3% (6)
Fantasie	2,3% (7)	7,5% (28)	0,7% (44)	5,0% (15)	7,0% (27)	12,6% (42)	11,2% (30)
Romanze	0,3% (1)	1,8% (4)	0,2% (11)	0,3% (1)	3,2% (11)	3,1% (11)	2,2% (6)
Polonaise	1,8% (6)	2,3% (9)	0,8% (51)	2,0% (6)	0,5% (2)	0,7% (2)	0,1% (1)

Die relativen Häufigkeiten beziehen sich auf das jeweilige Jahr; die in Klammern stehenden Zahlen entsprechen den absoluten Häufigkeiten.

Die Tabelle wurde von N. Petrat zuhanden des musikalischen Handbuchs von C. F. Whisting und F. Hofmeister aufgestellt (Petrat 1980, 64).

Bevor wir weitergehen, noch einige kurze ergänzende Bemerkungen zu dieser Tabelle: Sie verdeutlicht, daß das Jahr 1830 einen Wendepunkt markiert. Erstens expandiert der Notendruck nach dem Jahre 1828 um mehr als das sechzehnfache. Daran erkennt man die weitreichende Bedeutung, die die Einführung der Lithographie für das musikalische Unterrichtswesen hatte. Auffallend ist zweitens der abrupte Geltungsverlust der Sonate und der allmähliche Rückgang der Bedeutung der Variationswerke nach dem Jahre 1828. Drittens nimmt im gleichen Zeitraum die

Anzahl der neu veröffentlichten Rondos, Potpourris und Fantasien erheblich zu. Der Bedeutungszuwachs dieser drei Gattungen ist im engen Zusammenhang mit dem Aufstieg der Salonmusik zu sehen. Viertens nimmt nach dem Jahre 1828 die Zahl der neu veröffentlichten Etüden und Capricen erheblich zu. Diese Entwicklung spiegelt das Vordringen des virtuosen Elements in der Klavierübung wider. Die Aufstellung zeigt schließlich, daß das Variationsspiel gerade in jener Zeit (1823) eine herausragende Stellung innehatte (52,2 %), als auch das Passagenspiel einen breiten Raum innerhalb der Klavierübung einnahm.

Wenn man die Variationswerke des 18. mit denen des 19. Jahrhunderts vergleicht, fällt auf, daß in den neueren Variationswerken, parallel übrigens zur Entwicklung der Passagenübung, das Moment der Steigerung stärker ausgeprägt ist. Die Steigerung wurde allerdings, und in diesem Punkt hat sich die Tradition des 18. Jahrhunderts durchaus noch gehalten, zweifach aufgefaßt, nämlich erstens als Steigerung der technischen Schwierigkeiten und zweitens als Steigerung der Affektkontraste. Dieser Aspekt wird z. B. von H. G. Nägeli betont: «Man konnte», schreibt er, «von einem Thema ausgehend, in der Reihenfolge von Variationen sowohl die Cantabilität, als das Passagenwesen von Variation zu Variation stellenweise, und so auch die Contraste selbst, s t e i g e r n . Dergestalt gewann das G a n z e eines Variationswerks eine fortgesetzte, und daher ächtkünstlerische Steigerung; wobey gewöhnlich durch die vorletzte Variation, ein gedehntes Adagio, und die letzte, ein schwungvolles Allegro, diese Contrastierungskunst auf den Gipfel geführt wurde» (Nägeli 1826/1980, 180).

Das Variationsspiel blieb somit nicht nur auf das figurative Ausschmücken beschränkt. Wie bereits das weiter oben abgedruckte Beispiel Logiers deutlich machte, wurde das Variationsspiel auch dazu benützt, Affektschattierungen zu

erproben. Indem der Affektausdruck des ursprünglichen Satzes leicht variiert wurde, ergaben sich sogenannte «Charaktervariationen» (Hand 1837/1841, 357; Puchelt 1973, 4). Zu diesem Zweck wurde vielfach neben dem Takt, der Tondauer und der Phrasierung auch die Harmonik verändert. Die bereits im Anfangsunterricht angeeignete Fertigkeit der Reharmonisation konnte auf diese Weise in konkreten Anwendungszusammenhängen weiter vervollkommnet werden. Die Fähigkeit beispielsweise, eine Melodie mit verschiedenen Akkordfolgen zu unterlegen, die R. Schumann in jungen Jahren unter Aufsicht seines Lehrers F. Wieck erworben hatte, baute er später in einigen seiner Variationswerke, etwa den «Symphonischen Etüden» op. 13, zur wahren Kunstfertigkeit aus.

Die Pianisten behielten das Variationsspiel oft ein Leben lang bei. So können z. B. Beethovens c-Moll Variationen (WoO 80), verfaßt im Jahre 1806, ihre Herkunft aus der Praxis des Sätzchenspiels nicht verleugnen. Das achttaktige Thema, basierend auf dem Lamentobaß, erscheint in zweiunddreißig melodischen und harmonischen Varianten. Als Vorbild mögen Beethoven dabei einige Klavierchaconnen von F. Händel gedient haben. Ganz nach Tradition des 18. Jahrhunderts, sah Beethoven Technik und Ausdruck noch als zwei Seiten ein und derselben Medaille an. Es gelang ihm, sein gesamtes bis zum Jahre 1806 entwickeltes Repertoire an Spiel- bzw. Ausdruckstechniken in einem einzigen Musikstück zu vereinen.

Das Variationsspiel wurde schließlich auch auf die syntaktischen Strukturen selbst ausgedehnt. Der Schritt zur Abwandlung der grammatischen Grundregeln durch Verkürzen, Hinzusetzen, Weglassen, Abspalten und Fortspinnen, wie es beispielsweise von Haydn, Mozart und Beethoven (Diabelli-Variationen) zu einer eigenen Kunstfertigkeit weiterentwickelt wurde, ist nur gering.

«Bekleidungsspielchen»

Ähnlich wie Hummel und Czerny die Passagenübung, versuchte T. W. Richter die Spielregeln des Sätzchenspiels systematisch zu ordnen (Richter 1854). Im Vorwort zu seinem Buch schreibt Richter: «*Ich muss überhaupt verneinen, dass es für die Grammatik der Musik irgend eine Autorität gebe, ausser dem erwiesenen Sprachgebrauch der Meister. Es kommt bei dieser Wissenschaft einzig und allein auf die genaue Beobachtung der Sprache in Bezug auf deren Grundbedingungen und Gebrauchsweise und darauf an, dass das als nothwendige und deshalb von Allen befolgte Regel-Erkannte nach seinen wissenschaftlichen Gründen auf das Einfachste dargestellt wird*» (Richter 1854, VII).

Richter geht vom einfachen einstimmigen Satz aus und behandelt nach und nach verschiedene Spielregeln, mit Hilfe derer der einfache Satz «bekleidet» werden kann. «*Da der Satz sowohl von einer Stimme als gleichzeitig von verschiedenen Stimmen ausgesprochen werden kann, so ist es der Bau des e i n s t i m m i - g e n Satzes, welcher zunächst der Beobachtung unterliegt. Von grosser Wichtigkeit ist hier die bis in die feinsten Schattierungen nachweisbare Art, wie sich der an sich getreue (nackte) Gedankenaustausch durch die Bekleidung der im Ausdrucke w e s e n t l i c h e n Töne mit andern zum treffenden und schönen wird*» (Richter 1854, V).

Zu den «Bekleidungsstücken» des einfachen Satzes zählt Richter u. a.:

1. Ausschmückungen durch Tonhinzufügungen, z. B. durch Umspielung, Verzierung, Vorhaltsbildungen, Durchgänge.
2. Ausschmückungen der grammatischen Struktur, z. B. Gliederungspausen, Fermaten, Kadenzen.
3. Wiederholung des Satzes, frei und streng.
4. Satzbewegungen nach Höhe und Tiefe: Parallel-, Seiten- und Gegenbewegung.
5. Variation der Betonung: Wechsel von Thesis und Arsis, Synkope, Haupt-, Neben- oder Beisätze, Periodenbildung.

Anschließend systematisiert Richter in gleicher Weise die «Bekleidung» eines mehrstimmigen Satzes. Auch hier hat er wieder einen ganzen Kleiderschrank anzubieten: Variation der logischen und harmonischen Verhältnisse der Stimmen zueinander, Nachahmung, Verwechslung und verschiedene Arten des Kontrapunktes.

Aufschlußreich sind die zahlreichen Beispiele, die Richter zu jeder Regel anführt. Um beispielsweise verschiedene Möglichkeiten aufzuzeigen, wie man durch Betonungsvariation einen musikalischen Gedanken verändern kann, gibt er u. a. folgende Exempel:

(Richter 1854, 148, 149)

76

Vom Sätzchen zur Etüde

Wie wir im 1. Kapitel am Beispiel der Inventionen gesehen haben, diente im 18. Jahrhundert das Sätzchen oft als Keimzelle für längere Übungsstücke. Diese Art des Sätzchenspiels ist von dem Variationsspiel wohl zu unterscheiden. Während bei der Variation bzw. Chaconne die grammatische Struktur des Satzes weitgehend unangetastet bleibt und lediglich akzidentiell variiert wird, geht das Spiel des Fortspinnens über die ursprüngliche grammatikalische Grundstruktur der Inventio hinaus. Ein Beleg dafür, daß die Bach'sche Tradition weitergeführt wurde, ist folgender Achttakter aus den «Pianoforte Studien» von F. Wieck, bei dem es sich um den Anfang der ersten Cramer-Etüde handelt:

(F. Wieck, 1875, 10)

J. B. Cramer veröffentlichte eine Folge von hundert täglichen Studien (op. 100), die durchaus als Vorlage für Czernys «160 achttaktige Übungen» gedient haben könnten. Die im Schwierigkeitsgrad progressiv fortschreitenden Sätze sind größtenteils achttaktig gebaut. Sie behandeln jeweils einen einzigen technischen Aspekt und haben einen einheitlichen Ausdruckscharakter. Auffällig ist, daß die A-Teile der Cramer-Etüden, die zumeist nach dem Formschema der dreiteiligen Liedform gebaut sind, große Ähnlichkeiten mit den hundert täglichen Studien aufweisen.

(Cramer op. 100, 69)

Der Erwerb der Muttersprache Musik

Auf die Zusammenhänge zwischen dem Erwerb der Muttersprache und dem Musiklernen wurde schon hingewiesen. Dieser Aspekt soll nun noch ein wenig vertieft werden, indem wir den Muttersprachenerwerb mit der Sätzchenübung vergleichen. Nach der Plapperphase beginnt das Kind, zunächst simple Ein-, Zwei- oder Dreiwortsätze zu formulieren. In gleicher Weise fing auch der Klavierunterricht mit dem Spiel von einfachen, regelmäßig gebauten Vier- bzw. Achttaktern an. Ähnlich wie der einfache Satz nach und nach durch Adjektive, Attribute etc.

77

erweitert wird, wurde auch der musikalische Satz Schritt für Schritt im Variationsspiel ausgeziert. Genauso wie das Kind im Laufe der Zeit lernt, feine Bedeutungsunterschiede sprachlich wiederzugeben, wurde auch die Aussage der musikalischen Sätze zunehmend ausdifferenziert und verfeinert. Analog zum Sprachlernen wurden die musikalischen Sätze im fortgeschrittenen Lernstadium durch Nebensätze oder Mehrstimmigkeit erweitert sowie harmonisch angereichert.

Ein gutes Beispiel für muttersprachliches, in diesem Falle muß man eigentlich sagen vatersprachliches Musiklernen, ist Clara Schumann (siehe Litzmann 1910, 1–9). Sie begann erst zwischen dem vierten und fünften Lebensjahr, einzelne Worte zu sprechen, wohl u. a. deshalb, weil sie in ihrer Kindheit einer «wenig sprachseligen Magd» überlassen war. Klavierspielen hörte sie jedoch sehr viel und bildete dadurch schneller ein Gehör für musikalische Töne als für Sprache aus. Im vierten Lebensjahr begann sie unter Anleitung ihrer Mutter, auf dem Klavier einige Übungen bei stillstehender Hand im Fünftonraum und außerdem leichte Begleitungen nach dem Gehör zu Tänzen zu spielen. Die Doppelgleisigkeit der Lernmethode: Passagenübungen und Spiel nach dem Gehör, wurde von ihrem Vater F. Wieck fortgeführt, bei dem sie ab dem fünften Lebensjahr Unterricht hatte. «Sie lernte zunächst stufenweise alle Tonleitern in Dur und Moll rasch nach einander mit beiden Händen zusammen, sowie Dreiklänge in jeder Lage und aus allen Tonarten. Zugleich ließ sie der Vater nach dem Gehör eine Menge eigens von ihm für sie geschriebener kleiner Stücke einüben» (Litzmann, 1910, 6). Diese Stücke sind uns dank M. Wieck (siehe oben) erhalten geblieben. Da Clara zunächst nur Stücke ihres Vaters spielte, übernahm sie natürlich auch dessen Musiksprache. F. Wieck unterrichtete Clara zusammen mit Therese Geyer und Henriette Wieck, nicht zuletzt, um Clara zum Sprechen zu bewegen. Dies gelang

schließlich auch. Clara lernte gleichzeitig Klavierspielen und Sprechen. Ähnlich wie das Gefühl für den Sprachrhythmus beim Muttersprachenerwerb über das Nachahmen angeeignet wird, bildete Clara durch Imitation ihres Vaters ziemlich rasch ein sicheres Taktgefühl aus. Die Berechnung der Takteinteilung lernte sie erst mit acht Jahren, zugleich mit dem Bruchrechnen in der Schule, in einem Alter, in dem sie immerhin bereits Hummels Konzert op. 73 bewältigte. Ähnlich wie das Lesen beim Muttersprachenerwerb, spielte auch das Notenlesen bei Claras Musiklernen zunächst keine Rolle. Sie lernte die Noten über das Schreiben und begann erst im ausgehenden sechsten Lebensjahr mit dem Spiel nach Noten. Dank dieser Unterrichtsmethode lernte Clara schon sehr früh neben dem Spiel nach Noten auch zu improvisieren und zu komponieren.

Ein weiterer wichtiger Punkt, der die These vom muttersprachlichen Musiklernen stützt, ist die Tatsache, daß Musik früher sehr eng mit dem Alltagsleben verknüpft war. Musikalische Symbole hatten differenzierte Bedeutungen. Musik war tatsächlich ein sprachähnliches Kommunikationssystem, über das Menschen Gefühle untereinander mitteilten. Wie die Alltagsbedeutungen musikalischer Symbole bereits im Kindesalter erlernt wurden, verdeutlicht wiederum das Beispiel W. A. Mozart. In Mozarts Elternhaus wurde wahrscheinlich mindestens genauso viel gesungen wie gesprochen. J. A. Schachter, als Kind ein Spielgefährte Mozarts, berichtet: «... und selbst die Kindereyen, und Tändelspiele mussten, wenn sie für ihn interessant seyn sollten, von der Musik begleitet werden; wenn wir, Er und ich, Spielzeuge zum Tändeln von einem Zimmer ins andere trugen, musste allemal derjenige aus uns, der leer gieng, einen Marsch dazu singen, oder geigen» (Deutsch 1961, 395). Die Bemerkung Schachters zeigt, daß Mozarts geniale Fähigkeit, Singspiele zu schreiben, bereits im frühen Kindesalter vorbereitet wurde.

Mit dem Singen ist überhaupt ein ganz wichtiger Aspekt angesprochen. Es spielte damals sowohl im Alltag als auch im Klavierunterricht eine wesentlich größere Rolle als heute. Von der Notwendigkeit, den Gesangsunterricht mit in den Klavierunterricht einzubeziehen, waren im 19. Jahrhundert sehr viele, man muß sagen, fast alle Klavierpädagogen überzeugt, so z. B. Hummel (1828), Wieck (1853), Walter (1828), Berg (1826), Lange (1841), Logier (1829), Bucher (1844), Thalberg (op. 70), Reissmann (1880) und Germer (1896a).

Die Zusammenhänge zwischen dem Erwerb der Muttersprache und dem der Musiksprache waren damals allgemein bekannt. Insbesondere Gesangspädagogen vertraten die Auffassung, daß sich das Musiklernen am Vorbild des Muttersprachenerwerbs zu orientieren habe (siehe Nolte 1982, 114 ff.; Petrat 1986, 141ff.; Lorenz 1988, 219). O. Lange war sogar der Meinung, daß man Musik in der Schule auf diese Weise vermitteln könne. In seiner Schrift «Die Musik als Unterrichtsgegenstand in Schulen» aus dem Jahre 1841 führt er aus: *«Musik ist die Sprache des Gefühls, des Unmittelbarsten in der menschlichen Seele. Sollte der Mensch nicht auch diese Sprache sprechen lernen, wie er seine Muttersprache erlernt und überhaupt jede andere Sprache erlernen soll? Beobachte man nur ganz unbefangen die Bildung der Sprache der Menschen. Kleine Kinder hört man einfache Gedanken aussprechen, sobald überhaupt Sprache in ihnen vorhanden ist. Es wird zunächst das, was sie begehren, in Worte und Gedanken gekleidet. Kleine Kinder hört man einfache Melodien, niemals Tonleitern singen, und wenn diese Melodien auch von den Wärterinnen und Müttern auf sie übergehen: das was die ersten Menschen und ersten Kinder sangen, war gewiß mindestens Melodie ... Es ist demnach nicht schwer, das Prinzip des Musikunterrichts aufzufinden ... Wie nämlich die ersten Gedanken der Sprache ganz einfache sind, und wie*

dieselben, je mehr sich die Sprache in dem Menschen entwickelt, immer reicher und umfassender werden, ebenso sind die ersten Aeußerungen der Musik in dem Menschen nur einfache Gedanken, welche, je weiter sich das musikalische Leben ausbildet, an Mannigfaltigkeit gewinnen. Stets aber haben wir es in der Musik mit musikalischen Gedanken zu thun. Diese Wahrheit berechtigt, den musikalischen Gedanken als dasjenige festzustellen, wovon bei dem Musikstücke im Allgemeinen, wie beim Klavierunterrichte im Besonderen ausgegangen werden muß» (Lange 1841, 50, 51).

Der muttersprachenähnliche Gebrauch von Musik hatte weitreichende Konsequenzen für die psychische Repräsentation musikalischer Gedanken. Ähnlich wie jeder Mensch heute die Fertigkeit besitzt, Situationen des täglichen Lebens mittels sprachlicher Symbole zu beschreiben, besaßen viele Musiker früher die Fertigkeit, Alltagssituationen unbewußt in musikalische Symbole umzusetzen. Beethoven etwa berichtet: *«Sie werden mich fragen, woher ich meine Ideen nehme? Das vermag ich mit Zuverlässigkeit nicht zu sagen; sie kommen ungerufen, mittelbar, unmittelbar, ich könnte sie mit Händen greifen, in der freien Natur, im Walde, auf Spaziergängen, in der Stille der Nacht, am frühen Morgen, angeregt durch Stimmungen, die sich bei dem Dichter in Worte, bei mir in Töne umsetzen, klingen, brausen, stürmen, bis sie endlich in Noten vor mir stehen»* (Muthmann 1984, 40). Und E. Schumann bemerkt zu den Kindern von R. Schumann: *«Bei eurem Vater übersetzte sich alles, was er sah, erlebte, in Musik. Lag er auf dem Sofa und las Gedichte, so wurden sie in seinem Kopfe gleich zu Liedern. Wenn er euch spielen sah, so wurden aus den Spielen kleine Musikstücke»* (E. Schumann 1848, 123).

Daß Musiker früher zwei Symbolsysteme besaßen, die untereinander in dialektischer Wechselwirkung standen, kann man z. B. auch daran sehen, daß sie mit ihren sprachlichen Symbolen ähnlich gewandt, witzig und genial spielten wie mit ihren musikalischen. Man sehe sich nur Mozarts Briefe, Schumanns Schriften oder auch Beethovens Wortwitz an! Aufgrund der eben aufgezeigten Zusammenhänge ist nun auch leichter zu verstehen, warum berühmte Komponisten in ihren oft sehr kurzen Leben so viele Werke komponieren konnten. Sie hörten ganz einfach auf ihre innere Stimme und schrieben und schrieben.

Das Klavier spielte bei der Ausbildung des musikalischen Symbolsystems eine wichtige Mittlerrolle. Wenngleich große Komponisten wie z. B. Mozart, Beethoven, Schubert und Reger u. a. berichten, daß sie kein Klavier benötigten, um musikalische Gedanken zu finden und auszuarbeiten (Muthmann 1984, 23, 97, 163), existieren doch eine Reihe Quellen, die beweisen, daß sie häufig das Klavier benützten oder zumindest mit den Fingern auf dem Tisch spielten, um Ideen auszuarbeiten, mit Ideen zu experimentieren sowie harmonische Wendungen und Stimmführungen zu erproben (Muthmann 1984, 21, 23, 26, 41, 87, 143, 201). Insbesondere gibt es, wie beispielsweise im Falle Mozarts und Beethovens, Belege, die vermuten lassen, daß Musiker früher die Fähigkeit, nach dem inneren Ohr und Auge zu komponieren in Jugendjahren durch ausgiebiges Experimentieren am Klavier erlernt haben (Muthmann 1984, 25, 42).

Die weitreichenden Konsequenzen des Verlustes der Sätzchenübung

Die zahlreichen Beispiele auf den letzten Seiten verdeutlichen, daß das Sätzchenspiel in der ersten Hälfte des 19. Jahrhunderts ähnlich wie im 18. Jahrhundert noch eine zentrale Rolle innerhalb der Klavierübung spielte. Allerdings wandelte sich allmählich seine Funktion. Solange Instrumentalübung als reine Handwerkskunst betrieben wurde, wurden die Sätzchen im oder unmittelbar vor dem Unterricht vom Lehrer selbst aufgeschrieben (Wehmeyer 1983, 156). Als sich in der ersten Hälfte des 19. Jahrhunderts das systematische Unterrichten mittels vorgegebener, in Druckfassung vorliegender Methoden durchsetzte, wurden die Übungssätzchen zunächst zu Musterbeispielen, die zum Selbsterfinden anregen sollten. So schreibt etwa C. G. Hering im zweiten Band seiner «Praktischen Präludierschule»: *«Hier werden nun den Lernenden kleine Sätze in gebrochenen Akkorden gegeben, welche ihm zur Anleitung dienen sollen, ähnliche danach zu bilden»* (Hering 1814, 4). In gleicher Weise forderte F. Wieck seine Schüler auf, kleine Übungssätze selbst zu erfinden (Wieck 1853, 6).

Das Lernen anhand von Beispielen wurde überhaupt anfangs des 19. Jahrhunderts so populär, daß die alte, über Regeln vermittelte handwerkliche Methode immer mehr zurückgedrängt wurde. C. G. Hering begründet diesen Wandel wie folgt: *«Gute Beyspiele, wie im Moralischen, sind für den jungen Geist wirksamer, als eine lange Reihe von Regeln, die übrigens ihren Werth ... behalten mögen. Albrechtsberger, Beethoven, Clementi, Dussek usw. geben durch ihre Compositionen dem vorbereiteten und auf den Bau der musikalischen Kunstwerke aufmerksam gewordenen Lernenden nun mehr Stoff zum fortgesetzten Studium, als ein bloßes Verzeichnis der Regeln, wovon er die Ausführung nicht vor sich hat»* (Hering 1814, Vorrede 2. Band).

Später verloren die Sätzchen den Charakter von Exempeln, die das Selbsterfin-

den inspirieren sollten, sie wurden zu Nummern in systematischen Lehrplänen, die der Reihe nach absolviert werden mußten (siehe nächstes Kapitel). Die Folge davon war, daß die Fertigkeit, Übungssätzchen zu verfassen, mit der Zeit verloren ging. Ein solcher Prozeß deutet sich schon bei Müller (1804) an. Er druckte in seiner Schule einige Musikstücke ab, speziell *«für Lehrer, die selbst nicht komponieren können»* (Müller 1804, 3).

Als sich etwa um die Jahundertmitte die Kunst des Klavierspiels zur Interpretationskunst wandelte, verlor das Sätzchenspiel bald an Bedeutung. Es hatte im Rahmen der Interpretationskunst keine Funktion mehr. Der Funktionsverlust hatte weitreichende Folgen, unter denen wir bis heute zu leiden haben. Mit dem Sätzchenspiel wurde das muttersprachliche Musiklernen sozusagen seines Herzstücks beraubt. Die verschiedenen Teile der Instrumentalübung waren nämlich, wie wir sahen, ursprünglich alle über das Sätzchenspiel miteinander verbunden. Weil das Kernstück herausgebrochen wurde, zerfiel die Instrumentalübung in ihre Bestandteile. Die Passagenübung, das Variations- und Etüdenspiel, sowie die Übung von Vortragsstücken, standen nun beziehungslos nebeneinander. Außerdem geriet mit dem Sätzchenspiel eine sehr effektive Methode in Vergessenheit, mit deren Hilfe Klavierschüler ohne Schwierigkeit lernen können, zu improvisieren und zu komponieren.

6. Kapitel
Vom «Musiksprechen» über das Buchstabieren zum Stottern

Mechanisches Repetieren musikalischer Redewendungen

Das Sätzchenspiel wurde zwar auch nach dem Vorbild der maschinellen Produktion umgestaltet, jedoch war es nicht im gleichen Maße betroffen wie die Passagenübung. Es wäre sicherlich überzogen, Cramers und Czernys Anweisungen, die Sätze «drei- bis viermal» (Cramer op. 100, Vorwort) bzw. «wenigstens achtmal» (Czerny op. 821, Vorwort) ohne Unterbrechung zu wiederholen, bereits als Aufforderung zu maschinellem Üben zu interpretieren. Deutlich jedoch zeigt sich die Tendenz zur Mechanisierung in Czernys «Schule des Virtuosen» op. 365. Das Lehrbuch enthält sechzig Etüden, die jeweils aus fünf bis fünfzehn «Bausteinen» bestehen. Sie sollen je nach Etüde unterschiedlich bis zu dreißigmal in teilweise abenteuerlichen Metronomzahlen repetiert werden. Fields Kritik (siehe Seite 59) trifft den Nagel auf den Kopf. Czerny, schreibt er, greife in seinen Schrank, in dem feinsäuberlich eine Vielzahl maschinell gefertigter Passagen und Kadenzen in Schachteln sortiert sind und bastelt auf seinem Bürotisch daraus Etüden zusammen. Ungeachtet der Fragwürdigkeit dieser Komposi-

tions- und Übemethode kann die ‹Schule des Virtuosen› all jenen, die Klaviervirtuosen werden wollen, nur wärmstens empfohlen werden, kannte Czerny doch die pianistischen Geheimtricks der Virtuosen sehr genau.

Sicherlich ist es beim Musik- ähnlich wie beim Sprachlernen sinnvoll, häufig vorkommende Sätze durch mehrmaliges Wiederholen soweit zu automatisieren, daß sie ohne große Vorüberlegungen von der Hand bzw. von der Zunge gehen. Das Problem besteht meines Erachtens aber darin, daß Czerny seine Schüler zu viele solcher Sätze nach der Methode des stereotypen Repetierens eintrainieren ließ, allein hundertsechzig Sätze in den «160 achttaktigen Übungen op. 821», hundertfünfundzwanzig in den «Passagenübungen op. 261» und sogar ca. siebenhundert Sätze in der «Schule des Virtuosen». Wer die Opusnummern 261, 365 und 821 von vorne bis hinten durchgearbeitet hat, kann zwar flüssig und galant musikalische Redewendungen plappern, hat aber kaum die Fertigkeit verbessert, sich musiksprachlich geistreich auszudrücken.

Jede Repetition 30 mal

Allegro vivace (♩ = 116)

48

(Czerny, Schule des Virtuosen op. 365, 113)

Stereotypes Wiederholen führt zu Sinnverlust. Man kann sich das anhand eines gesprochenen Satzes klarmachen. Wenn man einen Satz ununterbrochen in schnellem Tempo repetiert, verflüchtigt sich allmählich der Sinn. Linguistisch gesprochen, löst sich das Zeichen vom Bezeichneten ab.

Außerdem führt stereotypes Repetieren nicht immer zum gewünschten Ziel, im Gegenteil, bisweilen stellen sich sogar Rückschritte ein. Dieses Phänomen läßt sich ebenfalls am Beispiel des gesprochenen Satzes erklären: Wenn man einen Satz auch dann noch im schnellen Tempo gleichförmig wiederholt, wenn der Sinn bereits geschwunden ist, geht allmählich die Wort- und Betonungsstruktur verloren. Es bilden sich neue «Wörter» aus den Schluß- und den Anfangssilben aufeinanderfolgender Wörter. Wenig später bricht die Silbenkette ganz auseinander. Als der Satz noch Sinn hatte, konnte man ihn problemlos in allen Lebenslagen aussprechen, nun ist er zum Zungenbrecher geworden.

Zur Sinnaushöhlung des Sätzchenspiels trug ferner auch das anfangs des 19. Jahrhunderts so ausgiebig betriebene Spiel von Variationen bei. Aufschlußreich ist hierzu eine Kritik E. T. A. Hoffmanns über zwei Variationswerke von A. André aus dem Jahre 1814, in der ebenfalls ein Vergleich zwischen dem sinnentleerten Musizieren und hohlen Redensarten gezogen wird: *«Die Variationen ... bilden in der Tat einen gewissen Klimax, sind leicht und faßlich gesetzt, und werden daher fleißig durchgespielt werden, da es nun einmal Mode geworden, den Anfängern vor allen Dingen varriete Liederchen in die Hände zu geben. Wahr ist es, daß das leichte Einprägen des faßlichen Themas manche Schwierigkeiten überwinden hilft, und daß der Lehrling, er weiß selbst nicht wie, manche Figur in die Finger bekömmt, so wie ehedem die Buchstaben von Pfefferkuchen gebacken wurden, und das Kind, beim Verzehren der süßen Speise, das Alphabet recht eigentlich in den Leib bekam; aber ebenso wahr ist es auch, daß für den eigentlichen Geist der Musik, der im Innern des Lehrlings geweckt werden soll, durch solche Variatiönchen, die die Noten des Themas (nicht das Thema) figurieren, nicht das mindeste getan wird ... Freilich ist die Tonkunst leider, so wie das französisch Sprechen, zu einem Bedingnis der Konversationsfähigkeit geworden, und solche Variationen, wie die vorliegenden, wenigstens ohne gar zu merklichen Fehler abspielen zu können, möchte mit der Fertigkeit, über das Wetter oder neue Moden französisch zu sprechen, ja wohl dieses und jenes Theaterstück c h a r m a n t und a b o m i n a b l e zu finden, die gleiche Reife der Ausbildung verraten»* (Hoffmann 1977, 256).

Ambivalent beurteilt auch der Ästhetiker F. Hand die Mode des Variationsspiels: Die Variation *«bot dem Meister Gelegenheit dar von der einen Seite, die Schätze gewonnener Mittel, von der anderen die Kraft und Fülle seiner schöpferischen Einbildungskraft darzulegen, ward aber auch für viele ein Tummelplatz für leere, in bloßen Formeln befangene Spiele, so daß auf keiner Stelle der Literatur so vieles Kernlose und Ungeschlachte zu finden ist als hier ... Der größte Theil der vorliegenden Variationen hat nur technischen Wert»* (Hand 1837/1841 II, 356).

Die Rationalisierung des Sätzchenspiels

Wie im letzten Kapitel gezeigt wurde, hielt sich die handwerkliche Lernmethode, aus Passagen kurze Sätzchen zu bilden, noch etwa bis zur Jahrhundertmitte. Das Problem bestand allerdings darin, daß der Lernprozeß zunehmend verschult und rationalisiert wurde. Bereits in den Schulen Hummels und Czernys wird dem Schüler der Lernweg von Lektion zu Lektion genau vorgeschrieben. Nach der Darstellung des Wissensstoffs werden die Finger in Passagenübungen trainiert. Anschließend werden aus den Übungen kleine Mustersätzchen gebildet. Hummel und Czerny benötigten freilich oft viele Seiten, um ein Thema abzuhandeln.

Czernys Schüler T. Kullak, einer der berühmtesten Klavierlehrer seiner Zeit, rationalisierte den Lernweg. Im Vorwort zu seinen «Materialien für den Anfangsunterricht» steht: *«Unter der den einzelnen Abtheilungen vorgedruckten Rubrik ‹Material› ist in möglichster Kürze zusammengestellt und vorausgeschickt, was aus dem Gebiete der Tonschrift, der Rhythmik, usw. in den sich unmittelbar anreihenden Uebungen und Stücken p r a k t i s c h verwerthet werden soll ... Nachdem der Schüler über das nothwendige Sachliche im Klaren ist ..., sind Hand und Finger auf die Tasten zu stellen, welche durch den ‹Tastenabschnitt› angedeutet werden. Sind alle Regeln über Arm-, Hand-, Fingerhaltung usw. genau beobachtet, so ist mit dem Studium zu beginnen: zunächst mit dem vorwiegend technischen. Jede Hand ist e i n z e l n zu schulen; alle Uebungen und Stücke müssen anfänglich so stark ausgeführt werden, als dies ohne in Steifheit auszuarten möglich ist, und so l a n g s a m , daß kein Stottern vorkommt»* (T. Kullak 1855, Vorwort).

Ähnlich wie die folgende sechste Lektion sind alle Kapitel der «Materialien» aufgebaut, auf engstem Raum (maximal zwei Seiten) zusammengedrängt und methodisch sauber geordnet: Material, Fingerübungen und Beispielsätzchen.

VI. H dur.

A. Material

1. *Lento* langsam. Zeitmassbezeichnung des ersten Grades.
2. *ff fortissimo* sehr stark
3. *fz, forzando*
   sf, sforzando hervorgehoben, stark betont.
   rf, rfz rinforzando
   dim. diminuendo schwächer werdend.

B. Uebungen und Handstücke.

(Th. Kullak 1855, 13)

Ähnlich rationell wie Th. Kullak haben Lebert und Stark das Klavierüben programmiert. Die Methodik ihrer Schule unterscheidet sich von der Kullaks lediglich darin, daß die technischen Übungen einen breiteren Raum einnehmen und daß den Passagenübungen nicht zwei-, sondern vierhändige Sätzchen folgen (Lebert & Stark 1858).

Der kleine Buchstabierer

Zwar verlor das Sätzchenspiel, als sich die Interpretationskunst durchsetzte, bald seine zentrale Stellung, doch wurden vereinzelt auch noch in der zweiten Jahrhunderthälfte Übungssätzchen als Unterrichtsmaterial verwendet. Diese Sätze hatten allerdings nicht die Aufgabe, dem Klavierschüler das flüssige Musiksprechen, sondern im Gegenteil, das Stottern beizubringen. Außerdem wurden die Sätzchen zu erzieherischen Zwecken mißbraucht. Dafür gibt es einige illustre Beispiele:

Hans Schmitt gab Ende der 50er Jahre zwei Hefte mit kleinen, achttaktigen Musikstücken heraus, die «120 kleine Stücke zum Vortrag» op. 10 und die «Clavierstücke zum fröhlichen Anfang» op. 18. Beide Opusnummern sind von Schmitt als – wie man sie damals nannte – «Erholungen» am Klavier gedacht. Solche «Erholungen» sollten den Schüler, der durch körper- und geisttötende mechanische Übungen und durch das Spiel trockener Etüden gemartert war, wieder aufrichten.

Das Vorwort läßt einiges erwarten: *«Nur wenige Jahre sind verflossen, seit die erste Ausgabe dieser kleinen Stücke erschien und schon sind die Platten durch den starken Gebrauch so abgenützt, dass ein Neustich unumgänglich nothwendig erscheint.*

Hat sich nun das Werk in seiner früheren Gestalt unter Lehrern und Schülern zahlreiche und getreue Freunde erworben, so hofft dies der Verfasser noch mehr von der gegenwärtigen Form, welche sich bei erhöhtem Nutzen viel anregender als die der alten Ausgabe erweisen und voraussichtlich die Freude des ersten Unterrichts werden wird, dieser Zeit, welcher man sich sonst nur unter Strömen von Thränen zu denken gewohnt ist.

So wandert denn ihr kleinen Stückchen – ausgestattet mit all den Erfahrungen, dem Fleisse und der Liebe eines Lehrers, der sein ganzes Leben dem Unterricht widmete – wandert in eurem neuen Gewande in die Musikstube der Kinder als das Werk eines Mannes, der es ihnen stets herzlich gut gemeint hat und der seine Liebe zu Kindern nirgends deutlicher zeigt als in den Werken op. 18 und 10» (Schmitt op. 10, Vorwort). Hier eine erste kleine Kostprobe der «Freuden des ersten Unterrichts» bei H. Schmitt:

Zur Übemethode schreibt Schmitt: *«Noch sei mit Nachdruck auf eine besondere pädagogische Einrichtung dieses Werkes aufmerksam gemacht, nämlich auf die, für das Einüben bestimmten Repetitionszeichen.* *Man findet deren dreierlei. 1. den dicken Strich (ein dickerer Taktstrich), 2. die Klammer, 3. die Buchstaben. Jedes Stück übe man zuerst von einem dicken Strich zum andern; ist man so an's Ende gekom-*

Das Einspielen.
(Zweiter Versuch.)

(Schmitt op. 10, 5)

men, dann beginne man wieder am Anfang und übe jetzt das Stück von Klammer zu Klammer. Ist man so fertig geworden, dann beginne man wieder von vorne und übe das Stück von Buchstab zu Buchstab und erst zuletzt spiele man das Stück von Anfang bis zum Ende. Bei technisch schweren Stellen halte man das System fest, dass man jede Repetitionsart 2 mal langsam, 4 mal schnell übe, bevor man weiter geht» (Schmitt op. 10, 4). Arbeit und Erholung müssen einander nicht unbedingt widersprechen. Schmitt ist es gelungen, schon beim Einspielen sowohl Spielfreude und Liebe zur Musik zu wecken, als auch systematisches Üben zu lehren und Wissensstoff zu vermitteln. Allerdings hat Schmitt sehr richtig erkannt, daß bei solchen Einspielversuchen zwei notwendig sind, um sich aufzuwärmen.

Schmitt übernahm von Türk die Praxis, Übungssätze mit Überschriften bezüglich des Affektausdrucks oder der zu bewältigenden mechanischen Schwierigkeit zu versehen. Der erzieherische Zweck der Sätzchen wird schon aus den Titeln deutlich: «Klage und Beschwichtigung», «Zwei, die sich gerne freuen würden», «Kindliches Versprechen», «Unpünktliche Kameraden», «Zwei bedächtige Redner», «Kindliches Gebet», «Mühsames Fortkommen», «Ruhige Begrüßung», «Schüchterne Bitte», «Irreführung» und «Geduldprobe». Wenn man dagegen die bisweilen sogar witzigen Überschriften der Handstücke von Türk zum Vergleich daneben legt, so wird der Unterschied zwischen dem 18. und dem 19. Jahrhundert klar. Fast wie eine Parodie lesen sich daher Schmitts Bemerkungen über die Darstellung des Affektausdrucks: *«Angeregt durch die Überschriften übe der Schüler seine Fantasie, er trachte Ausdruck, Einheit in die Composition zu bringen, er gewöhne sich einen schönen Vortrag das ist: die Fähigkeit dem Tonstück einen seelischen Inhalt abzugewinnen und diesen dann bei dem Zuhörer durch geschickte Ausführung klar zur gleichen Empfindung zu bringen»* (Schmitt op. 10, Vorwort). Hier ein paar weitere Beispiele:

Zwei die schon gerne lustig wären.

Anmerkung: Das *Repetitions-Zeichen* (𝄇) zeigt an, dass eine Wiederholung statt finden muss.

(Schmitt op. 10, 9)

NB. Die hohen Noten spiele die Rechte.

Die beiden, die gerne lustig wären, sind die beiden Hände des Klavierschülers. Dem Lehrer dagegen ist es vorbehalten, das traurige Spiel mit einem schadenfreudigen Staccatobaß zu begleiten.

Wie man das Sätzchenspiel in vorbildlicher Weise als Erziehungsmittel einsetzen kann, zeigt folgendes, auf seine Art sogar sehr subtil durchdachtes Beispiel.

(Schmitt op. 10, 10)

Ganz nach dem Vorbild Bachs verwendet Schmitt die polyphone Setzart dazu, um den Charakter in Musik auszudrücken. Zuerst «spielt» die rechte Hand die «Unpünktliche» und dann im Nachsatz die linke. Und was noch schwerer wiegt: die Unpünktliche scheint es gar nicht nötig zu haben, sich zu beeilen. Wie anders wäre sonst die «faule» Dreiviertelnote im zweiten Takt zu verstehen? Etwa mit Absicht zu spät kommen? Die linke Hand dagegen, die «brave», sie beeilt sich, so gut sie kann, ja sie ist sogar, weil den Auftakt benutzend, vor dem verabredeten Termin an Ort und Stelle auf Schlag eins. Wie zur Pünktlichkeit erzogen wird, demonstrieren die mächtigen Stockschläge des Lehrers im Baß. Beachtlich! Der Achttakter hat fast das Niveau einer kleinen Oper. Ein letztes Beispiel aus Schmitts «Raritätenkabinett»:

(Schmitt op. 10, 13)

Das flüssige Sprechen von Sätzen ist zum Buchstabieren herabgesunken. Das kleine Musikstück trägt ausdrücklich als Titel, was eigentlich schon durch die anderen Stücke, die sich allesamt in langweiligen Zwei- und Vierschlagnoten vorwärtsquälen, nachhaltig trainiert wird, nämlich das Buchstabieren. Wie kaum ein anderes Beispiel verdeutlicht dieses kleine Stück, mit welchen wirkungsvollen Methoden das Musiksprechen behindert wurde. Ein Kind, das versucht, den Charakterausdruck des Stückes wiederzugeben, wird das Buchstabieren als musikalisches Ausdrucksmittel verinnerlichen. Wenn man kleine Kinder beim Sprechenlernen beobachtet, wird sofort klar, daß das Buchstabieren mit muttersprachlichem Lernen keine Gemeinsamkeiten hat.

Wie man zum Stottern erzieht

Vor diesem Hintergrund ist überhaupt erst zu verstehen, warum die Unsitte des Stotterns beim Klavierspielen trotz des in der zweiten Hälfte des 19. Jahrhundert oft ausgesprochenen Verbotes nicht abzustellen war (zum Beispiel Köhler 1860, 227). Im Gegenteil: die Klavierpädagogen wußten sehr genau, wie man dem Klavierschüler erfolgreich das Stottern beibringen kann. Zum musikalischen Stotterer wird, wer zum langsamen Buchstabieren gezwungen wird und gleichzeitig eingeimpft bekommt, daß das Stottern ein schwerer Fehler ist.

Eine wirkungsvolle Stottermethode hat beispielsweise der Dresdener Konservatoriumslehrer Uso Seifert entwickelt. Wenn man die nachfolgenden ersten Klavierstücke streng nach Vorschrift ausführt, werden die Taktstriche zu unüberwindlichen Hindernissen.

Bei den folgenden Übungen ist ebenfalls auf kurzes und lautes Zählen zu halten; die Neigung des Schülers, bei Taktstrichen inne zu halten, ist streng zu bekämpfen. Auch dem unleidlichen Stottern oder Stammeln ist von Anfang an mit aller Energie entgegen zu arbeiten. Der Schüler übe deshalb ein Stück anfangs langsam, nach und nach schneller und gewöhne sich, nach dem nächsten Takt vorauszusehen.

Die Noten stehen jetzt auf zwei Systemen, die durch eine „Klammer" verbunden sind. Jedes Stück ist einzelhändig zu üben und mehrmals zu wiederholen.

Der Anschlag muss in beiden Händen genau zu gleicher Zeit erfolgen.

N° 49.

(Seifert, Klavierschule 9)

Nachdem das Stottern bereits im Anfangsunterricht sorgfältig eingeübt wurde, blieb es dem Schüler oft ein Leben lang erhalten, denn das *«Stottern»*, bemerkt Eschmann, *ist eine der «abscheulichsten Unarten, ... die, wenn einmal eingenistet, fast nicht mehr wieder auszurotten ist»* (Eschmann 1878, 156).

Mit welch drastischen Methoden das Stottern überwacht wurde, belegt eine weitere Quelle. Antoni Pieper schrieb im Jahre 1896 einen kleinen Aufsatz mit dem vielversprechenden Titel «Die erzieherische Wirkung des Aufgabenheftes». Sie gibt darin dem Klavierlehrer einige «wertvolle Hinweise», wie er seine Kontrolle auf die tägliche Übung des Zöglings ausdehnen kann. Der Schüler soll täglich seine Übezeit in eine Tabelle eintragen. Wenn er zu wenig übt und sich deshalb weigert, die Zeiten selbst aufzuschreiben, müssen die Eltern die Eintragungen vornehmen.

Die zweite Frage, die der Schüler beziehungsweise Vater oder Mutter täglich zu beantworten hat, lautet:

«2. a. Wie oft habe ich in der Stunde mit Stottern gespielt?

b. Wie oft ohne?» (Pieper 1896, 203).

Diese an das kirchliche Beichtgeständnis erinnernde Prozedur zeigt sehr klar, wie der Klavierunterricht zu erzieherischen Zwecken mißbraucht wurde. A. Pieper war anscheinend nicht bekannt, daß die tägliche, ja minütliche Angst vor dem Stottern den Schüler erst zum unheilbaren Stotterer erzieht. Ähnlich wie H. Schmitt will A. Pieper für ihre Schüler nur Gutes: *«Ich gehe von der Erkenntnis aus, dass den Lernenden die Musik nicht hingestellt werden darf als eine Arbeitgeberin, welche sie scheu anblicken, deren mühevolle Anforderungen sie fürchten, und welche sie daher nicht lieben mögen und können, sondern als Freudenspenderin, die ihnen gerne ihre Schätze darreicht, wenn sie derselben nur auf ihren Wegen folgen, als eine Freudenspenderin, zu der sie bewundernd und liebend emporschauen lernen sollen»* (Pieper 1896, 201).

7. Kapitel
Die Klavieretüde in der direkten Nachfolge Bachs

Unter dem Begriff Etüde verstand man zu Beginn des 19. Jahrhunderts noch ganz nach handwerklicher Gepflogenheit nicht ein einzelnes Musikstück, sondern die Sammlung verschiedenartigster Übungsstücke (siehe Kahl 1960, 1607, Wölfl op. 56, Reicha 1801, Clementi 1802, Steibelt 1804). Erst in den 20er Jahren des 19. Jahrhunderts bürgerte es sich ein, auch ein einzelnes Übungsstück als Etüde zu bezeichnen. Damit etablierte sich die Etüde als selbständige musikalische Gattung.

Wie wir schon anhand der an anderer Stelle abgedruckten tabellarischen Übersicht über die zwischen 1818 und 1848 neu verlegten Klavierstücke gesehen haben, erlebte die Klavieretüde einen steilen Aufstieg. Die Mode, Etüden zu komponieren und zu üben, nahm sogar bald solche Ausmaße an, daß zahlreiche Kritiker auf den Plan gerufen wurden (AmZ 1843, 595; Miltitz 1841). Schumann zum Beispiel schreibt im Jahre 1836, zu einem Zeitpunkt, als der Höhepunkt des Etüdenbooms noch nicht einmal erreicht war: *«Vielen Lernenden würden die Flügel sinken, wenn sie die Massen von Etüdenkompositionen aufgeschichtet sähen»* (Schumann 1871 I, 213).

Was war eine Etüde? – Versuch einer Definition

Es ist nicht leicht, eine knappe Definition des Begriffs ‹Etüde› zu geben, denn zumindest in der ersten Hälfte des 19. Jahrhunderts sind die Erscheinungsformen von Etüden ebenso vielfältig wie die der musikalisch-technischen Übungen. Eine Etüde war ein Übungsstück, in dem eine Bewegungsfigur bzw. eine musikalische Redefloskel oder ein Affekt mehr oder minder ausführlich und mehr oder minder kunstvoll, was Form und Harmonik anbelangt, durchgeführt wurde. Das Spiel von Übungsstücken war dazu bestimmt, Souveränität im Umgang mit musikalischen Erfindungen zu erlangen. Darüber hinaus diente das Etüdenspiel dazu, technische und musikalische Fertigkeiten zu steigern.

Wie nun eine Inventio inhaltlich bestimmt war, ist in dieser Definition ganz bewußt offengelassen. Jede Teilfertigkeit der musikalischen Gesamttätigkeit konnte zum Gegenstand der Etüdeninventio werden, sei es eine Bewegungsfigur, eine Tonfolge, eine rhetorische Floskel, eine Anschlagsart, eine bestimmte Phrasierung, ein Affektausdruck usw. Diese Definition des Begriffs ‹Etüde› deckt sich übrigens weitgehend mit der von R. Schumann: *«Im engen Sinne müssen wir aber an eine Studie die Forderung stellen, daß sie etwas Besonderes bezwecke, eine Fertigkeit fördere, zur Besiegung einer einzelnen Schwierigkeit führe, liege diese in der Technik, Rhythmik, im Ausdruck, im Vortrage usw.; finden sich untermischte Schwierigkeiten, so gehört sie dem Genre der Caprice an»* (Schumann 1871 I, 201).

Die unübersichtliche und weitverzweigte Entwicklung der Gattung Etüde im 19. Jahrhundert läßt sich meines Erachtens nur verstehen, wenn man zwei übergeordnete Gesichtspunkte im Auge behält. Die erste Frage, die sich quer durch die Geschichte der Klavieretüde zieht und immer wieder Anlaß zu heftigen Diskussionen und Kontroversen gab, ist die Streitfrage, ob das Etüdenspiel der Ausbildung musikalischer oder nur technischer Fertigkeiten diente? Anhand der Entwicklung der Klavieretüde in der ersten Hälfte des 19. Jahrhunderts läßt sich einerseits recht deutlich zeigen, daß das technische Geschicklichkeitsspiel noch im wesentlichen musikalisch motiviert war, daß es dazu bestimmt war, Fertigkeiten des musikalischen Ausdrucks auszubilden, zu verbessern bzw. neue Ausdrucksmöglichkeiten zu kreieren, doch andererseits läßt sich auch nachweisen, daß das mechanische Geschicklichkeitsspiel zunehmend ein Eigenleben zu führen begann.

Recht klar kommt dieser Widerspruch in folgendem Textabschnitt aus der «Aesthetik der Tonkunst» von F. Hand heraus: *«So nun macht die Etude einen Satz aus, in welchem entweder eine besondere Figur in mehreren Gängen ausgebildet, oder ein an sich bedeutender Gedanke in der engeren Grenze gewisser Figuren niedergelegt wird. Die erste Art dient, wenn die Passagen und Wendungen eine grössere Fertigkeit und Virtuosität voraussetzen, einem nur technischen Zwecke, und das, was*

dabei dem Gefühle erfassbar, ist eine anmuthige Beigabe. Die würdigere Art spricht einen einzelnen Gedanken in seiner Figurierung aus, und zwar meistentheils im Verfolg einer Stimme für Darstellung des Anmuthigen und Graziösen. Der künstlerische Verdienst ist hierbei originelle Erfindung, klare Entfaltung und sichere Abrundung, namentlich aber eine wohlgefällige Beiordnung der Begleitung einer Hauptstimme» (Hand 1837/1841 II, 306). Dem Zitat kann man auch entnehmen, nach welchen ästhetischen Kriterien Etüden damals bewertet wurden:

1. Originalität der Erfindung.
2. Klare Entfaltung und sichere Abrundung.
3. Gefällige Beiordnung der Begleitung zur Hauptstimme.

Ein zweiter Widerspruch durchzog die Geschichte der Klavieretüde: Exercices, wie man die Übungsstücke vor dem Aufkommen des Begriffes Etüde zumeist nannte, waren vor allem als Unterrichtsstücke gedacht. Ihr Schwierigkeitsgrad war dementsprechend relativ gering und dem jeweiligen Niveau des Schülers angepaßt. Auf der anderen Seite spielte aber auch der fertig ausgebildete Klavierspieler Übungsstücke. Während bei der ersten Art von Etüden der pädagogische Aspekt im Vordergrund stand, hatte das Übungsstück für den fortgeschrittenen Klavierspieler den Zweck, neue Spiel- und Ausdruckstechniken zu entwickeln. Im folgenden verwende ich zur Kennzeichnung des Unterschieds die beiden Begriffe «Virtuosenetüde» (siehe Ganz 1960) und «Schuletüde».

Die Virtuosenetüde hatte ihre Blütezeit zwischen 1820 und 1850. Sie war das eigentliche Experimentierfeld des Virtuosen. Hier wurden neue Spielfiguren, neue klangliche Wirkungen und neue Affektschattierungen ausprobiert. Die Etüdenübung hatte somit ihren Platz an vorderster Stelle der Weiterentwicklung kompositorischer und spieltechnischer Fertigkeiten.

Aber auch die Tradition der Schuletüde wurde im Zeitraum zwischen 1820 und 1850 weitergeführt. Die Schuletüde stand jedoch der Virtuosenetüde in der ersten Hälfte des 19. Jahrhunderts an Bedeutung nach. In der zweiten Hälfte des 19. Jahrhunderts verlagerten sich die Schwerpunkte. Die pädagogische Etüde schob sich nun gegenüber der Virtuosenetüde in den Vordergrund. Dieser Aufstieg steht in direktem Zusammenhang mit dem Wandel der Musizierkunst zur Interpretationskunst. Genauer gesagt handelt es sich bei der Schuletüde um das funktionalisierte Übungsstück, dessen Zweck vornehmlich darin bestand, technische Fertigkeiten auszubilden, die zur Kunstwerkinterpretation notwendige Voraussetzung waren.

Auf der Basis der beiden aufgezeigten Widersprüche ist es nun relativ einfach, den geschichtlichen Werdegang der Klavieretüde nachzuzeichnen.

Die Bachsche Invention als historischer Vorläufer der Etüde

Im nun folgenden zweiten Teil dieses Kapitels wird ein Überblick über die Etüdenübung zwischen 1800 und 1825 gegeben. In diesem Zeitraum sind die genannten Widersprüche noch kaum ausgeprägt.

Bis zum Jahre 1825 etwa stand das Etüdenspiel noch in direkter Nachfolge Bachs. Daß die Bachschen Übungsstücke als Anregung für die ersten Kompositionen von Etüden dienten, wird von R. Schumann bestätigt. Im Vorwort zu einer Übersicht, in der zahlreiche Etüden verschiedener Komponisten nach spieltechnischen Gesichtspunkten klassifiziert werden, schreibt er: «Wenn wir darin bis auf die über hundert Jahre alten Exercicien von Bach zurückgehen, und zu deren sorgfältigstem Studium rathen, so haben wir Grund dazu; denn nehmen wir das aus, was wir durch Erweiterung des Umfangs unseres Instrumentes an Mitteln, wie durch die schönere Ausbildung des Toncharakters an Effecten gewonnen haben, so kannte er das Clavier in seinem ganzen Reichthum. Und wie er Alles gleich gigantisch anlegte, so componirte er nicht etwa 24 Etüden für die bekannten Tonarten, sondern für jede einzelne gleich ein ganzes Heft. Wieviel Clementi und Cramer aus ihm schöpften, wird Niemand in Abrede stellen» (Schumann 1871 I, 213).

Die Einübung in den flüssigen Gebrauch des musikalischen Versmaßes

Cramer nahm seine von Beethoven sehr geschätzten Etüden später in den fünften Band seiner Klavierschule auf und versah sie mit dem Titel «Praktische Klavierschule oder Übungen für das Pianoforte». Die Charaktere der einzelnen Stücke der Sammlung sind wohlüberlegt ausgesucht und sorgfältig mit Vortragsbezeichnungen versehen. Die von Cramer geforderte Virtuosität bleibt noch recht eng an die gesangliche Linie gebunden und zielt vor allem darauf, spröde Bewegungsfiguren flüssig und die Hände voneinander unabhängig zu machen. Eine Verselbständigung des Geschicklichkeitsspiels ist bei diesen Etüden noch nicht festzustellen.

Bei vielen Cramer-Etüden besteht die Sprödigkeit darin, daß die metrische Gliederung und «technische Phrasierung» (dieser Begriff stammt von Busoni, siehe Bach 1894, 64 ff.) nicht parallel verlaufen (siehe dazu auch Simkowa 1987, 46 ff.). Von der Spielbewegung her gedacht, ist es z. B. günstig, Noten, die in einer Bewegungsrichtung liegen, zu einer Gruppe zusammenzufassen und den Beginn einer jeden Gruppe im Bewegungsumkehrpunkt zu denken. Solange die Wendepunkte auf dem Taktschlag liegen, ergeben sich für den Spieler keine Probleme. Schwieriger auszuführen sind dagegen Figuren, bei denen dies nicht der Fall ist, so z. B. bei der G-Dur-Etüde (siehe unten). Bei dem zweiten Beispiel tritt die Variation der technischen Phrasierung, bedingt durch unregelmäßige Richtungswechsel und Gruppenbildungen, als Schwierigkeit hinzu. In der Etüde in c-Moll wird darüber hinaus eine große Unabhängigkeit beider Hände verlangt. Die Schwierigkeit bei allen drei Etüden besteht darin, das Metrum querweg über alle Hindernisse beizubehalten.

1. Etüde G-Dur

2. Etüde G-Moll

3. Etüde C-Moll

Der vielfältige Nutzen der Cramer-Etüden wird in der Kritik der AmZ herausgestrichen: «*Diese, wohl jedem tüchtigen Pianofortespieler bekannten und je länger je lieber gewordenen Sätze enthalten nun jeder einen, nach Befinden singbaren oder sonst markirten Hauptgedanken, oder eine brillante Figur, die bald der rechten, bald der linken Hand zugetheilt ist. Der ganzen Behandlung liegt eine gewisse kernhafte Tüchtigkeit zu Grunde, die durch beide Hefte unverrückt festgehalten ist. Der Hauptgedanke ist, mag er nun ein singbares Motiv, oder eine schwierige brillante Figur sein, immer höchst edel, bedeutungsvoll, interessant, was z. B. in der technisch sehr brauchbaren, aber in Hinsicht auf Erfindung oft sehr elenden Clementi'schen Sammlung gar nicht der Fall ist. Diesen Hauptgedanken unterstützt Cramer nun zunächst durch eine immer regelmäßige, oft sehr reiche Harmonie. Lässt es sich thun, so erhöhen kunstreiche Bindungen, Synkopen das Interesse, ja oft kommt der Hauptsatz in der Mittelstimme zu stehen, gegen welchen die anderen Stimmen, denn es ist überall auf vollen vierstimmigen Satz abgesehen, kontrapunktiren. Natürlich rechnen wir die harpeggirten Gänge mit zu den auf eine bestimmte Harmonie gegründeten. Der Satz wird nun auch modulatorisch mit gleicher Frische durchgeführt. In gleichem Masse sind beide Hände bedacht, keine Schwäche, oder Vorliebe des Komponisten für eine Hand wird klar*» (Miltitz 1841, 210).

Die Rezension ist in mehrerlei Hinsicht aufschlußreich: Ebenso wie für den Musikästhetiker Hand ist auch für den Rezensenten der Cramer-Etüden die Originalität der Inventio ein zentrales Bewertungskriterium. Die Kritik verdeutlicht zweitens, wie musikalisch bei der Konstruktion von Etüden damals gedacht wurde. Sie zeigt ferner, daß das Etüdenspiel sowohl zur Aneignung der polyphonen Spielart als auch zur Einübung harmonischer Wendungen sowie zur Verbesserung der Artikulationsfähigkeit bestimmt war. Die Etüden dienten außerdem dazu, schwierige, brillante Figuren geläufig zu machen.

Interessant sind die Quellen, aus denen wir wissen, wie Beethoven die Etüden von Cramer unterrichtete (Goldschmidt 1971; Cramer/Kann 1974). Schindler berichtet, daß Beethoven beim Spiel der Cramer-Etüden einen großen Wert auf das Einschleifen der regelmäßigen metrischen Akzentuation legte: *«Wie er sie in dieser Hinsicht verstanden und in zwanzig Nummern zum Studium für seinen Neffen didactisch vorbereitet, überall die vielfältigen Mittel des Ausdrucks durch eine verschiedentliche, immer unter eine feste Regel gebrachte Accentuation zur Erreichung des Hauptzweckes anzeigend, dies ist als eine der prätiösesten Hinterlassenschaften vorhanden»* (Schindler 1927 II, 182). Beethoven hat seine Auffassung über die richtige Akzentuierung in den Notentext eingetragen und mit schriftlichen Zusätzen versehen.

«Ex. 5. Der Satz ist durchaus vierstimmig. Die Melodie liegt in der Oberstimme, wie es die Schreibart zeigt. Wäre aber auch die Schreibart diese:

so müßte denoch die erste Note jeder Gruppe gleichmäßig accentuirt und angehalten werden. Die Mittelstimme ec, fc, gc, usw. darf nicht mit gleicher Stärke, wie die Oberstimme, angeschlagen werden. Das Versmaß zeigt sich als ein trochäisches. Beethoven.»

(Cramer/Kann 1974, 10)

Die von Cramer verwendete Schreibweise war in Frankreich üblich, im deutschen Sprachraum war dagegen eher die bequemere, aber eigentlich vom Klang her falsche Schreibart in fortlaufenden Sechzehnteln anzutreffen (Beek v. 1988, 12 ff.). Aus dieser Quelle läßt sich die allgemeinere Schlußfolgerung ziehen, daß alle ähnlichen Passagen bei Beethoven und seinen Zeitgenossen, obwohl als fortlaufende Sechzehntelfiguren geschrieben, polyphon auszuführen sind.

Nachdem der Schüler in der Lage war, ein bestimmtes Versmaß über eine ganze Etüde hinweg durchzuhalten, hatte er es als musiksprachliches Muster verinnerlicht.

Beethoven war keine Ausnahme. Weitere Quellen bestätigen, daß das Etüdenspiel ganz allgemein dazu bestimmt war, die metrische Akzentuation zu automatisieren. Eine besondere Beachtung der grammatischen Betonung verlangt beispielsweise Moscheles im Vorwort zu seinen «Studien für das Pianoforte bestehend aus 24 charakteristischen Tonstücken» op. 70 (Moscheles 1826/1827). In den Paragraphen 2 bis 8 des Vorworts beschreibt er detailliert, wie das musikalische Versmaß zu üben sei, etwa durch mäßige Akzentuierung der guten Taktteile, Staccato, Non-legato-Spiel, das Abheben der Hand in den Pausen usw.

Ein weiteres Beispiel: L. Böhner gab in den 40er Jahren eine Etüdensammlung heraus, die schon im Titel den Hinweis auf die musiksprachliche Akzentuation enthält: *«Etüden durch alle Tonarten, als Finger- und Handübungen nach grammatikalischen Motiven und Prinzipien des A. E. Müller, J. S. Bach und andere gleicher Meister»* (Böhner ca. 1846).

Immerhin noch im Jahre 1860 hob A. Kullak die Bedeutung des Etüdenspiels für die Einübung der regelmäßigen metrischen Betonung hervor. (Kullak 1860/ 1889, 294, 295). Er weist darauf hin, daß man durch das Etüdenspiel lernt, Haupt- und Nebenakzente gegeneinander abzuwägen und die Gewichtung der Betonungen der jeweiligen Dynamik anzupassen. Erst nachdem ein Spieler die regelmäßige

Akzentuation und deren variable Verwendung absolut verinnerlicht hat, ist er nach Kullaks Auffassung in der Lage, kompliziertere unregelmäßige Akzentuationen auszuführen. Kullak spricht in diesem Zusammenhang von der Spannung zwischen allgemeiner und individueller Akzentuation, einer Spannung, die ein Pianist zum Ausdruck bringen muß, wenn sein Musiksprechen lebendig, verständlich und plastisch sein soll (Kullak 1860/1889, 298 ff.).

Bei der Interpretation von Musikstücken aus der ersten Hälfte des 19. Jahrhunderts ist dieser Punkt unbedingt zu beachten. Unser Problem heute besteht allerdings darin, daß wir die regelmäßigen Akzentuationen aus dieser Zeit nicht mehr kennen und nicht mehr als Verstehensmuster verinnerlicht haben. Dies hat Konsequenzen: Es ist einleuchtend, daß die individuelle Akzentuation bei einer bestimm-

ten Passage einen ganz anderen Sinn erhält, je nachdem, ob man sie auf einen, nach unserer heutigen Auffassung, normalen Taktschlag bezieht (jeweils das erste Sechzehntel betont ♫♫ ♫♫ ♫♫) oder auf einen Trochäus

(♫♫ ♫♫ ♫♫).

Selbst wenn also die individuellen Akzentuationen notentextgetreu ausgeführt werden, ist es deshalb immer noch möglich, daß der musiksprachliche Sinn verfehlt wird.

Die Quellen von Cramer, Böhner, Moscheles und Kullak stützen eine der in diesem Buch vertretenen Hauptthesen, die besagt, daß das Instrumentalspiel bis zum Jahre 1850 ähnlich wie die Muttersprache angeeignet wurde. Das Etüdenspiel diente dazu, das flüssige, von der Kraft des Metrums getriebene Musiksprechen zu üben.

Clementis Etüdenwerk

Clementi gab im Jahre 1802 eine Sammlung mit «Prèludes et Exercices» heraus. Die Sammlung ist heute weitgehend vergessen, gehörte aber im 19. Jahrhundert mit zu den beliebtesten Lehrwerken. Chopin z. B. verwendete sie häufig in seinem Unterricht (siehe Eigeldinger 1986, 28, 59, 60). Die darin enthaltenen Exercices, im Schwierigkeitsgrad geringer als die Etüden des «Gradus ad Parnassum», haben große Ähnlichkeit mit den Inventionen bzw. mit den kleinen Präludien für Anfänger von J. S. Bach. Es handelt sich fast durchwegs um zweistimmige Stücke in polyphoner Setzart. Auffällig ist zudem, daß sie eine große Nähe zur Passagenübung aufweisen. Einige der Exercices sind im Prinzip nichts anderes als angewendete Tonleiterstudien. Ein Exercice

ergab sich einfach dadurch, daß man eine Passage mit den beiden Händen zeitlich versetzt spielte. Dem Kanon wurde dann noch eine Abschlußkadenz hinzugefügt, und fertig war das Übungsstück.

Den Exercices sind jeweils drei- bis siebzehntaktige Präludien vorangestellt, die als unmittelbare Bindeglieder zwischen den Präludien Bachs und denen Chopins angesehen werden können. Bei diesen Vorspielen handelt es sich sozusagen um Erstlingsversuche im freien, nicht metrisch gebundenen Musiksprechen. Im Gegensatz zu den regelmäßigen Sätzen, die wir im neunten Kapitel kennengelernt haben, sind diese Sätze fast durchgängig unregelmäßig gebaut. Hier ein Beispiel:

Zu beachten ist übrigens die Methode, nach der Chopin die Préludes und Exercices üben ließ: B. Zaleska, eine seiner Schülerinnen, berichtet, daß sie diese in jeder nur erdenklichen Art spielen mußte: Schnell und langsam, forte und piano, staccato und legato, solange bis der Anschlag gleich, delikat, klar und ohne Schwäche war (Kleczyński, 1879/1913, 34). Solche Exercices wurden demnach ganz ähnlich wie die Passagen geübt. Man benutzte sie, um Grundfertigkeiten des musikalischen Ausdrucks anzueignen.

Clementis zweite Etüdensammlung, der «Gradus ad parnassum» (1817, 1819, 1825), wurde wesentlich berühmter als seine «Préludes et Exercices». Er setzte sich mit seinem «Gradus ad Parnassum» höhere Ziele als andere Etüdenschreiber seiner Zeit. Streng in der Nachfolge Bachs stehend, komponierte er ein umfassendes Kompendium der Klavierübung. Jeder Etüde liegt ein individueller Charakter zugrunde. Die Vielfalt der Übungsstücke und ihrer Charaktere ähnelt sehr den Stükken der Bachschen Klavierübung. Über Cramer und Bach hinausgehend, enthält der «Gradus» auch einige Etüden, die in

die Richtung einer Ästhetik des Mechanischen weisen, also solche Etüden, bei denen der Geschicklichkeitsaspekt über den musikalischen Zweck dominiert (z. B. die Nr. 94 und 95). Allerdings hat sich bei Clementi das technische Moment noch nicht so weit verselbständigt, daß man es beim Hören als eigenständige Schicht des ästhetischen Erlebens wahrnehmen könnte.

Neben solchen Vorläufern der späteren Virtuosenetüde findet man im «Gradus ad Parnassum» auch eine Reihe von polyphonen Sätzen, Fugen und Kanons. In mehreren zweistimmigen Kanons spielt die linke Hand die Melodie der rechten in Umkehrung nach, so daß die linke Hand – weil spiegelverkehrt – die gleichen technischen Probleme zu bewältigen hat wie die rechte.

Mehrere Etüden sind außerdem zu Suiten zusammengefaßt. Ferner findet sich im dritten Band des «Gradus» eine Introduktion mit anschließender Fuge, ganz dem Vorbild Bachs folgend, und sogar eine ausgeschriebene Improvisation mit dem Titel «Scena poetica».

Der «Gradus» zeigt, daß Clementis Schaffen durchaus noch der alte, umfassende Begriff von handwerklicher Übung zugrunde lag, wenngleich sich unter der Oberfläche bereits die neue Entwicklung ankündigt, nämlich die Verselbständigung des Geschicklichkeitsspiels. Nicht nur die musikalische Auffassungskraft und die manuelle Virtuosität, sondern auch der Verstand sollten durch den «Gradus» gefördert werden. Clementi selbst schrieb in einem Brief an Breitkopf und Härtel, daß er mit dem «Gradus» das Ziel verfolgte, *«Verstand und Gemüth zugleich mit den Fingern zu bilden»* (zitiert nach Kahl 1960, 1611). Gleicher Ansicht war übrigens auch der Rezensent in der AmZ vom Juni 1827 (AmZ 1827, 386). Freilich war Clementi einer der letzten, der an die Tradition Bachs nahtlos anknüpfte, denn viele der nachfolgenden Etüdenkomponisten haben die Übung des Verstandes ausgeklammert. Übrig geblieben sind zunächst noch Gefühl und Mechanik und nach dem Jahre 1850 nur noch blanke Mechanik.

Der «Gradus ad Parnassum» wurde ausführlich in der AmZ besprochen. Der Rezensent machte sich die Mühe, eine Reihe von Einzelstücken detailliert zu ana-lysieren. Aus diesen Analysen kann man erkennen, wie offen damals sowohl musikalische Probleme (Affektausdruck, Harmonik, Stimmführung usw.), als auch spieltechnische Aspekte (Fingersetzung, Anschlag usw.), diskutiert wurden (AmZ 1827, 385–393). Diese Rezension kann als prototypisch angesehen werden. Das Niveau der Rezensionen von Etüden, allen voran die von R. Schumann, war durchwegs erstaunlich hoch. Wenn man davon ausgehen kann, daß die vielen Etüdenrezensionen nur einen Bruchteil der lebendigen, öffentlichen Auseinandersetzung über das Etüdenerfinden und -spielen wiedergaben, so kann man erahnen, wie lebhaft und ausgiebig man einst über spieltechnische und musikalische Aspekte des Etüdenspiels diskutiert hat. F. Augustini ist zuzustimmen, wenn sie behauptet, daß die Klavieretüden samt den dazugehörigen Rezensionen zu den aufschlußreichsten musikgeschichtlichen Quellen aus der ersten Hälfte des 19. Jahrhunderts gehören (Augustini 1986, 390 ff.).

Zu beachten ist in der genannten Rezension noch eine andere Passage. Der Rezensent fragt nämlich, wie es überhaupt möglich war, daß Clementi ein solch geniales Werk wie den «Gradus» schreiben konnte: *«Vor allen Dingen rechnen wir hierzu, dass er in Italien geboren wurde; in diesem gesangreichen Lande, dessen Sprache schon Musik ist ... Doch das Einflussreichste auf die gegenwärtige Individualität Clementis glauben wir der Fügung der*

Vorsehung zuschreiben zu müssen, die Cle-menti, schon vor Erreichung des Jüng-lingsalters, unter ein Volk setzte, das seiner Neigung zum abstracten Denken und zur mathematischen Speculation so vielfach günstige Verhältnisse darbot» (AmZ 1827, 388). In der Person Clementis stoßen, wie der Rezensent richtig bemerkt, zwei Kulturkreise aufeinander. Aus Italien brachte Clementi seine musikalische Muttersprache und die handwerkliche Form des Arbeitens mit, in England lernte er rational und, wie in der industriellen Produktion üblich, viel zu arbeiten. Beides zusammen ergab eine produktive Mischung.

Die Etüdenwerke von Cramer und Clementi sind zweifellos die bedeutendsten, die zwischen 1800 und 1825 komponiert wurden. Doch auch viele der heute unbekannten Etüden z. B. von Reicha, Steibelt, A. Schmitt, Walter, Ries, Field, Müller, Wölfl und Rinck stehen denen von Cramer und Clementi an Qualität kaum nach. Bei aller Verschiedenheit im Detail haben alle diese Etüden ein gemeinsames Merkmal: Sie sind den Bachschen Vorbildern nachgestaltet. Das heißt:

1. Sie sind Charakterstücke.
2. Die polyphone Setzart dominiert.
3. Technik und Musik sind noch nicht voneinander getrennt.

8. Kapitel
In der Werkstatt des Virtuosen
– die Bravouretüde

Ende der 20er Jahre begann ein Mann durch die Lande zu reisen und die musikalische Welt durch seine Virtuosität in Staunen zu versetzen: Niccolo Paganini. Seine zahlreichen Konzertreisen (z. B. 1828 Wien, 1829 Frankfurt, 1831 Paris) hinterließen nachhaltige Wirkungen. Paganini entfachte nicht nur Begeisterungsstürme bei den Zuhörern, sondern regte auch zahlreiche Pianisten zum Nacheifern an. Beispielsweise versuchten Schumann, Brahms und Liszt in ihren Etüden, die Virtuosität Paganinis auf die Klangsprache des Klaviers zu übertragen. Seine Auftritte in den Metropolen Westeuropas waren sicherlich ein wesentlicher Grund dafür, daß das Etüdenspielen Anfang der 30er Jahre eine Konjunktur ungeahnten Ausmaßes erlebte.

Man kann Paganinis Funktion allerdings auch noch allgemeiner sehen. Im 18. Jahrhundert war das Instrumentalspiel und insbesondere das Geigenspiel in Italien am weitesten entwickelt. Durch Paganinis Konzertreisen wurde quasi auch die Virtuosität von Italien auf die Länder Frankreich, England und Deutschland übertragen. Paganini erfüllte demnach eine ähnliche historische Mission wie Clementi. Beide waren sicherlich nicht unbeteiligt daran, daß die musikalische Vorherrschaft zu Beginn des 19. Jahrhunderts von Italien an Frankreich und Deutschland abgetreten wurde.

Zwischen 1820 und 1840 steigerte sich die Etüdenmode zu einem wahren Rausch (Augustini 1986, 154). In dieser Zeit wurden z. B. die Etüden von Berger op. 22 (1828), Moscheles op. 70 (1825/1826), Chopin op. 10 (1829–1832), Liszt op. 1 (1826), Schumann op. 3 (1832), op. 10 (1833), Hummel op. 125 (ca. 1832), Hiller op. 4 (ca. 1833) und Thalberg op. 26 (ca. 1833) geschrieben. Die Etüdenwerke dieser bekannten Komponisten stellen jedoch nur die Spitze eines Eisberges dar. Ein wahres Bild von dem Ausmaß der Etüdenmode kann man sich in etwa machen, wenn man die hundertelfseitige Etüdenbibliographie F. Augustinis durchblättert, die, wie die Verfasserin selbst einräumt, noch nicht einmal vollständig ist (Augustini 1986).

Gleichzeitig mit dem quantitativen Ansteigen der Etüdenkompositionen ist ein qualitativer Wandel festzustellen. In der nach 1830 erschienenen Etüdenliteratur ist ein sprunghaftes Ansteigen der virtuosen Elemente unverkennbar. Ein Kinderspiel steigert sich aus sich heraus manchmal bis zum Fieber und zur Albernheit; so auch das Etüdenspiel. Die Geschichte der Etüde liest sich wie das Gedicht vom Zauberlehrling. Was harmlos und bescheiden begann, steigerte sich zum grenzenlosen, ungebremsten Spiel.

Schließlich wurde die Etüde anfangs der 30er Jahre auch salonfähig. Ursprünglich nur für das Übezimmer bestimmt, schaffte sie dank Moscheles und Chopin den Sprung auf das Konzertpodium. Das «Aschenbrödel» war zur «Hofdame» geworden, wie es D. Hildebrandt treffend bemerkt (Hildebrandt 1985, 140).

Die Etüde als Charakterstück

Es wäre jedoch voreilig, aus dem eben Gesagten den Schluß zu ziehen, daß bereits in den 30er Jahren das Etüdenschreiben und -üben einzig und allein dem Zweck diente, neue akrobatische Spielfiguren zu erfinden und zu trainieren. Zumindest bis zur Jahrhundertmitte hielt sich noch die alte Ansicht, daß das Etüdenspiel vornehmlich als Experimentierfeld angesehen wurde, auf dem neue musikalische Darstellungsmöglichkeiten von Affekten erprobt wurden. Abgesehen von den Etüden Chopins, Schumanns und Liszts, auf die hier, weil bekannt, nicht weiter eingegangen zu werden braucht, gab es fast keine Etüde, die nicht als Charakterstück intendiert war. Dazu einige Beispiele: Ausdrücklich mit dem Titel «Charakteristische Studien» versah Moscheles sein Opus 95. Die einzelnen Studien tragen Überschriften wie Zorn, Versöhnung, Widerspruch, Zärtlichkeit, Angst. Seine «Studien für das Pianoforte, bestehend aus 24 charakteristischen Tonstücken in den verschiedenen Dur- und Molltonarten op. 70» (1825/1826) haben ebenfalls recht farbige Titel. Jedem Stück ist ein kurzer Kommentar über das jeweils behandelte Problem vorangestellt. Die Kommentare betreffen Aspekte der Spieltechnik, der Artikulation und des Ausdrucks. Die Studien durchschreiten alle vierundzwanzig Tonarten, was auf eine mögliche Verbindung zu Bachs «Wohltemperiertem Klavier» hinweisen könnte.

R. Schuman würdigt S. Hellers vierundzwanzig Etüden op. 16: «*Die Etuden sind sein größtes bis jetzt erschienenes Werk. Ordentliche Etudenspieler irren aber, wenn sie darin auf rechte Fingerarbeit zu treffen hoffen, sie finden mehr Charakterstücke nämlich in bunter Reihe, darunter einige von ausgezeichnetem Werthe, sämmtlich aber einen musikalisch-regen Geist verratend, an dem nur zu bedauern, daß er seinen Reichthum in so kleinen Formen zersplittert*» (Schumann 1871 II, 211).

Wenngleich die Beispiele belegen, daß im Etüdenspiel neue Möglichkeiten der Darstellung von Affekten erprobt wurden, muß doch eingeräumt werden, daß davon nicht die gesamte Palette des musikalischen Ausdrucks betroffen war, sondern vornehmlich jene Affekte, die sich durch virtuose Spielfiguren ausdrücken ließen. Es finden sich zwar in fast jeder Etüdensammlung, die zwischen den Jahren 1820 und 1850 komponiert wurde, einige langsame und ruhige Ausdrucksetüden, doch ging ihr zahlenmäßiger Anteil und ihre Bedeutung im Laufe der Zeit immer mehr zurück. Der Verlust der cantablen Etüden wurde vereinzelt von Musikkritikern beklagt (AmZ 1826, 847).

Eine Übestunde mit Chopin

Eine Etüde entwickelte sich unmittelbar aus der Passagen-Fantasie, nämlich aus dem Probierspiel mit einer besonders spröden, aber auch interessanten Spielfigur. Dieses Spiel funktionierte zunächst ganz ohne Notenpapier. Um eine spröde Figur gefügig zu machen, wurde sie zunächst stereotyp wiederholt. Nachdem sie gut in der Hand lag, wurde sie transponiert, dann zunächst leicht, später mehr verändert und allmählich erschwert. Schließlich wurde die Schwierigkeit bis an die Grenze des Ausführbaren gesteigert. Erst als das Spiel eigentlich schon vorbei war, begann der Virtuose ein Protokoll darüber anzufertigen; so entstand die Etüde. Sie wurde gedruckt und war im Prinzip nichts anderes als ein Ergebnisprotokoll des lebendigen Spiels mit Fingern, Taste, Ton und Affekt. Daß Etüden am Schreibtisch komponiert wurden, scheint tatsächlich eher die Ausnahme gewesen zu sein. Zu einer schwierigen Etüde von Kessler beispielsweise fragt Schumann ganz ungläubig: «... *hat sie der Componist wirklich mit kreuzweis über einander geschlagenen Händen am Claviere componirt und nicht etwa auf dem Papiere transponirt»* (Schumann 1871 I, 204).

Geniale Beispiele für das von den Virtuosen betriebene Kinderspiel für Erwachsene sind die Etüden Chopins. Besuchen wir ihn in seiner Werkstatt und sehen wir ihm zu, wie er seine Etüde op. 25 Nr. 1 erfand (Notentext siehe Seite 107).

Wie jede Etüde, so beginnt auch die Etüde op. 25 Nr. 1 mit der Vorstellung der Inventio, einem originellen musikalischen Gedanken. Die Inventio der As-Dur-Etüde ist von der Spielbewegung her genial erfunden. Chopin wußte, daß sich zweihändig symmetrisch nach außen geführte Schwünge am leichtesten von allen Schwungformen ausführen lassen.

Die Spielbewegung ist allerdings nur scheinbar symmetrisch. Erstens ist die Schwungbewegung in der linken Hand eine größere, und zweitens sind die Fingerfolgen der rechten und der linken Hand nicht genau identisch. Beim beidhändigen Spiel der Figur hat man dennoch ein Symmetriegefühl in Händen und Körper. Chopin ist durch praktisches Ausprobieren zu der Erkenntnis gelangt, daß man bei zweihändigen Bewegungen auch dort versucht Symmetrien zu bilden, wo sie in Wirklichkeit gar nicht vorhanden sind. Schwierige Bewegungskoordinationen zwischen beiden Armen bzw. beiden Händen gelingen häufig nur, weil man unbewußt, quasi verallgemeinernd, symmetrische Beziehungen zwischen gegenüberliegenden Gliedmaßen herstellt (Révész 1938).

Das Spiel mit dem musikalischen Gedanken beginnt fast einfallslos. Der Spieler «gewöhnt» sich an die Tonfigur durch stereotype Wiederholung. Er verfolgt den originellen Harfenklang. Die Melodie hält sich zunächst im Hintergrund, bevor sie etwa ab Takt drei solistisch hervortritt.

Die ersten Schwierigkeiten sind in den Takten 6 bis 8 zu meistern. Ob die schnellen Harmoniewechsel wohl gelingen? ... Und weil es solchen Spaß gemacht hat, das Ganze noch einmal, aber selbstverständlich nicht identisch, sondern leicht abgewandelt!

Eine neue Spielregel tritt in Takt 17 nach Abschluß der ersten Periode hinzu. Der Daumen der linken Hand sucht sich zunächst zaghaft und dann selbstbewußter eine eigene Melodielinie. Damit ergibt sich eine neue Schwierigkeit. Um diese Hürde leichter überwinden zu können, wird das Tempo gedrosselt. Statt Sextolen, hat die linke Hand nur noch Sechzehntelfiguren auszuführen. Der ursprüngliche Affekt, der sich aus dem Zusammenklang zwischen Melodie und Begleitung ergab, wird auf diese Weise um eine neue Dimension, nämlich Polyphonie bereichert. Besonders reizvoll ist das Nachschlagen der zweiten Stimme, übrigens eine Spezialität Chopins. Nun, so neu ist allerdings die Idee der Mehrstimmigkeit nicht, sie war bereits in der Inventio keimförmig angelegt. Man kann nämlich die modulatorischen Veränderungen des As-Dur-Klanges auch vertikal denken. Dann ergibt sich, ähnlich wie bei den Etüden op. 10 Nr. 1 und op. 25 Nr. 12, ein vielstimmiger, polyphoner Satz.

Nun probiert unser Virtuose schwierigere Variationen der Spielfigur. Siehe da, welch interessante, teilweise sogar bizarre harmonische Wendungen sich in den Takten 23 ff. ergeben! Ob die weiten Schwünge in Takt 26 und 27 wohl gelingen? Oh, es hat geklappt!

Jetzt werden die Sechzehntel- und die Sextolenfigur miteinander kombiniert. Gleichzeitig wird die Spielfigur durch größere Tonabstände und unbequemere Handlagen erschwert.

Nachdem die Synthese mehrerer Schwierigkeiten in den Takten 30 ff. scheinbar mühelos gelungen ist, kann nun versucht werden, in der kombinatorischen Anwendung aller bis jetzt verwendeten Spielregeln auf den Höhepunkt zuzusteuern (Takt 33 bis 36). Ob sich der Affektausdruck zu einem ‹appassionato› steigern läßt? Aber die Leidenschaft bleibt verhalten, immer noch in den Grenzen des guten Anstandes: das Fortissimo, die höchste Stufe der Intensität, wird überhaupt nicht erreicht.

Nach dem Höhepunkt folgt noch eine «Ehrenrunde» für das Publikum. In Takt 39 wird noch ein kleines Kabinettstückchen quasi en passant eingeflochten. Es geht anstrengungslos im Pianissimo von der Hand; kein Wunder, daß sogar das f'''' getroffen wird, denn das Training auf den Seiten zuvor war ja gut. Aber das ganze nur einmal, denn das f'''' ist ja eigentlich ein falscher Ton, eine Regelverfehlung.

Im Takt 42 folgt eine kurze Rückerinnerung an die zweistimmige Passage in den Takten 17 ff. Aber die Spannung ist gelöst: Die zweite nachklappende Stimme befindet sich im Einklang mit der ersten.

Zum Schluß noch ein kleines «Dessert» (Takt 44 ff.): Nach der symmetrischen Bewegung beider Hände, die das ganze Stück über vorherrschend war, wirkt die Parallelbewegung in den letzten sechs Takten wohltuend. Auch sie gelingt, obwohl sie eigentlich schwerer auszuführen ist als die symmetrische Bewegung: Ein Lerntransfer hat sich eingestellt. Die kleine Zugabe fließt dem Virtuosen quasi schon im Hinausgehen aus der Hand, leggierissimo und pianissimo, versteht sich. Welch silberner Klang! Der Virtuose hat genug getan, er zieht sich in Bescheidenheit ins dreifache ppp zurück. Das Spiel ist beendet. Das Publikum tobt, der Vorhang fällt, unser Virtuose übt vornehme Zurückhaltung.

Die Etüde – das Tagebuch des Virtuosen

Solche Geschichten ließen sich zu fast allen Etüden Chopins, aber auch zu denen anderer Etüdenmeister erfinden. Das Spiel mit Affekten, Spielfiguren und bizarren harmonischen Wendungen erzeugte lebendige Kunstwerke, von denen uns einige bis heute erhalten geblieben sind, weil sie aufgeschrieben wurden. So verstanden, sagt eine jede Etüde sehr viel über den individuellen Charakter eines Komponisten aus. Mehr noch: Das Übeverfahren eines Komponisten kann aus seinen Etüden rekonstruiert werden. Chopins Schüler F.-H. Peru bestätigt, daß Chopin jemand war, der musikalisch nicht zweimal das gleiche sagen wollte: *«Er hätte dasselbe Stück zwanzig Mal nacheinander gespielt, bis man es wieder mit demselben Reiz gehört hätte»* (zitiert nach Molsen 1982, 120). Andererseits kann man der Etüde auch entnehmen, daß Chopin kein Virtuose war, der mit allen Mitteln um die Gunst des

Publikums buhlte. Sein Auftreten war eher bescheiden. Er war ein genialer musikalischer Redner, dessen Klangrede allerdings für einen intimen Zuhörerkreis und für kleine Räume bestimmt war.

Was für Chopin gilt, gilt auch allgemein: So steht etwa in einer Sammelrezension von Etüden verschiedener Komponisten in der AmZ zu lesen: *«Fast jeder Meister des Clavierspiels hat in Etüden seine individuelle Vortragsweise, wie die Fertigkeit, in welcher er sich besonders hervortat, niedergelegt»* (AmZ 1843, 129). Freilich stammt diese Bemerkung schon aus einer Zeit, in der sich die Blütezeit der Virtuosenetüde bereits ihrem Ende zugeneigt hatte. So bedauert denn auch der Kritiker am Ende der Rezension, daß die «guten alten Zeiten vorbei seien».

Auch der Besprechung R. Schumanns von Hellers op. 16 kann man entnehmen, daß man aus den Etüden jeweils die persönliche Handschrift des Komponisten herauslesen kann: *«Es liest sich die Etüdensammlung etwa wie ein Tagebuch. Mannichfaltige Meinungen sind hier nebeneinander ausgesprochen, bittere Bemerkungen fehlen nicht, auch nicht liebe Erinnerungen. Der Künstler, der Philosoph, der Freund läßt sich darin gehen, als sähe ihm kein Menschenauge zu, als gäbe es keine Recensenten»* (Schumann 1871 II, 211).

Wer daher einen Komponisten kennenlernen möchte, der studiere dessen Etüden! – so rät es ein anonymer Kritiker der Etüden op. 26 von Thalberg: *«Da im allgemeinen alle Etüden eines jeden Meisters auch als Schlüssel zum Vortrag seiner übrigen Kompositionen und seiner Spielweise anzusehen sind, so werden sich wahrscheinlich überall und in jedem Falle die Liebhaber der Weise des Tonsetzers vorzüglich für sie interessieren, dann aber auch alle diejenigen, die überhaupt nicht gewohnt sind, nur auf einen oder einige Meister schwören, sondern als unbefangene Eklektiker das Gute suchen und nehmen, wo sie es finden»* (AmZ 1837, 604).

Der «sportliche» Aspekt des Etüdenspiels

Treiben wir die Analyse der Etüde op. 25 Nr. 1 noch ein wenig weiter. Betrachten wir zunächst, mit welchen Methoden in der Etüde op. 25 Nr. 1 die Fingerfertigkeit trainiert wird.

Die Inventio der As-Dur-Etüde ist nicht nur eine originelle rhetorische Figur, sondern, von einer anderen Seite betrachtet, auch eine «pfiffige» Spielfigur. So weit möglich, hält Chopin ein und dieselbe Fingerfolge von Anfang bis Ende durch, über alle Schwierigkeiten hinweg. Dieser Methode bediente sich Chopin übrigens auch in anderen Stücken. Er wählte die Fingersätze bei schnellen, komplizierten und variierten Passagen zumeist so, daß möglichst gleichförmige Fingerfolgen entstehen (siehe Deutsch 1931, 15). Chopin übte also Stabilität und Variabilität des Bewegungsmusters zur gleichen Zeit.

Nicht nur für die Etüde op. 25 Nr. 1, sondern für Virtuosenetüden generell ist charakteristisch, daß die Schwierigkeiten im Verlauf des Stückes allmählich gesteigert werden. Auf diese Weise ergibt sich ein Trainingseffekt. Diese Schwierigkeitssteigerung ist nämlich notwendig, wenn man die Variabilität eines Bewegungsmusters und die Kondition verbessern möchte. Das gleiche Übeprinzip ist uns übrigens schon an anderen Stellen begegnet. Bei Bachs «Inventionen» hielt sich die Schwierigkeitssteigerung noch in handwerklichen Grenzen. Liszt dagegen trieb sie in seinen «Technischen Studien» bis an die Grenze des Ausführbaren und darüber hinaus.

Wenn man verschiedene Virtuosenetüden miteinander vergleicht, fällt auf, daß die Schwierigkeitssteigerung variabel gestaltet wird. Bei einigen Etüden fehlt eine Steigerung fast gänzlich, bei anderen wird die Schwierigkeit kontinuierlich erhöht. Andere wiederum beginnen mit einer langsamen Schwierigkeitssteigerung, und erst gegen Ende der Etüde wird probiert, ob der Schwierigkeitsgrad noch weiter in die Höhe getrieben werden kann.

Wie in der Etüde op. 25 Nr. 1 schließt sich auch bei vielen anderen Virtuosenetüden unmittelbar an den Höhepunkt noch ein Teil an, in dem wieder auf das anfängliche Schwierigkeitsniveau zurückgegangen wird. Formal ergibt sich dieser dritte Teil zumeist von selbst durch die dreiteilige Liedform. Auch dieses «Auslaufen» ist vom Trainingsgesichtspunkt her durchaus sinnvoll. Warum sollte sich der Virtuose nicht, wie jeder Hochleistungssportler, nach der Anstrengung eine Entspannungsphase gönnen dürfen?

Das Spiel mit Affektschattierungen

Um das Trainingsprinzip der Virtuosenetüde zu erklären, habe ich mich der Einfachheit halber zunächst auf den motorischen Aspekt beschränkt. Das musikalische Lernen funktionierte jedoch nach dem gleichen Prinzip. Gleichzeitig mit der Bewegungsfigur wird nämlich auch der der Inventio zugrundeliegende Affekt variiert. Der Virtuose probiert verschiedene Affektnuancierungen durch. Er gelangt zu neuen Varianten, indem er Klangfarbe, Klangstärke und Tonregister verändert. Wie das Spiel mit der Bewegungsfigur steigert sich auch das Spiel mit dem Affekt bis zu einem Kulminationspunkt. In unserem Beispiel erklingt der Affekt schließlich im «appassionato» – und zwar dort, wo der Höhepunkt bei einem Kunstwerk seinen Ort haben sollte, im Focus des goldenen Schnittes. Wenn wir die der Etüde op. 25 Nr. 1 zugrundeliegende Trainingsmethode unter verschiedenen Aspekten betrachten, zeigt sich folgendes Bild: Dynamischer Ablauf, technische Schwierigkeit und Affektausdruck verlaufen parallel.

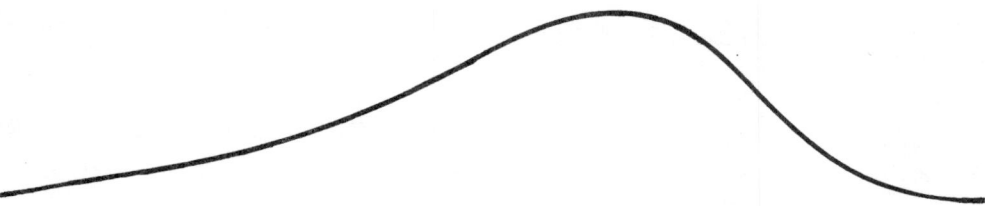

Erinnern wir uns: F. Hand hatte drei ästhetische Kritierien für die Bewertung von Etüden aufgestellt (Hand 1837/1842), nämlich:

1. Originalität der Erfindung.
2. Klare Entfaltung und sichere Abrundung.
3. Wohlgefällige Beiordnung der Begleitung zur Hauptstimme.

Was mit Punkt 2 gemeint war, ist wohl aus dem eben Gesagten recht klar hervorgegangen. Die Etüdenübung des Virtuosen war, wie man obiger Kurve entnehmen kann, ein organischer und abgerundeter Vorgang. Auch dem dritten Bewertungskriterium hält unsere As-Dur-Etüde stand. Chopin bemühte sich um eine wohlgefällige Beiordnung der Begleitung zu der Melodie. Er selbst beschrieb das in der

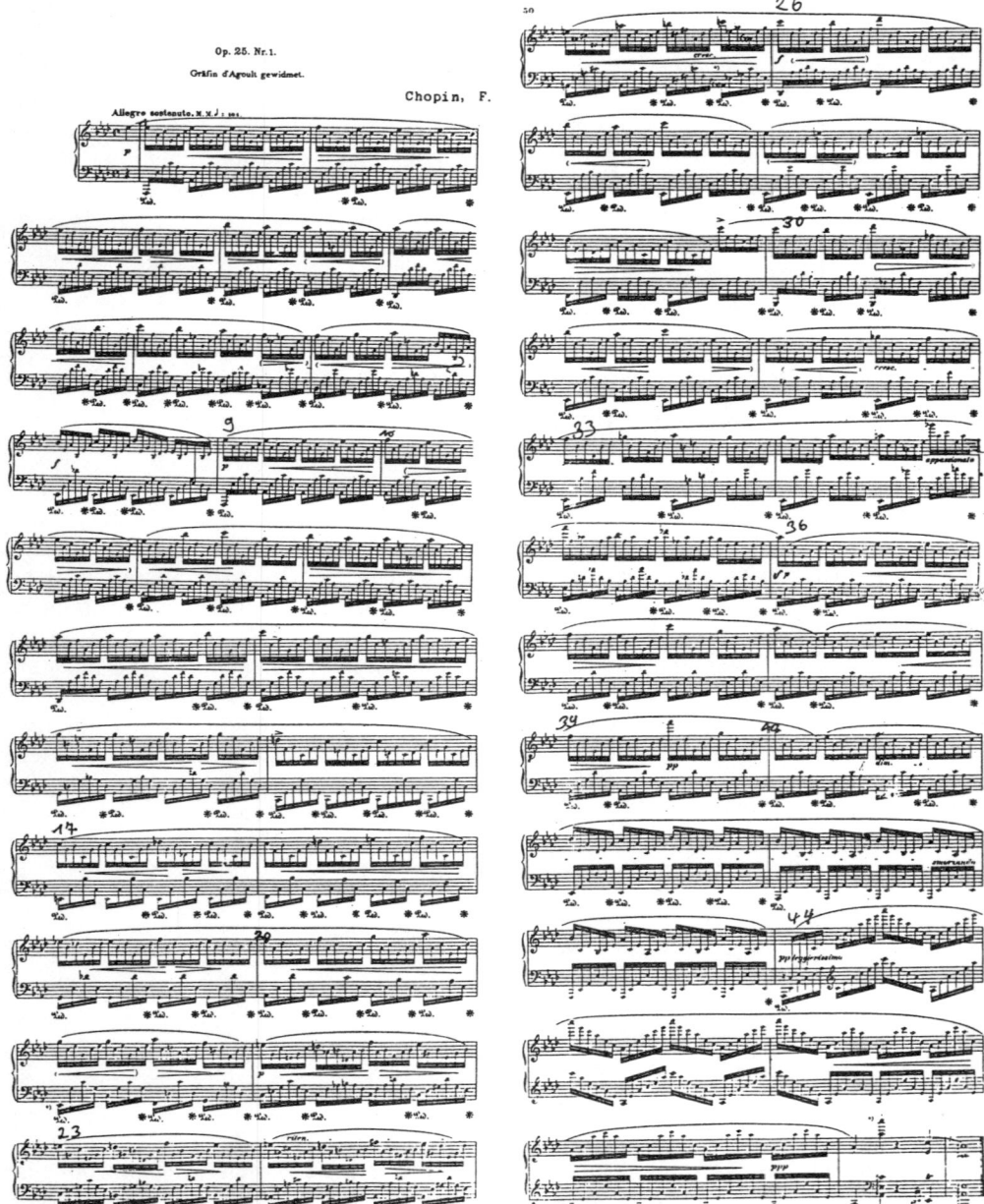

Op. 25. Nr. 1.

Gräfin d'Agoult gewidmet.

Chopin, F.

As-Dur-Etüde ausgedrückte Affektgeschehen durch ein treffendes Bild: Man stelle sich einen Schäfer vor, der in einer friedlichen Grotte vor einem nahenden Sturm Zuflucht nimmt. In der Ferne brausen Wind und Regen, während der Schäfer zufrieden eine Melodie auf seiner Flöte spielt (Eigeldinger 1986, 69). Der durch die Spannung zwischen Melodie und Begleitung dargestellte Affekt ist somit ein Mischaffekt. Man kann demnach die Etüde auch als dialektische Entfaltung des Affektkontrastes Flötenmelodie – Sturm betrachten. Poetisch ausgedrückt, antworten Regen und Sturm in Takt 17 ff. auf das Spiel der Flöte, indem sie eine zweite Melodie mitsummen. Die Flöte ihrerseits läßt sich von Sturm und Regen anstecken und entfaltet in Kraft und Tonhöhe eine Dynamik, die sie weit über das «Flötenmögliche» erhebt.

Übrigens könnten auch die Worte Hegels über das dialektische Verhältnis zwischen Harmonie und Melodie Chopin als ästhetisches Programm gedient haben, als er die As-Dur-Etüde erfand: *«Die Kühnheit der musikalischen Komposition ruft alle stärksten Widersprüche und Dissonanzen auf und erweist ihre eigene Macht in dem Aufwühlen aller Mächte der Harmonie, deren Kämpfe sie eben so sehr beschwichtigen können und damit den befriedigenden Sieg melodischer Beruhigung zu feiern die Gewißheit hat. Es ist dies der Kampf zwischen Freiheit und Notwendigkeit; ein Kampf der Freiheit der Phantasie, sich ihren Schwingen zu überlassen, mit der Notwendigkeit jener harmonischen Verhältnisse, deren sie zu ihrer Aeußerung bedarf und in welchen ihre eigene Bedeutung liegt»* (Hegel 1970).

Beim Erproben von Affektschattierungen spielte die harmonische Variation eine maßgebliche Rolle (AmZ 1836, 350). Ein beliebtes Mittel war vor allen Dingen das Spiel mit chromatischen Nebennoten, durch welche die reinen Akkorde eine jeweils eigentümliche Klangfärbung erhielten. Nicht nur in der Etüde op. 25 Nr. 1 wurden neue und ungewohnte Klänge ausprobiert. Von einer dem Ohre oft «etwas widerstrebenden, aber bizarren Harmonie» ist in zahlreichen Etüdenrezensionen die Rede (z. B. AmZ 1836, 350). Gerade Chopins «ohrenzerreißende Dissonanzen» (Rellstab, siehe Niecks 1890, 278) und «harten, unkünstlerischen Modulationen» (Moscheles, siehe Niecks 1890, 280) müssen für die Zeitgenossen fast wie atonale Musik geklungen haben.

Ein zweiter Punkt wäre zu verallgemeinern. Am Beispiel der As-Dur-Etüde haben wir gesehen, daß das Etüdenerfinden eine nicht zu unterschätzende Bedeutung für das Herausfinden neuer Affektschattierungen hatte. Im Selbstverständnis der Virtuosen war das Spiel mit dem Affekt sogar der eigentliche Sinn des Etüdenspiels. Das erkennt man beispielsweise aus Schumanns Kommentar zu der Etüde op. 25 Nr. 1.: *«Man irrt aber, wenn man meint, er hätte da jede der kleinen Noten deutlich hören lassen; es war mehr ein Wogen des As Dur-Accordes, vom Pedal hier und da von Neuem in die Höhe gehoben; aber durch die Harmonieen hindurch venahm man in großen Tönen Melodie»* (Schumann 1871 II, 255).

In ähnlicher Weise wie Schumann geht auch Miltitz in seiner Rezension der Etüden von Cramer auf die Bedeutung ein, die das Etüdenspiel für das Erfinden neuer Affektschattierungen hatte: *«Hat man denn nun ein solches Exercice durchgespielt, so ist der Erfolg, dass man ihn eine Zeitlang gar nicht wieder aus dem Ohr verliert, und dass, wer für poetisches Aussprechen eines Gedankens Sinn und Geschicklichkeit hat, häufig versucht wird, die so stark musikalisch ausgesprochenen Gedanken auch in Worten auszusprechen. Diese Sätze sind demnach wahre Kunstproduktionen, in denen die Geschicklichkeit der Finger nur benutzt ist, um einen Gedanken, der das Gemüth ergreift, auszuschmücken»* (Miltitz 1841, 210).

Das außermusikalische Programm

Das hier gezeigte Bild der Virtuosenetüde ist natürlich eher als Idealbild, denn als Realbild zu verstehen. Allenfalls die Etüden von Schumann, Moscheles, Liszt, Chopin, Skrjabin und vielleicht noch einige in einer Sternstunde erfundene Etüden unbekannterer Meister erfüllen die hier aufgestellten hohen Anforderungen. Die allgemeine Richtung der Entwicklung war eine andere. Schon gleich zu Beginn der Etüdenära begann sich nämlich das Geschicklichkeitsspiel zu verselbständigen. Etüden wurden zwar immer noch allesamt als Charakteretüden geschrieben, doch sank diese Bezeichnung zusehends mehr zum bloßen Etikett herab.

Um diesen Aushöhlungsprozeß zu verstehen, wäre zunächst zu fragen, wie das Verhältnis von mechanischen Mitteln und musikalischem Charakterausdruck beschaffen war. Bei der ersten Generation von Etüdenkomponisten, z. B. Clementi, Cramer, Field, Chopin, Hummel, A. Schmitt, genügten die musikalisch gestalteten Ausdruckscharaktere noch sich selbst und mußten nicht erst außermusikalisch mit Sinn aufgeladen werden. Weil Musik noch als lebendige Sprache gesprochen wurde, verstand man die Bedeutungen auch ohne zusätzliche sprachliche Etikettierung. Etwa in der Mitte der 20er Jahre kam es in Mode, Etüden mit programmatischen Überschriften zu versehen. Aber die Suche nach einem Titel begann erst, als der Prozeß des Experimentierens mit der Inventio schon recht weit fortgeschritten war. Liszt beispielsweise versah seine Etüden erst nach mehrmaliger Umarbeitung mit Titeln (Augustini 1986, 190 ff.).

Bei der zweiten Generation von Etüdenkomponisten (Herz, Henselt, J. Schmitt, Alkan, Rubinstein, Thausig, Ravina und andere) schob sich das Geschicklichkeitsspiel in den Vordergrund. Die Notwendigkeit außermusikalischer Benennung war nun paradoxerweise konsequente Folge dieses Prozesses. Im gleichen Maße nämlich, wie Musik ihren Sprachcharakter verlor, sah man sich genötigt, den Sinn außermusikalisch zu legitimieren. Ursprünglich war die Überschrift nur «anmutige Beigabe» (AmZ 1843, 128), bald jedoch wurde sie zum Programm aufgewertet. Die Sinnentleerung wurde demnach von einer Sinnaufladung begleitet. Letztere ist also eher als kompensatorischer Akt, denn als Bereicherung zu bewerten. Die Brücke zwischen außermusikalischem und musikalischem Sinn blieb zwar für eine gewisse Zeit, zumindest bei den Bravouretüden, bestehen. Sie wurde jedoch zunehmend brüchiger, weil sie künstlich und nachträglich hergestellt war.

Der Wandel blieb nicht unbemerkt. Er wurde in der Musikkritik ausgiebig diskutiert. So wird z. B. in der Kritik von Ravinas «Etudes caractéristique», die nichts als hohles Passagenwerk enthalten, gerügt, daß die farbigen Titel «aufgesetzte Etiketten» und nicht echte Charakterbezeichnungen seien (AmZ 1843, 130). In der Sammelrezension einiger Etüden von Ravina, Kusserath und Rubinstein in der AmZ vom Februar 1843 schreibt der Rezensent: «Zu beklagen ist, welch grosser Schatz einzelner schöner und gehaltvoller Gedanken, wie unentwickelte Embryonen in dieser fragmentarischen Kunstform verloren geht. Anders lauten allerdings die Urtheile unserer Tagesblätter, in denen man so vieles Wundersame und Bedeutungsvolle aus den Etüden herausphantasirt, dass man die Begeisterung unserer Künstler und deren Hörer nach Etüden messen und bestimmen möchte» (AmZ 1843, 130).

Man muß allerdings die neue Art, Programmetüden zu schreiben, in einem allgemeineren Kontext sehen, nämlich vor dem Hintergrund des generellen Wandels von der Charakter- zur Programmästhetik.

Die neue ästhetische Auffassung erforderte eine neue Übetechnik. Ein Komponist von Programmusik hatte auszuprobieren, welche rhetorischen Figuren sich mit welchen außermusikalischen Sinnstiftungen verknüpfen ließen. Und genau dazu diente die Etüdenübung. Im Etüdenspiel wurde das Zuordnen von Tonfiguren zu außermusikalischen Programmen erprobt. Es versteht sich aufgrund der Eigengesetzmäßigkeit des Spiels fast von selbst, daß nicht alle der gefundenen Programme als passend bezeichnet werden können. Wer Neues ausprobiert, muß sich Unzulänglichkeiten erlauben dürfen. Und so gesehen hatten die größtenteils geschmacklosen Etüdentitel samt den dazugehörigen, inhaltslosen Tonfiguren dann doch wiederum ihren musikalischen Sinn.

Das Üben persönlicher Redewendungen

Abschließend möchte ich noch der Frage nachgehen, welche Funktion das Etüdenspiel für das Erlernen der Muttersprache Musik hatte. Dabei knüpfe ich an das letzte Kapitel an, in dem gezeigt wurde, daß das Etüdenspiel vor allem auch dazu benutzt wurde, die regelmäßige, metrische Akzentuation zu trainieren und zu automatisieren.

Zum flüssigen Reden gehören jedoch noch weitere Fertigkeiten. Ein brillanter Redner muß z. B. über einen großen Vorrat individueller Redewendungen verfügen und außerdem die Fähigkeit besitzen, diese in beliebiger Weise miteinander zu verknüpfen. Beide Fertigkeiten wurden im Etüdenspiel trainiert. Der Virtuose übte seine ihm eigentümlichen musikalischen Muster in jeder erdenklichen Variation, so daß es für ihn später ein leichtes war, sie als fertige Bausteine, wann immer notwendig, zu benutzen. Ich spreche bewußt von «ihm eigentümlichen Redewendungen», weil es sich bei den rhetorischen Figuren, die den Virtuosenetüden zugrunde lagen, tatsächlich um individuelle, jedem Virtuosen eigene musiksprachliche Muster bzw. Wörter handelte.

Davon zu unterscheiden wären allgemeine Redefloskeln, die nicht den persönlichen Stempel ihrers Erfinders tragen. Solche allgemeinen Redensarten wurden vornehmlich in Form von Schuletüden trainiert, die im nächsten Kapitel besprochen werden. Es muß jedoch zugestanden werden, daß allgemeine Redensarten vielfach auch in Virtuosenetüden anzutreffen sind. Ehemals vielleicht neue, für einen bestimmten Virtuosen spezifische Redewendungen wurden mit der Zeit, wenn sie Erfolg hatten, zur allgemeinen Konvention, zu bloßen Floskeln.

Von R. Schumann beispielsweise wird mehrfach hervorgehoben, daß das Etüdenspiel unter anderem dazu diente, musikalische Redewendungen zu automatisieren. In seiner Kritik an Bertinis «25 Caprices ou etudes» op. 94 steht zu lesen: «*So ist denn in diesen Etuden ziemlich Alles nur aufgewärmt, coquett studirt, – Lächeln, Seufzen, Kraft, Ohnmacht, Anmuth, Arroganz. Wir leben des Trostes, daß sich solcher Flitter nie lange in der Welt halten kann, und fallen weiter nicht darüber her; – aus gewissen Gründen empfehlen wir sogar denen, die sich in der großen Welt nicht zu benehmen wissen und doch in ihr leben wollen und leben müssen, diese Etuden als vorzüglich, da allgemeine Redensarten kaum mit mehr Eleganz und scheinbarer Tiefe ausgesprochen werden, als Bertini versteht . . .*» (Schumann 1871 I, 204).

Auch Schumanns Kritik der Etüden op. 40 von W. Taubert ist in dieser Hinsicht aufschlußreich: «*So schlagend, daß man geradezu auf den Componisten schwören könnte, ist zwar keine (der Etüden); aber er hat schon bekannte Gestalten und Zustände in interessanter besonderer Weise nachgeschaffen, und dies genügt schon in einer Zeit, wo sich die Wenigsten kaum über die gewöhnlichsten Formeln und Redensarten zu erheben vermögen»* (Schumann 1871 II, 66).

Schumann diagnostizierte die neue Entwicklung, wie ich meine, sehr richtig. Die Abkehr von der Übung individueller musiksprachlicher Redemuster und Hinwendung zum Training allgemeiner musikalischer Redensarten ist als Sinnverlust zu werten. Wer in Formeln spricht, wird zwar nach wie vor verstanden, doch verflüchtigt sich der persönliche Sinn der Mitteilung zunehmend. Trotzdem ist auch hier, wie man aus Schumanns Kritik der Etüden von Taubert ersehen kann, eine differenzierte Wertung angebracht. Das kunstvolle Verknüpfen von Redensarten kann bisweilen zumindest ein einfaches Kunstwerk ergeben.

Das Spiel von Etüden, die nur das flüssige Reproduzieren von musikalischen Redensarten trainierten, hatte daher ambivalente Folgen. Einerseits setzte es den Musiksprechenden in die Lage, flüssig und galant zu musizieren, aber andererseits übte es ihn auch im sinnentleerten «Schwätzen» von Redensarten. So gesehen war das Etüdenspiel, genauso wie die mechanische Fingerübung und das sinnentleerte Sätzchenspiel, eine der Ursachen, welche die Auflösung des muttersprachlichen Umgangs mit Musik bewirkten.

Das Spiel mit dem musikalischen Zeichen

In den vorangegangenen Kapiteln wurde die Analogie von Musik und Sprache betont. Die beiden Kommunikationsformen unterscheiden sich jedoch auch in wichtigen Punkten. So ist in der Sprache die Zuordnung zwischen Zeichen und Bezeichnetem relativ eindeutig. Die Semantik von sprachlichen Zeichen ist durch Konvention weitgehend festgelegt. Wird das sprachliche Zeichen selbst über eine gewisse Grenze hinaus variiert, wird Sprache unverständlich. Die Abwandlung des sprachlichen Zeichens «Haus» könnte etwa so aussehen: Haus, Hus, His, Has. His und Has werden nicht mehr als Haus verstanden. In der Musik ist das Verhältnis Zeichen – Bezeichnetes ein anderes: Die Verbindung zwischen Signifikant und Signifikat ist nicht so strikt festgelegt wie in der Sprache; die Bedeutung des musikalischen Zeichens trägt immer ein Moment der Unschärfe und Labilität. Es hat keine klar eingrenzbare Bedeutung, sondern allenfalls ein Bedeutungsfeld. Außerdem lebt Musik sogar wesentlich davon, daß musikalische Zeichen variiert werden. Die Spielerei mit dem Zeichen bringt ständig neue Gebilde hervor, die zunächst noch nicht unbedingt Bedeutung haben. Dieses Moment ist ein Wesensmerkmal von Musik. In der Musiksprache ist daher Kreativität auf der Ebene der Modulation des Zeichens ebenso erwünscht wie auf der Ebene der Bedeutungszuweisung. Beide Formen kommunikativer Kreativität sind der Sprache weitgehend abhanden gekommen.

Für uns sind diese Unterschiede zwischen Sprache und Musik wichtig, weil das Etüdenspiel der Virtuosen genau jenes Terrain war, auf dem die der Musik eigentümliche Variabilität im Umgang mit dem Signifikanten erprobt wurde. Spielregeln und -varianten gab es zuhauf; sie sind seit Bach im wesentlichen die gleichen geblieben: Transposition, Vergrößerung, Verklei-

nerung, Umkehrung, Spiegelung, Polyphonie, Metrik und Dynamik. Aus diesen
Regelspielen ergaben sich neue Zeichen
mit neuen, differenzierteren Bedeutungen,
die jedoch alle noch zu dem ursprünglichen Zeichen, der Inventio, in Beziehung
standen. Durch das Etüdenspiel wurde
gleichsam das «Wörterbuch der Musiksprache» erweitert. Der Spielraum war
festgelegt durch den Sinnbezug Inventio
– Variation. Wenn dieser Bezug nicht mehr
gewährleistet war, war der Spielraum überschritten und der Diskurs des Regelspiels
gesprengt. Freilich hinderte diese Regel
die Virtuosen ähnlich wie schon im ausgehenden 18. Jahrhundert überhaupt nicht
daran, den gesetzten Spielraum durch vor-
sichtige, manchmal sogar durch gewagte
Übertretungen Schritt für Schritt zu erweitern. Die Etüdenkomponisten des 19. Jahrhunderts führten daher konsequent die Tradition Scarlattis, Mozarts und Haydns
weiter, die sich, wie wir im 1. Kapitel
sahen, beim Improvisieren und Komponieren oft über bestehende Handwerksregeln
jeglicher Art, der Formbildung, Harmonik,
Melodiebildung, Stimmführung usw., hin-
wegsetzten und gerade in diesen Spielen
ihre Genialität entfalteten.

Aus folgender Rezension der «25 Caprices études pour le Pianoforte op. 94» von
H. Bertini kann man ersehen, daß die Virtuosen oft versuchten, die Spielregeln zu
übertreten: *«Die Studien sind wahrhaft
piquant und mit der nöthigen Portion
Eigensinn ausgestattet, um ihren Titel zu
rechtfertigen. Dieser Eigensinn jedoch ist
keineswegs einem Eigensinne der Ungezo-
genheit zu vergleichen, sondern der heiter-
sten Laune, die mit guter Lebensart sich
gar wohl verträgt. Wie man sogar manche
Capricen an liebenswürdigen Frauen
selbst angenehm findet und sie nicht mis-
sen mag, während andere Wunderlichkei-
ten, zumal solche, die dem Dünkel ent-
spriessen»* (AmZ 1836, 349, 350). Wer
beim Spiel von Bertinis op. 94 das Ver-
gleichsbild einer liebenswürdigen, aber
kapriziösen Frau vor Augen hat, kann mit

Sicherheit den Affektausdruck der Stücke
nicht verfehlen.

Die Etüdenkultur wurde in der Zeit zwischen 1830 und 1850 oft mit einem «Spiel-
platztreiben» (Marx 1855, 401) vergli-
chen, ein recht treffendes Bild. In der Tat
nämlich weist das Etüdenspiel der Virtuosen in gleicher Weise wie das Passagen-
und das Sätzchenspiel eine große Ähnlichkeit zu Spielen auf, wie sie bei Kindern
im Vorschulalter hundertfach anzutreffen
sind: Spiele, die von der Freude an der
Schwierigkeitssteigerung und an der Re-
gelverletzung, von Bewegungslust und
Experimentierhunger getrieben werden
und im Übermut oft bis zur Albernheit
oder Verrücktheit ausarten. Genies konnten die großen Meister des Klaviers wahrscheinlich deshalb werden, weil sie ihre
Sandkastenspiele auf dem Klavier bis ins
Erwachsenenalter weiterbetrieben und
sich auf diese Weise ihre Kreativität erhalten haben (Gellrich 1993a). Übrigens wird
auch von anderer Seite bestätigt, daß das
Spiel ein zentrales Charakteristikum der
Kunst des Instrumentalspiels war. H. G.
Nägeli entwarf sogar eine Musikästhetik
des Spiels (Nägeli 1826/1980).

Obwohl der Vergleich zwischen dem
Kinderspielplatz und der Etüdenkultur
durchaus seine Berechtigung hat, ist eine
differenzierte Sicht angebracht. Es gibt
Etüden, die ein kreatives Variationsspiel
entfalten, Bachs Inventionen, Cramers,
Chopins und Liszts Etüden z. B., und es
gibt Etüden, bei denen die musikalische
Inventio weitgehend unverändert wiederholt wird. Czerny, Schmitt und Köhler
haben Unmengen davon produziert. Es ist
evident, daß eine wesentliche kreative
Dimension verschenkt wird, wenn das
musikalische Zeichen in seiner Struktur
nicht abgewandelt, sondern stereotyp repetiert wird. Zudem ist das Üben von Etüden,
die variantenreicher gestaltet sind, selbstverständlich wesentlich anregender als das
Spiel von eintönigen Czerny-Etüden, bei
denen ein und dieselbe Figur seitenweise
wiederholt wird. Bei ersteren wird die

sprachliche Ausdrucksdifferenzierung und -variabilität gefördert, bei letzteren gedankenloses Plappern hohler Redensarten.

Aufgrund der aufgezeigten Zusammenhänge ist auch verständlich, warum die in jener Zeit verfaßten Virtuosenetüden den Vortragsstücken teilweise sehr nahe standen. Wie gering der Schritt von der Etüde zum lyrischen Charakterstück war, zeigt beispielsweise ein Vergleich zwischen Mendelsohns «Liedern ohne Worte» und einer der oben angesprochenen Charakteretüdensammlungen. Kahl, der den MGG-Artikel «Etüde» verfaßt hat, vertritt zu Recht die Meinung, daß die «Lieder ohne Worte» eigentlich Etüden seien (Kahl, 1960, 1612).

Der Rezensent in der AmZ sieht diesen Prozeß eher negativ: *«Allein das Wesen der Etude hat sich verändert, die Etude ist nach allen Seiten hin ausgeartet; mit der Benennung ‹Etude› nimmt man es nicht mehr genau, die Mechanik hat solche Fortschritte gemacht, dass gewisse Figuren, Arpeggios und gebrochne Accorde, die sonst schwierig genannt, nur Etuden zugewiesen waren, jetzt in Nocturnes usw. vorkommen und für keine Schwierigkeiten mehr geachtet werden. Oft spielt die Etude in's Capriccio, dem sie allerdings am nächsten verwandt ist, über und für gewisse Arten Etuden hat man ganz neue Namen in der musikalischen Welt erfunden»* (AmZ 1843, 129).

Die eigentliche Hochkonjunktur der Virtuosenetüde währte nur etwa zwanzig Jahre lang. Liszts Etüden aus den Jahren 1851 und 1852 signalisieren den vorläufigen Endpunkt der kurzen, aber stürmischen Entwicklung. Ganze drei Jahrzehnte

dauerte es, bis die technischen und klanglichen Möglichkeiten des Klaviers im Rahmen der Dur-Moll-Tonalität weitgehend erforscht waren. Die Etüde spielte in diesem Entdeckungsprozeß die wohl entscheidende Rolle.

Ergänzend muß noch hinzugefügt werden, daß auch in der zweiten Hälfte des 19. Jahrhunderts noch zahlreiche Virtuosenetüden geschrieben wurden. Das Etüdenspiel blieb das Experimentierfeld für all jene Pianisten, die noch selbst komponierten. Es wurde insbesondere in der französischen Pianistentradition (Alkan, Moszkowsky, Saint-Saëns, Debussy) und der russischen (Rubinstein, Rachmaninow, Skrjabin, Prokofjew) weiterentwickelt. Bisweilen knüpften einige Virtuosen ganz nach handwerklicher Gepflogenheit unmittelbar an die Experimentierspiele ihrer Vorgänger an und führten diese weiter. Beispielsweise baute Busoni die «Etüden» Bachs zu Virtuosenetüden aus (siehe Kap. 12) und Brahms und Godowsky zeigten in ihren «Studien», daß sich die Schwierigkeit der Etüden Chopins noch beträchtlich steigern ließ, indem sie bildlich ausgedrückt die doppelten Saltos durch dreifache Saltos mit eineinhalbfacher Schraube ersetzten.

Vereinzelt erfanden auch noch im 20. Jahrhundert Pianisten eigene Etüden, so z. B. A. Schnabel, der seinen Schülern ganz nach alter Manier riet, aus schwierigen Passagen eigene Etüden zu bilden (Wolf 1987, 202). Bei diesen Andeutungen möchte ich es belassen. Die Geschichte der Virtuosenetüde in der zweiten Jahrhunderthälfte wird in diesem Buch nicht behandelt.

112

9. Kapitel
«Etüden übe spät und früh'»

Etüden übe spät und früh',
Scheu' nicht die Arbeit, nicht die Müh'.
Den Czerny musst Du auswendig wissen,
Bertini und Cramer lass' nicht Dich
*   verdriessen;*
Dann kommst Du zu dieser Aller Summ': –
Clementi's «Gradus ad Parnassum».
Das ist ein Werk, wer das spielen kann,
Der ist fürwahr ein ganzer Mann!
Doch nicht Vieles übe – übe nur viel,
Das Viele verwirrt und macht confuse –
Beschränkung verlangt der Tonkunst
*   Muse.*
(Der Klavier-Lehrer 1884, 116)

Seit Anfang der 30er Jahre begann man sorgfältiger zu unterscheiden zwischen Etüden, die für den Konzertsaal und solchen, die für das Studierzimmer gedacht waren. Für den Virtuosen war das Etüdenspiel das Experimentierfeld, auf dem er neue Spieltechniken und Affektwirkungen ausprobierte; der Dilettant sollte sich dagegen durch das Spiel von Etüden nach und nach diejenigen technischen Fertigkeiten aneignen, die zu beherrschen zum Interpretieren von Kunstwerken notwendige Voraussetzung waren.

Lichtenthal beispielsweise versteht unter Etüde überhaupt nur die pädagogische Etüde. In dem Artikel «Studio» in seinem «Dictionaire de Musique» sagt er: *«Die Etüden sind nur zur Arbeit im Studierzimmer bestimmt und um den Schüler mit allen Arten von Schwierigkeiten vertraut zu machen, die ihm im folgenden in den Sonaten und Konzerten berühmter Meister begegnen. Man schreibt ihnen nichts Angenehmes für die Ohren zu»* (Lichtenthal 1839 II, 315).

Auch G. Schillings Definition bezieht sich ausschließlich auf die Schuletüde: *«Es sind»*, schreibt Schilling, *«diese Art Tonstücke gleichsam die Buchstabirtafeln für die schöne Kunst des Clavierspiels, und wir müssen sie daher in einer völlig stufenweisen Folge aller der Schwierigkeiten besitzen und üben, welche diese Kunst in mechanischer Hinsicht darzubieten vermag, auf den letzten Graden dann mehr oder weniger auch eine gewisse innere künstlerische Belebung in sich aufnehmend ... Etuden oder Exercitien, welche bei dieser Schulung bloß eine gewisse in sich abgeschlossene Richtung jenes Mechanismus verfolgen, pflegen wohl ausdrücklich mit dem Namen c h a r a k - t e r i s t i s c h e Etuden bezeichnet zu seyn»* (Schilling 1843, 295). Im Unterschied zur Virtuosenetüde, bei der die Übung des musikalischen Affektausdrucks und die der Technik immer als Einheit verstanden wurden, nimmt die pädagogische Etüde eine «künstlerische Belebung» erst «auf den letzten Graden» in sich auf. Der musikalische Sinn hat sich außerdem zur bloßen «Ahnung» verflüchtigt. Das Attribut «charakteristisch», ursprünglich ein Wesensmerkmal des musikalisch ausgedrückten Affekts, ist von Schilling zu einer Eigenschaft der Mechanik uminterpretiert worden. Eine Etüde durfte bereits charakteristisch genannt werden, wenn sie «eine gewisse in sich abgeschlossene Richtung» des Mechanismus verfolgte. Auch der von Schilling gewählte Vergleich zwischen Etüden und Buchstabiertafeln ist bezeichnend. Nach seiner Ansicht geht es beim Etüdenspiel nicht darum, das flüssige Musiksprechen zu lernen, sondern darum, abstrakte Buchstabierübungen zu absolvieren.

Czerny glaubte noch, daß es notwendig und möglich sei, alle Silben der Musiksprache in Etüden zu verpacken. Andere, Schilling z. B., waren da anderer Ansicht. Er stellte folgende einfache Rechnung an: *«Bedenkt man z. B. nur, daß die 12 Töne in einer Octave an sich schon 479 001 600 verschiedene Zusammenstellungen oder Verwechselungen zulassen, und rechnet man hierzu noch die verschiedenen Notengattungen, Pausen, Tonlagen, Tactarten, den unendlichen Reichthum rhythmischer Combinationen, Punctirungen, Vorschläge, Synkopiien usw. sowohl einzeln für sich als in ihren hundertfältigen Zusammenstellungen. So erscheint das ganze Gebiet, in welches die Etuden eingreifen sollen, so unerschöpflich, daß es ein thörichtes Vermessen wäre, auch mit dem stärksten Convolut solcher technischen Uebungen es umfassen zu wollen»* (Schilling 1835—1842 II, 630).

Im Laufe der 40er Jahre setzte sich Schillings Meinung gegenüber der Czernys durch. Die Ansicht, daß jede musikalische Wendung in einer Etüde vorgeübt werden müsse, gehörte jetzt der Vergangenheit an. Das Etüdenspiel hatte nunmehr den Gesetzen der Ökonomie und Systematik zu gehorchen. Daher heißt es in Schillings obiger Aussage, so als wäre es selbstverständlich, daß das Etüdenspiel systematisch geordnet und geplant sein solle, stufenweise vom Leichten zum Schweren fortschreitend. Bereits in den 40er Jahren erschien kaum eine Sammlung von Schuletüden mehr, die nicht schon im Titel die Worte «progressiv fortschreitend», «vollständig» oder «systematisch» enthielt. Die Rationalisierungswelle hatte inzwischen auch das Etüdenspiel erfaßt. Allerdings muß einschränkend angemerkt werden, daß die Rationalisierungsbestrebungen lediglich die Schuletüden und nicht etwa das Etüdenspiel des Virtuosen betrafen.

Etüden selbst erfinden

K. B. von Miltitz besiegelte die Spaltung zwischen Virtuosen- und Dilettantenetüde per definitionem: In seinem 1841 in der AmZ erschienenen Artikel «Exercice und Etüde» bestimmt er kurz und bündig die Etüde als ein Übungsstück mit musikalischem Ausdruck und das Exercice als ein Übungsstück ohne musikalischem Ausdruck. Zu letzterem bemerkt er: *«Ganz Anderes und Niedrigeres bezweckt das Exercice. Hier ist, nach der Mehrzahl derselben viel zu urtheilen, der Geist Nebensache, Erwerbung technischer Fertigkeit – und auch dies eben nur für die gewählte Figur – die Hauptsache. Da sie meist nur e i n e r Hand Beschäftigung geben und die dazu gesetzten Bässe in der Regel äußerst dürftig sind, so könnten sie, wenn dies das Aermliche des Ganzen nicht auch* im Aeusserlichen noch vermehrte, gar wohl auf eine Zeile geschrieben sein. Die trivialste Figur, wenn sie nur schwierig ist, kann ein paar Seiten hingeschleppt, eine Exercice abgeben, kann nützlich aber nie künstlerisch schön sein, und daher sollte in's Himmels Namen vom Pianofortelehrer dem Zögling aufgeschrieben, aber nicht dem Publikum in dicken, an sich werthlosen Sammlungen für schweres Geld dargeboten werden. Es gehört nicht die geringste Erfindergabe dazu, um Sätze wie etwa dieser:

auszudenken, und nur die allernothdürftigste harmonische Kenntniss, um einen erträglichen Bass dazu finden . . . Für das Pianoforte und Harfe . . . sollten blos tüchtige Charaktersätze, so schwierig man sie* *übrigens herauszubringen vermag, aber keinesweges jener Wust nichts wollender und nichts bedeutender Fingerübungen gestochen werden»* (Miltitz 1841, 210).

Mit der Schuletüde verhält es sich ähnlich wie mit der Passagenübung. Das Selbstherausfinden einer Tonfigur samt einer einfachen Begleitung und das Entdecken einer mehr oder minder komplizierten harmonischen Durchführung bereitet Spaß und regt den Erfindungstrieb an. Um so langweiliger ist das Reproduzieren weitgehend gefühlloser Fingerübungen nach Noten. Miltitz kritisierte zu Recht den Unfug, solche Exercicien drucken zu lassen. Leider blieben Miltitz' warnende Worte ohne Wirkung. Die Klavierschüler wurden in der Folgezeit mit Bergen von «wertlosen Tonspielzeugen» überhäuft, die sie geduldig Stück für Stück zu absolvieren hatten.

Dabei ist Czerny, dem wohl bedeutensten Komponisten von Schuletüden, selbst gar nicht unbedingt ein Vorwurf zu machen. Er legte nämlich in seinem eigenen Unterricht großen Wert darauf, daß jeder Schüler lernte, selbst Etüden zu erfinden. Er verband das Etüdenerfinden mit der Übung des Generalbasses. In den Unterrichtsbriefen Nr. 7–9 zeigt er Cäcilie, wie man harmonische Schemata durch verschiedenartigste Akkordbrechungen und Passagen ausschmücken kann (Czerny Unterrichtsbriefe, 52 ff.). Aufschlußreich ist in dieser Hinsicht auch Czernys Lehrbuch «Studien zur praktischen Kenntniss aller Accorde des Generalbasses ... sowohl in festen Accorden als bewegten Fingerübungen op. 838». Das Buch enthält im ersten Teil eine Reihe von damals gängigen Akkordfolgen, in denen jeweils ein Akkordtypus oder ein Intervall vorherrscht. Daran schließen sich einige Etüden an, in denen diese Akkordfolgen mit virtuosen Passagen ausgeziert sind.

«Lied ohne Worte mit Trillerbegleitung»

Der uns bereits bekannte Aloys Schmitt hatte einen fünfzehn Jahre jüngeren Bruder, Jakob mit Namen, den er im Klavierspiel unterrichtete. Der jüngere Bruder trat in die Fußstapfen des älteren, wurde ein fleißiger Klavierlehrer und ein noch fleißigerer Etüdenkomponist. R. Schumann stellte 1836 treffend fest: *«Herr Jacques Schmitt komponiert sozusagen in die Millionen»* (Schumann 1942, 316). Während Aloys Schmitt noch zur ersten Generation von Etüdenkomponisten gehörte, ist sein Bruder Jakob eher der zweiten zuzurechnen. Aloys schrieb den Etüden von Clementi verwandte, musikalisch sinnvolle Übungsstücke, Jakob dagegen hohle Salonetüden.

J. Schmitt gab im Jahr 1844 eine mehrbändige Klavierschule heraus, in der unzählige Etüden aneinandergereiht sind. Der zweite Band dieser Klavierschule besteht z. B. aus zwei Heften nebst «Supplement», die jeweils circa 80 Etüden enthalten. Der Schüler, der sich durch die Etüdenschule durchgearbeitet hat, wird am Ende mit einigen «Conzertetüden» (Op. 330) belohnt.

Ein Beispiel: Der erste Kursus des «Zweiten Lehrmeisters für geübte Pianisten, op. 301» ist anscheinend dazu bestimmt, den Schüler zu einem gewandten Trillerspieler heranzubilden, als wenn Schmitt geahnt hätte, daß der Triller in den Folgejahren «in der neuesten Technik aller Gesangsstimmen und Instrumente eine so bewunderte Rolle» spielen würde, wie es ein gewisser Dr. Schneider einige Jahre später feststellen wird (Schneider 1874). Schmitts Schüler gehörten sicherlich zu den Bewunderten. Der Schüler wird spätestens nach der siebten Etüde des ersten Kursus bemerkt haben, daß er in jeder zweiten Etüde Trillerübungen zu absolvieren hat. Alle ungeraden Nummern des Lehrbuches, also die Nr. 1, 3, 5, 7, 9, 11 ... sind der Ausbildung der Trillerfertigkeit gewidmet. Die Abfolge der Etüden ist methodisch wohl durchdacht. Der Trillerlehrgang beginnt mit einfachen Vorübungen und endet bei schwierigen Terzentrillern.

Im zweiten Kursus des «Zweiten Lehrmeisters» bleibt der Schüler von Trilleretü-

den weitgehend verschont, es findet sich hier nur eine. Dafür darf der Schüler seine neu erworbene Trillerfertigkeit sogar an einem Charakterstück erproben. Die nachfolgend abgedruckte Etüde trägt die poetische Überschrift «Lied ohne Worte mit Trillerbegleitung». Wenn dem Liedchen, genervt von der störenden Trillerei, neben den Worten auch Gefühl und Töne vergehen, niemand kann es ihm verdenken!

(J. Schmitt 1845, 29)

Der Vollständigkeit halber muß noch erwähnt werden, daß der Schüler von J. Schmitt, dank langjähriger Trillerübung, am Ende des Kursus in der Lage war, mit der «großen Concerttrilleretüde» von J. Schmitt seine erworbene Fertigkeit der Öffentlichkeit zur Schau zu stellen: ein «fesselnder Thriller».

J. Schmitt war nicht der einzige, der das Trillern liebte. Unter den dreißig Etüdensammlungen von K. H. Döring findet sich eine Opusnummer mit zwanzig Trilleretüden (op. 30). Auch Anton Krause schrieb «Etüden zur Ausbildung des Trillers» (op. 2), desgleichen A. Loeschhorn («14 Triller-

etüden» op. 165), Ch. Mayer (op. 190 und op. 214), A. Ruthardt (zwei Hefte op. 41), A. D. B. Wolff (op. 141), F. Baumfelder («22 Trilleretüden» op. 241), sowie A. Biehl («leichte Trilleretüden» op. 152), usw., usw. Wenn man davon ausgeht, daß außer diesen genannten Etüdensammlungen, die ausdrücklich mit dem Titel «Trillerübung» versehen sind, fast jede Etüdensammlung einige Spezialtrilleretüden enthielt, und daß der Triller nur eines von vielen technischen Problemen war, für die Etüden komponiert wurden, so kann man in etwa das Ausmaß der Etüdenschwemme erahnen.

«Glatte Läufertechnik»

Etwa um die Jahrhundertmitte war die Schuletüde endlich von allen störenden musikalischen Zusätzen befreit. Sie war damit zu ihrer eigentlichen Bestimmung gekommen und diente nun einzig und allein der Ausbildung der Spieltechnik. Köhler beispielsweise bemerkt: *«Zu den ‹Etuden› gehören alle in bestimmte Kunstformen gesetzte Fertigkeitsübungen, deren Inhalt gar nicht oder nur nebenbei auf eine sinnliche oder geistige Ergötzung zielt, sondern hauptsächlich die Tendenz hat: die Technik herauszubilden oder sie auch zugleich zur Schau zu stellen. So unterscheiden sich einfache technische Nutz- oder Uebungsetuden, ideellere Kunst-Etu-den Kund Bravour-Etuden als technisch brillante Schaustücke»* (Köhler 1860, 34).

L. Köhler selbst verfaßte eine ganze Reihe von einfachen, technischen Nutzetüden, so etwa die «Geläufigkeitspassagen nebst Fingerübungen ohne Oktavengriffe in stufenweiser Folge zu baldiger Erlernung einer glatten Läufertechnik op. 256». Köhler schreibt dazu: *«Die Etüden sollen dem Schüler bereits auf früher Stufe in möglichst kurzer Zeit und ohne sonderliche Mühe zu einer glatten Läufertechnik bringen ... Jeder Theil ist etwa sechs bis zehn Mal ununterbrochen nacheinander zu spielen».* Ein Beispiel:

(Köhler op. 256, 16)

Auffällig ist, daß bei diesen Etüden jegliche Charakterbezeichnungen fehlen und außerdem kaum Angaben über Dynamik und Artikulation zu finden sind. Wenn man sie notengetreu reproduziert, was Köhler durchaus verlangte, wird allenfalls musiklose «glatte Läufertechnik» trainiert. Riemanns Kommentar zu Köhlers op. 256 lautet: *«Auch Köhler's op. 256 ist gedanklich ziemlich arm und daher zu entbehren»* (Riemann 1883/1912, 122).

Es stellt sich die Frage, warum solche nervtötenden Etüden überhaupt komponiert wurden, wenn es doch bereits zahlreiche interessantere gab. Es ist einfach Fact, daß trotz der Vielzahl bereits vorhandener Etüden das Etüdenschreiben ganz und gar nicht eingestellt wurde. Dafür gab es zwei Gründe. Erstens waren die früher geschriebenen Etüden allesamt zu musikalisch. Und zweitens entdeckten die Pädagogen unablässig Lücken in der Systematik der technischen Ausbildung. Ein erfolgreicher Lückenmacher war z. B. B. Duvernoy. Der Rezensent seiner «Ecole du Méchanisme» bemerkt: *«Auch Herr Duvernoy ist, wenn wir nicht irren, ein bewährter Clavierlehrer. Solche erfahrenen Männer erkennen am allerbesten die Lücken, welche sich für den Unterricht in einzelnen Genre's zeigen, und sorgen für Ausfüllung dieser Lücken, nicht mehr gebend als dazu nötig ist»* (AmZ 1843, 595).

Für die neuen Etüden hatte man schnell ein neues Attribut gefunden: «instruktiv». Dieses Wort wurde bald so beliebt, daß man von «instruktiven Vortragsstücken» und sogar von «instruktiven Komponisten» sprach. *«Es giebt»*, so schreibt L. Köhler, *«instruktive Komponisten, welche in ihren Uebungswerken die Schwächen des Schülers schonen, um sich beliebt zu machen»* (Breslaur 1896, 434).

Die Schule von Lebert und Stark ist wohl das populärste Beispiel für die «Etüdisierung» des Klavierunterrichts. Sie enthält eine Unzahl musikalisch wertloser, aber dafür technisch äußerst instruktiver Etüden. Ruthardt hat recht, wenn er behauptet, daß die in dieser Schule *«enthaltenen Übungsstücke und Etüden an Trockenheit alle ähnlichen Werke überbieten»* (Eschmann 1905, VI). Das Musizieren wird von Lebert und Stark, wo immer möglich, verboten. Sogar noch im dritten Teil der Schule wird der unter § 55 abgehandelte Etüdenlernstoff mit der Überschrift eingeleitet: *«Das Üben mit Pedal sei strengstens u n t e r s a g t »* (Lebert & Stark 1858 III, 44). Der gleiche Grundsatz wurde auch von anderen Pädagogen, z. B. von H. Caspar vertreten. *«Der Anfänger sollte natürlich daran gewöhnt werden, das Pedal wie die Sünde zu meiden, vor allem beim Einüben; und auch der weiter fortgeschrittene darf sich nicht von der Vorstellung emanzipieren, daß mit dem Pedalgebrauch Gefahren verbunden sind»* (Caspar 1914, 140). Dabei hatte doch A. Rubinstein, den damals alle großen und kleinen Pianisten als Vorbild verehrten, das Pedal als die Seele des Klavierspiels (siehe Sahling 1976, 49, 109) bezeichnet.

Lebert und Stark traten mit dem Anspruch auf, der dummen, geist- und musiktötenden Klavierüberei der 40er Jahre ein Ende zu bereiten. Zur wahren Kunst wollten sie den Schüler stattdessen geleiten. Leider nur war das pädagogische Konzept, das sie dagegensetzten, um keinen Deut besser als das, welches sie kritisierten. Lebert und Stark fütterten den Schüler über Jahre hinweg mit zähen und faden Fingerübungen, geschmacklosen, mechanischen Etüden und trockenen «instruktiven» Musikstücken, alle fein säuberlich und systematisch nach einem strengen Plan geordnet. Gerühmt wurde die Schule allerorts wegen ihrer wissenschaftlichen Fundierung, ihrer Systematik und Logik, doch kaum einer bemerkte, daß Musik und Kreativität vor lauter Systematik verlorengegangen waren. Brahms war übrigens einer der wenigen, der die Schule von Lebert und Stark heftig kritisierte (siehe Augustini 1986, 234).

Systematisches Etüdenstudium

Hugo Riemann war Zeit seines Lebens ein leidenschaftlicher Etüdenliebhaber. Das kann man schon daran erkennen, daß er eine ganze Reihe Etüdenwerke für Klavier komponierte (Riemann op. 50, op. 55, op. 56). Außerdem ist der bei weitem größte Abschnitt in seiner «Vergleichenden theoretisch-praktischen Klavierschule» dem Etüdenspiel gewidmet. Auf etwa siebzig Seiten gibt Riemann genaueste Anweisungen über Auswahl, Abfolge und inhaltliche Verwendung von Etüden im Klavierunterricht. Er leitet das Kapitel über das Etüdenspiel mit folgenden Worten ein: *«An Etüden für die erste Stufe ist kein Mangel, an guten aber nichts weniger als Überfluss. Halten wir strenger, als das vor fünfzig Jahren zu geschehen pflegte, Etüden und Stücke auseinander, d. h. behalten wir bei den Etüden stets den rein technischen Zweck im Auge, so suchen wir Etüden, welche vor allem geeignet sind, die Geläufigkeit zu entwickeln, indem sie wenige technische Motive nach verschiedenen Seiten hin durchführen»* (Riemann 1883/ 1912, 121). Riemann vertrat mithin die Ansicht, daß das Etüdenspiel der technischen Ausbildung dienen sollte. Er wußte aber sehr wohl, daß die Etüdenübung früher einmal eine musikalische Funktion hatte. Die eindeutige Zuordnung der Etüde zum Bereich des Technischen wurde von ihm also mit vollster Absicht vorgenommen.

Nach Riemanns Ansicht mußten Etüden streng systematisch erarbeitet werden. *«Etüden sind in kleinere Bruchstücke zu zerlegen ..., diese konsequent zu üben, erst jede Hand einzeln, dann beide zusammen, erst langsam, dann schneller, bis keine Note mehr fehlt; wird dann zum zweiten Bruchstück weitergegangen, so ist dies erst gleichermaßen vorzubereiten, dann aber im Zusammenhange mit dem ersteren zu üben, bis auch dies größere Stück ohne Stocken durchgeführt wird; dann das dritte zunächst allein und dann im Zusammenhange mit den beiden ersten*

geübt usw. bis zu Ende» (Riemann 1905, 67). Bemerkenswert, daß trotz aller Übesystematik das alte Übeprinzip ‹Versuch-Irrtum› noch nicht ganz verlorengegangen war. Das Bruchstück sollte solange wiederholt werden, bis kein Ton mehr fehlte und bis es ohne Stocken durchgespielt werden konnte. Das heißt: Riemann hatte nichts dagegen, wenn der Schüler bei den ersten Übedurchgängen stockte und Töne wegließ.

Nach Riemanns Auffassung war das Etüdenspiel unverzichtbarer Bestandteil des täglichen Übens: *«Das Interesse muss zu gleichen Theilen auf die Gebiete Technik, Etüden und Stücke verteilt werden; hat der Schüler nur sein Stück ordentlich geübt, aber Technik und Etüden vernachlässigt, so darf er für die folgende Stunde kein neues Stück aufbekommen, sondern muss das vormalige Etüdenpensum nachholen und ein neues dazu studieren»* (Riemann 1883/1912, 95). Man sieht also, daß die Schüler bereits damals schon nur mit einigem Widerwillen Etüden und Fingerübungen absolviert haben. Aber in diesem Punkt kannte Riemann kein Pardon. Etüden und Fingerübungen mußten exerziert werden, nötigenfalls unter Zwang. Solche Worte aus dem Munde Riemanns mögen vielleicht verwundern, aber er sprach damit nur aus, was zu jener Zeit allgemeiner Konsens war. Die lückenlose und systematische Ausbildung von Klavierspielern erforderte eine strenge Methode.

Eschmanns und Ruthardts Versuch, das Etüdenunwesen in vierundvierzig Kategorien einzusperren

Eschmann und Ruthardt haben in mühevoller Kleinarbeit das weitergeführt, was Schumann und Riemann begonnen hatten, nämlich den Versuch, das Etüdenunwesen

des 19. Jahrhunderts zu bändigen und in ein festes Kategoriensystem einzusperren (Schumann 1871 I, 215 ff.; Riemann 1883/ 1912, 121 ff.; Eschmann 1905). Obwohl sie jede der von ihnen festgesetzten vierundvierzig Kategorien, die nach spieltechnischen Gesichtspunkten angeordnet sind, durchschnittlich mit ca. hundert Etüden füllten, hätten sich dennoch die meisten Etüdenschreiber zurecht darüber beschweren können, daß viele ihre Etüden nicht berücksichtigt wurden.

Eschmann und Ruthardts Etüdenregister ist ein gutes Beispiel für die damalige Instrumentalpädagogik. Getreu nach dem Grundsatz *«Der Pädagoge sei wie ein Müller – er zerlege den Stoff in seine kleinsten Teile»* (Der Klavier-Lehrer 1884, 214), versuchten Musikpädagogen, wo immer möglich, den Lernstoff zu Mehl zu zermahlen und in dickleibigen Schulbüchern systematisch auszustreuen.

Die hier behandelten Etüdenschulen von J. Schmitt, H. Schmitt und L. Köhler waren bei weitem nicht die einzigen, mit denen der klavierspielende Dilettant in der zweiten Hälfte des 19. Jahrhunderts überhäuft wurde. O. Thümer schrieb eine Etüdenschule mit immerhin vierundzwanzig Heften nebst zwei Heften Vorstufe, M. Bisping übertraf ihn noch, indem er eine Klavierschule mit sechsunddreißig Heften verfaßte. Dagegen nehmen sich die Etüdenschulen von K. Schütze und H. Mohr

mit sieben Heften, von C. T. Brunner mit sechs Heften, die von A. Sponer mit acht Heften, die von E. Krause mit hundert Studien in vier Teilen, sowie die von A. Löschhorn mit drei bzw. fünf Heften (op. 65–67; op. 192–196), die von H. Schmitt mit vierzehn Heften (op. 40) und die von K. Kühner mit zwölf Heften vergleichsweise bescheiden aus. Alle diese Schulen enthalten fast ausschließlich musikalisch ausdrucksarme Schuletüden.

Zumeist handelt es sich bei diesen Etüdenschulen um Zusammenstellungen aus Etüdenwerken verschiedener Meister. Die Tat der Herausgeber beschränkte sich weitgehend auf das Finden von klangvollen Überschriften. Löschhorn beispielsweise versah die trockenen Etüden Czernys und Köhlers mit Titeln wie «Wachparade», «Perlenschnur», «Kniewelle am Reck», «Am Trapez», «Pfadfinder» usw. Die vielbändigen Etüdenschulen boten reichlich Material, um den Schüler über Jahre hinweg zu beschäftigen. Er hatte sich Stange für Stange hochzuturnen, bis seine pianistische Kunstturnausbildung mit der Meisterschaft der Konzertetüde gekrönt wurde. Apropos, die «Reckstange» für Pianisten war bittere Realität (Jackson 1866, 75):

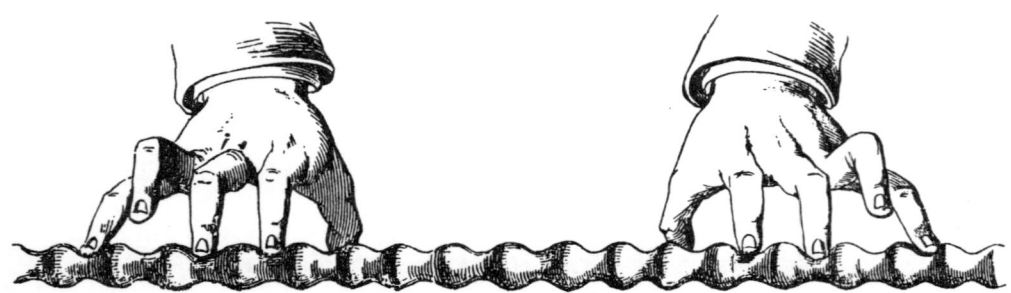

10. Kapitel
Anleitung zur
freien Improvisation

«Wie fang ich nach der Regel an?» (Walter) «Ihr stellt sie selbst und folgt ihr dann» *(Hans Sachs, Meistersinger).*

In den vorangegangenen Kapiteln wurde gezeigt, daß das improvisatorische Element in der ersten Hälfte des 19. Jahrhunderts ein zentrales Charakteristikum des Klavierübens war. Unabhängig davon erfreute sich jedoch auch die freie Improvisation als selbständige Kunstgattung einer hohen Wertschätzung. Formen improvisierter Musik gab es zahlreich: Präludien, Kadenzen in Konzerten, Potpourris, Durchführungen eines Themas, Variationen, Fantasien im gebundenen und freien Stil sowie Capriccios. Das freie Improvisieren war sowohl bei den Virtuosen als auch bei den Dilettanten sehr beleibt.

Zwischen dem improvisatorischen Üben und der freien Improvisation als eigenständiger Kunstgattung bestand insofern ein sehr enger Zusammenhang, als letztere eigentlich nur unmittelbare Fortsetzung des ersteren war. In jedem der drei Arbeitsbereiche (Passagen-, Sätzchen- und Etüdenspiel), und man muß als vierten Bereich das Generalbaßspiel unbedingt noch hinzunehmen, wurde eine der zur freien Improvisation notwendigen Fertigkeiten separat angeeignet. Man lernte in der Passagenübung das Sequenzieren, in der Sätzchenübung die Anwendung der Regeln der musikalischen Grammatik, in der Etüdenübung das keimförmige Entwickeln eines musikalischen Gedankens und im Generalbaßspiel den gewandten Umgang mit Kadenzen, Sequenzen und Modulationen. Eine freie Improvisation ergab sich dadurch, daß die in den vier verschiedenen Übungsbereichen erworbenen Teilfertigkeiten in kombinierter Form angewendet wurden.

Wenn man herausfinden möchte, wie in der ersten Hälfte des 19. Jahrhunderts das freie Improvisieren geübt wurde, steht man vor dem Problem, daß es im Vergleich zum 18. Jahrhundert nur wenige Quellen gibt (Doll 1987). Zwar enthalten zahlreiche Klavierschulen aus jener Zeit ein Kapitel über die freie Improvisation (z. B. Hummel 1828, Kalkbrenner 1830, Greulich 1830, Czerny 1839), aber die meisten dieser Kapitel sind nicht besonders aufschlußreich, weil darin nur allgemeine Voraussetzungen angesprochen und pauschale Ratschläge gegeben werden. Ergiebiger als die Durchsicht von Klavierschulen scheint mir eine Analyse der aufgeschriebenen und gedruckten freien Fantasien. Aus ihnen läßt sich rekonstruieren, wie das freie Improvisieren geübt wurde. Wenn man die aufgeschriebenen freien Improvisationen etwa von Bach, Mozart und Beethoven durchsieht, ergibt sich ein buntes Bild. Beim freien Fantasieren benahmen sich die Virtuosen wirklich frei, probierten Unkonventionelles, ja bisweilen Verrücktes aus. *«Hier soll der Genius sich selbst eine Regel schaffen»*, schreibt Hand in seiner Ästhetik (1837/1841 II, 298).

Die freie Fantasie wurde gerne dazu benutzt, dem Publikum Virtuosität vorzuführen, sie diente als *«Tummelplatz des Bravourspiels»*, wie Hand treffend bemerkt (Hand 1837/1841 II, 301). Es ist in der Tat auffällig, auf welch hohem spieltechnischen Niveau die freien Improvisationen stehen, die uns erhalten geblieben sind. Die gedruckten Fantasien vieler Komponisten erfordern oft höhere spieltechnische Fertigkeiten als die meisten ihrer auskomponierten Stücke. Man vergleiche beispielsweise die C-Dur- oder c-Moll-Fantasie von Mozart mit seinen Klaviersonaten oder die Fantasie op. 77 von Beethoven mit seinem übrigen Klavierwerk. Czerny bestätigt, daß diese Fantasie ein getreues Bild von der Art gab, wie Beethoven zu improvisieren pflegte (Muthmann 1984, 48). Er berichtet ferner, daß auch die nicht aufgeschriebenen Improvisationen von Beethoven zumeist schwieriger waren als seine auskomponierten Werke: *«Im Allegrotempo wurde das ganze durch Bravourpassagen belebter, die meist noch schwieriger waren, als jene, die man in seinen Werken findet»* (Czerny, zitiert nach Molsen 1982, 63). Czerny hat Beethoven nachgeeifert: Seine ausgeschriebenen freien Improvisationen erreichen durchaus die Virtuosität des frühen Liszt.

Ferner zeigen die gedruckten freien Fantasien, daß das Fantasieren häufig dazu benutzt wurde, um schnell aufeinander folgende, ja fast abrupte Affektwechsel zu erproben. Beethoven war in dieser Hinsicht wahrscheinlich unübertroffen. I. von Seyfried hat seinen Eindruck von einer Improvisation Beethovens festgehalten: *«Jetzt brauste sein Spiel gleich einem wildschäumenden Katarakte ... nun sank er zurück, leise Klagen aushauchend, in Wehmut zerfließend, wieder erhob sich die Seele, triumphierend über vorübergehendes Erdenleiden, wendete sich nach oben in andachtsvollen Klängen und fand beruhigenden Trost am unschuldsvollen Busen der Natur»* (zitiert nach Hildebrandt 1985, 30). In eine ähnliche Richtung geht der Bericht Czernys: *«Wenn er eine Improvisation ... beendet hatte, brach er meist in ein lautes Gelächter aus und machte sich über die Gemütsbewegungen der Hörer lustig, die er in ihnen verursacht hatte»* (Czerny 1968, 45).

Das alte Verfahren, das freie Improvisieren zu lernen, nämlich unmethodisch, einfach durch Ausprobieren, hielt sich noch in den ersten Jahrzehnten des 19. Jahrhunderts, obwohl das freie Spiel von vielen Klavierlehrern anscheinend damals schon unterbunden wurde. Bei. A. B. Marx steht zu lesen: *«Dagegen möchten wir für alle Kinder die Freiheit erbitten, bisweilen auf dem Klavier nach ihrer Art herumzuspielen, zu suchen, selbst herumzutosen, soweit es ohne Beschädigung des Instrumentes angeht. Dieses Spiel wird meist unterdrückt, besonders wenn der Klavierunterricht begonnen hat; man sagt dem Kinde, es solle sich lieber nützlich beschäftigen mit Fingerübungen und aufgeschriebenen Tonstücken. Aber woran soll sich der eigne Sinn, die noch unselbständige Tonphantasie halten, wenn man ihr dieses einzige und eben in dieser Zeit ganz unentbehrliche Hülfsmittel entzieht»* (Marx 1839, 326).

Neben den bereits genannten Kapiteln in Klavierschulen gab es allerdings einige systematische Lehrwerke über freie Improvisation in der ersten Hälfte des 19. Jahrhunderts. Ein Beispiel hierfür ist die «Präludirschule» von C. G. Hering (1812/1814). Das Lehrbuch zeigt recht anschaulich, was Schindler meinte, als er von Unterrichtswerken sprach, mit denen dem Schüler das «Selbsterfinden mittels Schablone» beigebracht wurde. Herings Schüler lernen zunächst anhand unzähliger kurzer Sätze das Modulieren in alle Tonarten. Zu Beginn sind die Aufgaben vollständig vierstimmig ausgesetzt, dann jedoch nur noch die Außenstimmen notiert. Anschließend soll der Schüler in ebenfalls endlosen Lernsequenzen verschiedenste Varianten der Akkordbrechung trainieren. Im zweiten Band werden Akkordauflösungen, der Gebrauch von Wechselnoten, Vorhalten, Überhaltungen und Imitationen wieder streng systematisch in vielen kleinen Lernschritten entwickelt. Insgesamt gesehen gewiß eine sichere Methode, nach der auch ein weniger begabter Klavier-

122

spieler improvisieren lernen konnte, vorausgesetzt, ihm war bei dem nummernweisen Absolvieren von Hunderten von Exempeln die Lust noch nicht vergangen.

Neben Hering schrieb auch Czerny einige Lehrwerke über das freie Improvisieren. Sie sind zwar nicht so systematisch wie Herings «Präludirschule» aufgebaut, lassen dafür jedoch dem Schüler mehr Freiheiten zur Entfaltung seiner Kreativität. Czerny verfaßte nicht nur die «Systematische Anleitung zum Fantasieren auf dem Pianoforte» op. 200 und « Die Kunst des Präludierens» op. 300, auch in seiner Klavierschule findet man ausführliche Bemerkungen zum Thema freie Improvisation.

Dort schreibt er über die Methodik der freien Improvisation: *«Hierzu kann nebst dem eigenen Bestreben des Schülers, auch der Lehrer vieles beitragen, wenn er denselben auf folgende Weise anzuleiten trachtet: Sobald der Schüler die mechanischen Schwierigkeiten des Spiels soweit überwunden hat, dass man ihn zu den geübten und fertigen Spielern rechnen kann, und dass er folglich schon eine grosse Anzahl guter C o m p o s i - t i o n e n mit Gewandtheit vorzutragen weiss, muss ihn der Lehrer bisweilen auffordern, irgend etwas zu improvisieren: seien es nur Accorde, oder Passagen, oder eine Melodie mit einfacher Begleitung. Anfangs wird dieses natürlicherweise sehr mangelhaft erscheinen. Allein während der Schüler spielt und sucht, kann der Lehrer ihn aufmuntern und erinnern, entweder einige leichte bekannte Passagen und Läufe, oder einige feste Accorde, oder eine kurze Melodie anzubringen, wobei jedoch alle Ausweichungen in andere Tonarten anfangs vermieden werden müssen. Harmonische Fehler werden jedoch nur dann gerügt, wenn sie gar zu auffallend sind. Wenn diese Versuche, mehrmals in der Woche, durch eine längere Zeit fortgesetzt worden sind, so dass der Schüler ungezwungen und ohne Stottern einiges Zusammenhängende hervorzubringen vermag,* *dann werden die Formen erweitert; er kann es versuchen, solche Ausweichungen, Accorde und Modulationen anzuwenden, welche ihm aus anderen Werken erinnerlich sind, oder die er in irgend einem zweckmässigen Lehrbuche vorfindet, wobei immer Melodien und Passagen abwechseln müssen, und nun kann ihn auch schon der Lehrer mit mehr Strenge auf jede harmonische Unrichtigkeit aufmerksam machen. Der Schüler kann dabei ohne Anstand jede melodische oder brillante Stelle, deren er sich aus anderen C o m p o s i t i o n e n erinnert, in diesen seinen Versuchen miteinflechten. Allerdings gehört hierzu eine lange Zeit und unverdrossene Aufmerksamkeit. Sobald aber der Schüler darin hinreichend geübt ist, dann werden ihm nach und nach die Regeln entwickelt, nach welchen ein aufgegebenes oder selbstgewähltes T h e m a durchgeführt und zu den verschiedenen musikalischen Formen benützt wird, welche in der Fantasie anwendbar sind»* (Czerny 1839 III, 92).

Auf die genaue Methodik Czernys werde ich weiter unten noch ausführlich zu sprechen kommen. Zuvor wollen wir jedoch noch den Rezensenten der Improvisationsschule Czernys zu Wort kommen lassen. Wenngleich er es als Verdienst wertet, daß Czerny einen solchen Erstlingsversuch, nämlich eine systematische Improvisationsanleitung herauszugeben, überhaupt unternommen hat, bringt er eine ganze Reihe von Kritikpunkten vor. Der Hauptvorwurf lautet: *«... dass aber das Phantasieren mehr in Abtheilungen und Arten gebracht, als gezeigt worden ist, auf welche Weise die Gegenstände etwa verbunden werden können; dass mehr gesagt worden ist, wo und in welcher Gattung man ein Thema weiter führe, als wie man es anzugreifen habe, dahin zu kommen, dass man es weiter zu führen im Stande sey, was erst den Namen einer Anleitung verdienen würde, darf nicht unbemerkt bleiben»* (AmZ 1829, 592, 593).

Generalbaßspiel als Voraussetzung für das Improvisieren

Wie Hummel ist auch Czerny der Ansicht, daß drei Voraussetzungen erfüllt sein müssen, wenn ein Pianist das Improvisieren erlernen möchte: Er muß über eine spezielle Begabung verfügen, die Generalbaßregeln sicher beherrschen und weiterentwickelte Fertigkeiten im Passagenspiel haben. Wir konzentrieren uns auf die beiden letzten Punkte.

Hummel fordert als Voraussetzung für das Improvisieren «*eine grosse Geübtheit und Sicherheit in den Gesetzen der Harmonie und ihrer mannichfaltigsten Anwendung, dass man ohne an sie bestimmt zu denken, nicht mehr gegen sie verstösst*» (Hummel 1828, 444). Czernys Angaben sind noch etwas präziser: «*Aber diese Harmoniekenntnis muss durch langes Üben praktischer Beispiele aus dem Kopfe in d i e F i n g e r übergegangen sein, wenn sie nützen soll; denn solange der Spieler an den Generalbass d e n k e n muss, wird er nie gut fantasieren, sondern immer nur trockenes und steifes Zeug hervorbringen, weil die Freiheit der innern Gemüthsbewegung, welche zum Improvisieren so nöthig ist, hierdurch gelähmt wird*» (Czerny 1839 III, 92). Beide Quellen belegen, daß die für das handwerkliche Lernen typische Lernmethode, nämlich daß zunächst verstandesmäßig erfaßte Produktionsregeln mittels Übung so weit automatisiert werden, bis sie ohne Nachdenken von der Hand gehen, eine wichtige Voraussetzung dafür war, daß dem Spieler beim freien Improvisieren überhaupt originelle musikalische Einfälle spontan aus der Hand fließen konnten.

Die gründliche Schulung in Generalbaß- und Harmonielehre war in der ersten Hälfte des 19. Jahrhunderts zentraler Bestandteil des Klavierunterrichts; daran hatte sich seit dem 18. Jahrhundert wenig geändert. Jedoch ging man allmählich dazu über, die Kapitel über Generalbaß-

und Harmonielehre aus den Klavierschulen herauszunehmen und in gesonderten Lehrbüchern zu veröffentlichen. Nur noch wenige Klavierschulen, die in der ersten Hälfte des 19. Jahrhunderts publiziert wurden, z. B. in der von Müller (1804) und Wehner (1826), enthalten noch ein größeres Kapitel oder gar einen ganzen Band über Harmonielehre bzw. Generalbaß.

Die Anzahl der neu erschienenen Generalbaß- und Harmonielehreschulen stieg gegen Ende der 20er Jahre erheblich an. Wenn man die einzelnen Jahrgänge der AmZ durchblättert, findet man dort die Rezensionen von allein etwa fünfundzwanzig Generalbaßschulen, von denen die meisten heute verschollen sind. Generalbaßschulen wurden u. a. verfaßt von J. H. Görold (1815, 1816), J. Preindl und I. Ritter v. Seyfried (rezensiert in: AmZ 1829, 200), J. H. Knecht (rezensiert in: AmZ 1828, 466), J. Kuhn (rezensiert in: AmZ 1829, 268), P. E. Engstfeld (rezensiert in: AmZ 1829, 318), L. G. Gebhardi (rezensiert in: AmZ 1829, 808), J. G. Siegmeyer (rezensiert in: AmZ 1823, 180) und F. D. Weber (rezensiert in: AmZ 1832, 624).

Das Generalbaßspiel war zwar eine wichtige Basis für das Improvisieren, doch eben nur eine Basis. Beim Improvisieren wurden nämlich oft genug die Regeln des Generalbasses verletzt. Ganz allgemein läßt sich feststellen, daß die in der freien Improvisation verwendeten harmonischen und melodischen Fortschreitungen oft kühner waren als die in auskomponierten Stücken. Die notierten freien Improvisationen von J. S. Bach, C. Ph. E. Bach, Mozart, Beethoven, Czerny und Schumann bieten hierfür reichlich Anschauungsmaterial.

Neue harmonische Wendungen wurden mit Vorliebe beim Präludieren ausprobiert. Dieses Prinzip wurde von Beethoven in zahlreichen Sonaten und Symphonien zu einer wahren Kunstfertigkeit ausgebaut, es liegt aber auch den Vorspielen unbedeutenderer Meister zugrunde. Dazu ein Zitat von A. Kontzki: *«Das schönste Preludium besteht gewiss in einer Folge melodisch gruppirter Accorde, mit einigen anmuthigen Modulationen»* (Kontzki 1851, 66). Eine ähnliche Meinung vertritt auch Czerny: *«Auch sind selbst kühne, fremdartige Modulationen in diesen Vorspielen recht gut an ihrem Platz, und wer gründliche Harmoniekenntnisse besitzt, kann sich hier leicht die interessantesten Wendungen erlauben»* (Czerny op. 200, 9). Czerny gibt anschließend dazu zwanzig Beispiele. Sie beginnen mit einfachen Kadenzen,

(Czerny op. 200, 10)

und schreiten zu größeren Vorspielen fort:

125

(Czerny op. 200, 12)

Der harmonische Gang des letzten Präludiums entsteht durch das Aneinanderketten von einzelnen zwei- bis vierakkordigen Bausteinen, die, jeder für sich genommen, nicht über damals bereits bekannte harmonische Floskeln hinausgehen. Fast schon überstrapaziert werden der übermäßige Quintsext- und der verminderte Septakkord, wahrscheinlich deshalb, weil sie ermöglichen, melodiöse, chromatische Bass- und Mittelstimmenlinien zu führen. Auffallend sind an diesem Beispiel die teilweise unorthodoxen und überraschenden Verknüpfungen der harmonischen Bausteine, wodurch der Zuhörer über die zu erreichende Tonart zunächst in Unsicherheit gesetzt wird. Um so größer ist die Wirkung der Dominante, die nach der Irrfahrt durch den Quintenzirkel schließlich auf einem langen Orgelpunkt erreicht wird.

Das Beispiel verdeutlicht ferner, wie die Kunst der freien Improvisation gegen Ende der 20er Jahre allmählich ausgehöhlt wurde. Bach, Mozart und Beethoven experimentierten beim freien Improvisieren tatsächlich noch mit neuartigen und ungewöhnlichen Akkordverbindungen, Czerny dagegen nur noch mit zwar «interessant wirkenden», jedoch eigentlich schon zu stereotypen Floskeln herabgesunkenen harmonischen Wendungen. Die zahlreichen, im neunten Kapitel erwähnten «Rezeptbücher» mit kurzen Modulationssätzchen, trugen das ihre zum Verfall der Kreativität bei.

Die Technik des collagenhaften Aneinanderknüpfens von – für sich genommen – eigentlich gewöhnlichen harmonischen Bausteinen wird übrigens bei der Konstruktion von Jazzchorussen im tonalen Jazz oft verwendet, indem II-V-I-Kadenzen variantenreich aneinandergekettet werden.

Die Passagenübung als Voraussetzung für das Improvisieren

Wer ein guter Improvisator werden wollte, mußte nach Czernys Ansicht *«eine große Fertigkeit und Meisterschaft über alle Tasten und in allen Tonarten»* haben (Czerny 1839 III, 91). Der gleichen Ansicht ist Hummel. Er fordert als Voraussetzung für das Improvisieren *«eine so grosse Geübtheit und Sicherheit im Spiel, dass die Hände ohne Zwang, gleichviel in welcher Tonart sich der Spieler befindet, das ausführen, was der Geist denkt, und zwar es auszuführen, ohne dass es des klaren Bewusstseins über diese mechanischen Verrichtungen bedarf. Was der Augenblick dem Künstler eingibt, darf, auf dem Instrumente, richtig, sicher und angemessen vorzutragen, dem Künstler nicht schwerer werden und seinen Geist nicht* mehr in Anspruch nehmen, als es dem wissenschaftlich gebildeten Manne wird und seinen Geist in Anspruch nimmt, richtig, bestimmt und angemessen zu schreiben» (Hummel 1828, 444).

Hummel zieht einen Vergleich zwischen der Improvisation und dem wissenschaftlichen Schreiben, Czerny zwischen der Improvisation und der freien Rede: *«Wenn der Redner, sowohl seiner Zunge, als seiner Sprache vollkommen mächtig seyn muß, um nie um ein Wort oder eine Wendung verlegen zu seyn, so müssen die Finger des Spielers das Instrument vollkommen in ihrer Gewalt haben, und ihnen jede Schwierigkeit, jede mechanische Geübtheit zu Gebothe stehen»* (Czerny op. 200, 36). Czernys Vergleich kommt nicht von ungefähr. Mit Sprache geht jeder von uns improvisatorisch um und zwar auf der Ebene der Wörter, der Grammatik und der Semantik. Wir verwenden in der Alltagssprache sogar teilweise recht komplizierte syntaktische Muster und Redewendungen. Aber dies funktioniert nur, weil wir den Umgang mit den Regeln der Grammatik und der Wortwahl so weit automatisiert haben, daß wir über ihren Gebrauch nicht mehr bewußt nachdenken müssen. Und warum sollten in der Musiksprache andere Gesetze herrschen? Eine Improvisation in «Musiksprache» gelingt demnach um so besser, je gewandter ein Instrumentalist im Umgang mit musikalischen Wörtern, Wendungen und syntaktischen Regeln ist.

Mit dem ausgiebig betriebenen Passagenspiel samt dem gleichzeitig praktizierten Zeitunglesen wurde daher eine gute Basis für das freie Improvisieren gelegt. In der Passagenübung wurde ein großer Fundus an Spielfiguren so weit automatisiert, daß sie im Schlaf reproduziert werden konnten. Gefördert wurde die universelle Verwendbarkeit der Patterns dadurch, daß sie in alle Tonarten versetzt wurden. Weil zudem, wie an anderer Stelle gezeigt, noch trainiert wurde, die Passagen von jedem Ton aus zu beginnen, war es ein leichtes, sie an jeder beliebigen Stelle der Improvisation einzubauen.

Zahlreiche Beispiele aus Czernys Klavierschulen belegen den engen Zusammenhang zwischen Passagen- und Improvisationsübung. Im ersten Band der großen Klavierschule beispielsweise soll der Schüler Tonleitern und einfache Dreiklangsberechnungen durch alle zwölf Tonarten üben. Über den Dominantseptakkord erfolgt jeweils die Modulation in die neue Tonart. Czerny bemerkt dazu: *«Durch den Zusammenhang mittels des S e p t i - m e n - A c c o r d s gewinnen dieselben die Gestalt kleiner F a n t a s i e n oder Vorspiele, gewöhnen das Ohr des Schülers an die Wirkungen des Modulirens und erleichtern ihm das Auswendiglernen derselben»* (Czerny 1839 I, 37).

Im achtzehnten Kapitel des dritten Bandes der Klavierschule gibt Czerny ausführlichere Anweisungen zum Präludieren: *«Selbst der Anfänger kann und muß bereits in den ersten Monathen dazu angehalten werden, vor jedem Tonstück ein kleines Vorspiel auszuführen, und auch hier sind die Skalenübungen das erste und vorzüglichste Hilfsmittel.*

Diese S k a l e n ü b u n g e n werden hierzu folgendermassen verwendet:

a) Man spielt in der Tonart des nachfolgenden Tonstückes eine, oder mehrere der allda vorkommenden Passagen mit der rechten Hand allein, während die linke den Grundton hält.

b) Oder man spielt eine oder mehrere dieser Passagen zuerst auf dieselbe Weise mit der rechten Hand allein, und hierauf mit beiden Händen. Die Passagen können in beliebiger Ordnung einander folgen.

c) Oder man spielt alle in der betreffenden Tonart vorkommenden Passagen vollständig genau so, wie dieselben in der grossen Scalenübung gelernt worden sind ...

Wenn ein Schüler bereits bedeutende Fertigkeit erlangt hat, so kann er, anstatt diese Scalenpassagen andere, interessantere auf dieselbe Weise benützen, wozu er in dem 2ten, vom Fingersatz handelnden Theile der Schule, in den ganzen praktischen Uebungen hinreichend Stoff findet, z. B.:

... *Wenn der Schüler im Spiel schon bedeutende Fortschritte gemacht hat, so kann er, nebst den bereits besprochenen Vorspielen, auch grössere aus mehreren Accorden zusammengesetzte auswendig lernen und gehörigen Orts anwenden»* (Czerny 1839 III, 84 ff.).

Aus dieser Textpassage geht klar hervor, welch direkte Verbindung zwischen Passagenübung und Improvisation bestand. Zu beachten ist außerdem das systematisch-methodische Vorgehen. Das Beispiel verdeutlicht jedoch auf der anderen Seite auch, daß es Czerny eigentlich nicht um das Vermitteln der Fertigkeit des freien Improvisierens ging, sondern darum, den Schüler zu lehren, wie er als freier Improvisator erscheinen könne.

Daß Czerny seine pädagogischen Ansprüche so weit herunterschraubte, ist nur deshalb zu verstehen, weil es damals einfach dazugehörte, daß man jedes Vortragsstück mit einem Präludium einleitete (Kinkel 1852, 54). Also mußte er methodisch so vorgehen, daß auch noch der weniger begabte Schüler in die Lage versetzt wurde, ein Präludium zusammenzubasteln. Wie armselig hätte der Schüler sonst dagestanden. «*In der Tath*», schreibt nämlich Kontzki noch im Jahre 1851, «*gibt es nichts Jämmerlicheres als eine Person, die sich ans Klavier setzt und sogleich ein Musikstück zu spielen beginnt, ohne vorher, wenn auch nicht ein Preludium, so doch wenigstens einige Accorde gemacht zu haben, die den Zuhörern anzeigen, in welcher Tonart das Stück geschrieben ist, das man zu Spielen gedenkt um sie dadurch auch zur nöthigen Aufmerksamkeit aufzufordern»* (Kontzki 1851, 66).

Die Krise der Improvisationskunst

Wie bereits angedeutet, geriet die Improvisationskunst gegen Ende der 20er Jahre in eine Krise. Pianisten, die den größten Teil der Übezeit auf die technisch-mechanische Ausbildung verwendeten, waren zunehmend weniger in der Lage, tatsächlich zu improvisieren, das heißt die Musiksprache so wie die Muttersprache zu sprechen. Zudem beschränkte sich das Improvisieren immer mehr auf das beliebige Aneinanderreihen von maschinell eingeübten Bausteinen – Patterns und Riffs, würde man im Jazz heute sagen.

Bisweilen wurden sogar ganze Präludien oder Etüden in die Improvisationen eingebaut. Der Rezensent der «Petit étude pour le Pianoforte, contenant 24 Préludes faciles et progressifs op. 146» von Henri Köhler beginnt seine Kritik mit folgendem aussagereichen Bandwurmsatz: «*Zum eignen Phantasiren, wohin doch endlich Jeder, der Musik treibt, auch der Dilettant, zu gelangen suchen muss, wenn er sich und Anderen wahren Kunstgenuss verschaffen will; zum Phantasiren, welches auch so schwer nicht ist, wenn man nicht* zu grosse Anforderungen macht, die nur an den Componisten und Virtuosen gemacht werden können, und wenn man nicht nach Originalitäten hascht, die entweder von selbst kommen, oder gar nicht kommen, sondern sich mit leichten Combinationen und selbst mit Reminiscenzen begnügt, die dazu, um seine Laune auszuspielen, oder andern etwas Artiges und Gefälliges vorzuspielen, gut genug sind: zu dieser Art von Phantasiren gebricht es dem noch Ungeübten oft an passenden Einleitungen, Zwischenläufen und sogenannten Nothhelfern ex tempore, die selbst dem geübtern und gedankenreichern Spieler zuweilen nicht ganz unwillkommen sind, wie dem Redner eine geläufige gute Phrase, die ihm da, wo er allenfalls stokken könnte, zur Hand ist, um seine weiteren Ideen daran zu knüpfen. Zu diesem Zwecke sind die hier angegebenen leichten Vorspiele in allen Tonarten sehr brauchbar» (AmZ 1827, 191, 192).

Daß es üblich war, sogar ganze Musikstücke in die Improvisation einzuflechten, wissen wir auch aus anderen Quellen. Beispielsweise rät Czerny im 3. Band seiner Klavierschule: «Dem Vortrage solcher Vorspiele darf man es nie anmerken, dass sie einstudiert worden sind. Sie müssen stets so ungezwungen und natürlich erscheinen, als ob sie dem Spieler eben erst einfielen, was auch bei geübten Spielern ohnehin wirklich der Fall ist» (Czerny 1839 III, 90).

Die Krise der Improvisationskunst wirkte sich indirekt auf die Kompositionskunst aus. Immer mehr Komponisten gingen dazu über, ihre Werke ähnlich wie beim Improvisieren aus Fertigbauteilen zusammenzuleimen. Im Jahre 1839 bemerkte ein Kritiker schon fast resigniert: «Die meisten haben sich an Flickwerk gewöhnt, an willkürliches Aneinanderkleben kurzer und sonderbarer Phrasen, die ihre Schönheit geradehin in einer verzweifelten Anmut finden, die nur dadurch noch einigermassen versteckt werden kann, dass sie aus einer reichen Sammlung aufgelesener Fetzen mit scheinbarer Selbständigkeit Lappen neben einander kleistern, die nicht im Geringsten zusammen gehören, und so das auffallendste Quodlibet der buntesten Musterkarten einer Krämerbude bilden, deren Tändeleien Originalitäten neuester Muster heissen. Diese Originaljünglinge machen freilich keine Sonaten; sie verschmähen sie vielmehr» (AmZ, 1839, 182).

Der Verfall der Improvisationsfertigkeit in den 1820er Jahren hat übrigens vieles gemeinsam mit der Entwicklung, die sich in den letzten Jahrzehnten in der Geschichte des Jazz vollzogen hat. Ähnlich wie damals, begann man in den 70er Jahren an amerikanischen Jazzschulen die Improvisation großer Künstler zu analysieren, daraus Improvisationsregeln abzuleiten und dieselben methodisch geordnet niederzuschreiben. Seither werden an Jazzschulen ebenso emsig und gedankenlos Patterns, Riffs und Changes von Noten abgespielt und anschließend zu Improvisationen zusammengekleistert wie damals Passagen und Bruchstücke von Etüden.

Ein kurzer Blick über die Grenzen der Musik hinaus zeigt ferner, daß der eben beschriebene Wandel der Kunstproduktion auch in anderen Kunstsparten stattgefunden hat bzw. noch stattfindet. In Bali beispielsweise, wo die Auflösung des Kunsthandwerks gut 150 Jahre später als in Europa stattfindet, dafür aber in Windeseile nachgeholt wird, habe ich gesehen, daß Tempel, die dort jede etwas begüterte Familie an ihr Wohnhaus angeschlossen hat, neuerdings aus betongegossenen, also industriell hergestellten Fertigbauteilen zusammengemauert werden. Dementsprechend gleichförmig sehen diese neuen Tempel aus. Früher dagegen hatte jeder Tempel ein individuelles Aussehen, da alle Reliefs, Figuren und Verzierungen von Bildhauern mühsam von Hand ausgemeißelt werden mußten.

Czernys Improvisationsschule fand im 19. Jahrhundert kaum Nachahmer. Mir ist lediglich ein Lehrbuch von Widmann (1889) und das Buch «Die Reform des Klavierunterrichts» von W. Schwarz bekannt, das einige Kapitel über freie Improvisation erhält (Schwarz, 1872, 132 ff.). Die freie Improvisation kam nach dem Jahre 1850, als sich das Interpretationsparadigma durchsetzte, schnell außer Mode und wurde nur noch von einigen Virtuosen beibehalten.

11. Kapitel
Die Übung von Vortragsstücken vor 1850 – «so wenig wie möglich in einzelne kleine Teile zerlegen ...»

Es gibt leider relativ wenige und inhaltlich zumeist recht dürftige Quellen aus der ersten Hälfte des 19. Jahrhunderts, die Aufschluß darüber geben, wie Vortragsstücke erarbeitet wurden. Dies ist durchaus verständlich: Die selbstkomponierten Stücke ergaben sich unmittelbar aus der Passagen-, Sätzchen- und Etüdenübung sowie aus dem freien Fantasieren und mußten daher nicht noch eigens exerziert werden, und das Spielen von Vortragsstücken anderer Meister hatte bis zum Jahre 1850 bei weitem nicht jene zentrale Bedeutung wie in der zweiten Hälfte des 19. Jahrhunderts oder heute. Die Passagenübung füllte nach Czernys Aussage die Hälfte der Übezeit aus. Die restliche Zeit wurde der Sätzchen-, der Etüden-, der Improvisationsübung, dem Blattspiel und eben dem Einstudieren von Vortragsstücken gewidmet. Chopins Vater z. B. schreibt, daß sein Sohn selten eine ganze Stunde dazu verwendete, die Werke anderer auszuführen (Weissmann 1912, 47).

Bis zur Mitte des 19. Jahrhunderts waren Vortragsstücke noch keine Museumsstücke, sondern vergängliche Episoden lebendigen Musiksprechens. Daher feilte man einzelne Werke nicht minutiös aus, sondern übte viele Stücke, jedoch nicht allzu genau ein und spielte viel vom Blatt. Gegen sorgfältiges Ausarbeiten von Vortragsstücken haben sich u. a. Beethoven, Chopin und Liszt ausgesprochen (Mikuli 1880, 4; siehe auch Eigeldinger 1986, 44). A. Boissier berichtet über Liszt: *«Er ist nicht dafür, daß man die Musikstücke peinlichst ausarbeite, sondern daß man ihren Geist erfasse. Einerseits soll man die Passagen üben, andererseits viel vom Blatt lesen»* (Boissier 1832/1930, 54, 55). Wenn man den Worten Milchmeyers Glauben schenken darf, dann war das Blattspiel um die Jahrhundertwende eine regelrechte Mode: Er polemisiert gegen *«diese unglückliche Raserey unserer Zeit, alles sogleich vom Blatte spielen zu wollen»* (Milchmeyer 1797). Neben dem Blattspiel studierten diejenigen Klavierschüler, die auch komponieren lernten, allerdings recht genau die Notentexte ausgewählter Werke, um Anregungen für das eigenhändige Verfassen von Musikstücken zu bekommen. Aufgrund des im Vergleich zu heute anderen Stellenwerts, den das Spiel von Vortragsstücken früher hatte, unterschied sich auch die Methode, nach der Werke eingeübt wurden, erheblich von der gegenwärtigen Praxis.

Die Bildung einer musikalischen Vorstellung

Ein wichtiger Unterschied zu heute bestand darin, daß das Vortragsstück vor dem Beginn des eigentlichen Übens untersucht wurde. So berichtet etwa A. Boissier über F. Liszt: *«Was nun das Studium jeden Musikstückes anlangt, so geht er für sich folgendermaßen dabei vor: er liest ein Musikstück, das er lernen will, nicht leichtfertig vom Blatt, sondern untersucht es mit Überlegung und spielt es vier- oder fünfmal langsam in diesem Sinne. Beim ersten Male lernt er die Noten kennen, um sie zu spielen, so wie sie gesetzt sind, ohne welche hinzuzufügen oder hinwegzulassen. Bei dem zweiten Male wägt er sie ab, das heißt, er beobachtet Punktierungen, die Pausen, den Notenwert mit gewissenhafter Rechtschaffenheit, ohne sich auch nur die geringste Änderung zu erlauben. Beim dritten Male beobachtet er die Forti, die Piani, die Crescendi, die Sforzandi, kurz alle angegebenen Schattierungen und die, welche er selbst hinzuzufügen für nötig hält, weil die Komponisten sehr oft ihre Musik nur nachlässig mit Vortragszeichen versehen. Diese Arbeit ist etwas langwierig und schwer. Er sucht jede Schattierung so gut als möglich auszudrücken und untersucht ihre Grade, ihre innere Berechtigung und Art, sie mit verschiedenem Anschlag hervorzubringen ... Beim vierten Male studiert er den Baß und den Diskant, um die Melodien in ihren Figurationen zu entdecken. Dann hebt er den Gesang deutlich heraus und dämpft die Begleitnoten. Beim fünften Male beschäftigt er sich mit dem Zeitmaß des Stückes, unterwirft es dem Ausdruck, beschleunigt es, verlangsamt es nach prüfender Überlegung dessen, was jede Phrase ausdrückt ... Wenn ein Musikstück solchermaßen ergründet und erforscht ist, dann erst fängt er an, es zu studieren»* (Boissier 1832/ 1930, 21–24).

Liszt untersuchte vor dem Beginn des Übens das Musikstück in fünf Arbeitsschritten. Genauer gesagt, ging es dabei um die Bildung einer musikalischen Vorstellung, die das anschließende Studieren leiten sollte. Liszt verwendete die Methode des *«Übens nach dem Prinzip der rotierenden Aufmerksamkeit»* (Mantel 1987, 171–188). Bei jedem Untersuchungsdurchgang wurde jeweils nur ein bestimmter Aspekt ins Zentrum der Aufmerksamkeit gestellt. Zunächst entzifferte er die Textur (1. Stadium: Notenlesen, 2. Stadium: Notenwerte) dann legte er sein Augenmerk auf verschiedene Aspekte des «richtigen Vortrags» (3. Stadium: Vortragszeichen, 4. Stadium: größere musikalische Zusammenhänge) und schließlich prüfte er verschiedene Gestaltungsmöglichkeiten des «schönen Vortrages» (5. Stadium) (Zu den Begriffen «richtiger» und «schöner Vortrag» siehe Gellrich 1993b).

Weiterhin trennte Liszt sehr genau zwischen objektivem und subjektivem Vortrag (siehe: AmZ 1830, 340; Kullak 1860/ 1889). Der Untersuchungsprozeß galt einzig und allein dem Ergründen des objektiven Vortrags, also der Entzifferung der Komposition und der vom Komponisten intendierten musikalischen Inhalte. Da A. Boissier ausdrücklich darauf hinweist, daß Liszt bei dem Untersuchungsprozeß des Musikstückes keine Töne hinzufügte und keine wegließ, kann man daraus schließen, daß er nachher beim Ausfeilen des subjektiven Vortrags sehr wohl Veränderungen am Notentext vornahm. Interessant ist ferner, daß Liszt beim fünften Untersuchungsgang mit dem Tempo des Stückes spielte, um zu ergründen, was jede Phrase ausdrücke.

Der Untersuchungsprozeß eines Musikstückes war nicht in jedem Fall nach ein oder zwei Tagen abgeschlossen. J. Field etwa benötigte allein einen Monat, um den besten Fingersatz für eine Bachfuge herauszutüfteln: *«Mit welcher beharrlichen Treue er aber auch diese Meisterstücke*

(Bachs Fugen, der Verfasser) behandelte, davon werden sich gar manche sonst recht fertige und belobte Pianisten keinen Begriff machen. Field bekannte selbst, dass er, um eine dieser Fugen vollendet vorzutragen, etwa einen Monat lang die beste Applikatur dafür herausstudirte, und dann erst sie auf das Sorgfältigste einübte» (AmZ 1837, 462, 463).

Eine weitere Quelle, die uns Auskunft darüber gibt, wie Vortragsstücke früher einstudiert wurden, ist das Vorwort von Moscheles' «Studien für das Pianoforte» op. 70. Er schreibt unter der Überschrift «Über zweckmäßiges Ueben»: «Der Verfasser empfiehlt dem Spieler bei Erlernung eines neuen Stückes, besonders bei Etüden, folgenden Stufengang des Übens:

1. Ein langsames Durchspielen mit besonderer Rücksicht auf richtiges Lesen der Noten und aller Versetzungszeichen.
2. Ein aufmerksames Untersuchen und Aneignen des vorgeschriebenen oder zu wählenden Fingersatzes. Wo die Applikatur vorgeschrieben ist, weiche man nicht von ihr ab, es sei denn, dass der Spieler einen anderen eben so guten und für seine Hand mehr geeigneteren Finger auffände, da, in der That viele Passagen auf verschiedene Art und mit gleich guter Wirkung gegriffen werden können.
3. Jeder Note nach der Tactunterheilung ihren gehörigen Werth zu geben und demnach mit beiden Händen gleichmässig zu spielen.
4. Solche Passagen, Tacte, ja auch selbst einzelne Noten besonders und wiederholt mit deutlichem Anschlag zu üben, welche irgend Schwierigkeiten in der Ausführung darbieten.

5. Ein öfteres Durchspielen mit besonderer Rücksicht auf alle Bezeichnungen, die sich auf Vortrag, Geist und Charakter des Stückes beziehen» (Moscheles 1826/1827, 12).

Da beispielsweise auch bei Greulich und Köhler ganz ähnliche Phasenmodelle zu finden sind, kann man davon ausgehen, daß die von Moscheles empfohlene Stufenfolge in etwa der damaligen Konvention entsprach (Greulich 1830, siehe AmZ 1830, 336; Köhler 1860, 125). Moscheles Fünf-Phasen-Modell unterscheidet sich auf den ersten Blick nicht wesentlich von dem Liszts. Auch er vertritt die Auffassung, daß es notwendig sei, beim Üben einzelne Aspekte isoliert zu behandeln: Notenlesen, Fingersatz, Takteinteilung, schwere Stellen und Vortragszeichen. In den Stufen vier und fünf geht Moscheles über Liszts Modell hinaus. Er empfiehlt, schwere Stellen gesondert mit «deutlichem Anschlag» zu wiederholen. Abschließend rät er, das Stück oft als Ganzes unter Beachtung des schönen Vortrags durchzuspielen. In der Übeanweisung steht übrigens kein Wort davon, daß auch die leichten Stellen separat gearbeitet werden müssen.

Die Untersuchung des Vortragsstückes war ein Verfahren, das noch der handwerklichen Tradition der Instrumentalübung zuzuordnen ist. Man prüfte das Musikstück daraufhin, wie es der Meister verfertigt hatte. Daher war man nach gründlichem Studium eines Stückes auch in der Lage, harmonische und melodische Veränderungen hinzuzufügen.

Separates Üben schwerer Stellen

Nicht nur bei Moscheles, sondern auch in vielen anderen Quellen findet man die Anweisung, daß schwere Stellen separat zu exerzieren seien, z. B. bei Wieck (1853, 93) und Czerny. Letzterer schreibt: «Man gestattet häufig den Schülern, schwerere

Stellen etwas langsamer zu spielen, als das ganze Tonstück. Dieses ist ein grosser Fehler. Wenn eine etwas schwerere Stelle vorkommt, so muss sie einzeln vorgenommen, und so lange besonders geübt werden, bis sie völlig richtig in dem Tempo des ganzen Stückes gehen kann, worauf sie noch im Zusammenhang mit dem Übrigen exerzirt werden muss. Wenn schwere Stellen vorkommen, denen der Schüler noch gar nicht gewachsen ist, so ist es besser, das ganze Tonstück bis auf spätere Zeit beiseite zu legen» (Czerny 1839 I, 167). Czerny hatte demnach bereits erkannt, daß eine Passage nach gesonderter Übung noch im Zusammenhang exerziert werden muß. Außerdem gibt Czerny den Rat, Stücke, die man noch nicht vollkommen beherrscht, «bis auf spätere Zeit beiseite zu legen».

Damit ist ein wichtiger Punkt angesprochen. Der Schwierigkeitsgrad von Vortragsstücken wurde in der Regel wesentlich niedriger gewählt, als es einem Spieler entsprechend seinen spieltechnischen Fertigkeiten möglich gewesen wäre. Hinweise in diese Richtung finden sich z. B. bei F. Wieck (1853, 17) und G. Schilling (1843, 269).

Die heute übliche Praxis, spieltechnische Fertigkeiten durch das Bearbeiten schwieriger Stellen aus Vortragsstücken zu verbessern, war damals weitgehend unbekannt. Bei der von Guthmann im Jahre 1805 herausgegebenen «Passagensammlung aus bekannten Meisterwerken», die jeweils nur für eine Hand aufgezeichnete schwierige Passagen aus Werken von Clementi, Beethoven, Cramer etc. enthält (Guthmann 1805), scheint es sich eher um eine Ausnahme zu handeln. Um spieltechnische Fertigkeiten zu vervollkommnen, trainierte man normalerweise Passagen, Sätzchen und Etüden, aber keine Vortragsstücke.

Liszt ging einen Schritt über seine Vorgänger hinaus. Er ist meines Wissens einer der ersten, der aus schweren Stellen in Musikstücken Übungen bildete. Die Musiker vor ihm kannten nur den umgekehr-

ten Weg. Sie spielten nur Vortragsstücke, die ausschließlich solche Passagen, die sie zuvor in der Passagenübung automatisiert hatten, enthielten. A. Boissier berichtet: «Er verlangt, daß man, wenn in irgend einer Passage ein paar widerstrebende Takte vorkommen, dieselben nicht nur stundenlang übe, sondern herausfinde, in welche Klasse sie gehören, und sie dann in allen Tonarten studiere» (Boissier 1832/ 1930, 75). Daß Liszt durch separates Exerzieren schwerer Stellen seine Spieltechnik weiterentwickelte, wird auch durch eine andere Textpassage belegt. In dieser Passage wird Bezug darauf genommen, wie Liszt an einigen Stücken aus Clementis «Gradus» arbeitete: «Er spielt sie täglich nicht im ganzen, aber so, daß er sich bei den Hauptschwierigkeiten und den ungeschickteren Fingern lange aufhält, doch dabei immer die fünf Finger jeder Hand zum Üben sich zwingt» (Boissier 1832/ 1930, 94).

Wenn man sich mit einzelnen Passagen aus Vortragsstücken sorgfältiger beschäftigte, dann weniger aus technischen sondern mehr aus musikalischen Gründen. Über J. Field etwa wird berichtet: «Er erzählt selbst, dass er die Sonate aus A dur von Clementi ... ein halbes Jahr lang habe üben müssen, um jeder einzelnen Note ihr vollstes Recht zu thun. Dafür wird aber auch nicht leicht irgend Jemand sich vorstellen, was er aus der Sonate machte, die von den meisten Spielern als ein leichtes Ding geradeweg vom Blatt gespielt und verdorben wird» (AmZ 1837, 463).

Ähnliches erzählt F. Ries über Beethovens Unterricht: «So ließ er mich manchmal eine Sache zehnmal, ja noch öfter überwinden. In den Variationen in F-dur, der Fürstin Odescalchi gewidmet (op. 34), habe ich die letzten Adagio-Variationen 17mal fast ganz wiederholen müssen; er war mit dem Ausdrucke in der kleinen Cadenz immer noch nicht zufrieden, obschon ich glaubte, sie ebensogut zu spielen wie er» (Ries, zitiert nach Cramer/ Kann 1974, VI).

134

Czernys Anweisung zum Üben schwerer Stellen

In dem Kapitel «Über besonders schwierige Compositionen» aus dem dritten Band der Klavierschule C. Czernys finden sich einige sehr brauchbare Ratschläge, wie man schwierige Stellen angehen soll:

«Die Schwierigkeiten bestehen:
1. *In solchen, welche eine grosse, oft ungeheure Geläufigkeit erfordern, obwohl sie, langsam gespielt nicht so schwer erscheinen.*
2. *In Sprüngen, Spannungen, und dergleichen, deren richtiges Treffen vom Zufall abzuhängen scheint.*
3. *In verwickelten mehrstimmigen Passagen, z. B.: Terzenläufen und Trillern, chromatischen Gängen, fugirten Sätzen usw.*
4. *In lang anhaltenden gestossenen Sätzen, z. B. Octaven, etc., welche eine grosse Anwendung der physischen Kräfte in Anspruch nehmen, so wie in Tonstücken, welche durch ihre Länge grosse Ermüdung verursachen, und den Spieler, bei unvorsichtiger Anstrengung, erschöpfen können.*
Bei allen diesen gilt folgende Hauptregel: ‹ J e d e S c h w i e r i g k e i t k l i n g t e r s t d a n n s c h ö n , w e n n s i e f ü r d e n S p i e - l e r k e i n e S c h w i e r i g - k e i t m e h r i s t . ›
Das wichtigste Mittel, um auch solche Passagen angenehm zu machen, die hart, überladen, misstönend scheinen, ist: Die Schönheit des Tons.
Derjenige, der diese Kunst besitzt, aus dem F o r t e p i a n o stets einen schönen, wohlklingenden, niemals grellen Ton hervorzubringen, der selbst das F o r t e und F o r t i s s i m o niemals bis zu einem schreienden Übermaass steigert, der ferner den höchsten Grad der Geläufigkeit mit vollkommener Deutlichkeit und Klarheit des Tones verbindet; – wird selbst die herbsten Zusammenstellun-gen der Töne so vortragen, dass sie sogar dem Nichtkenner schön vorkommen, und ihm Vergnügen machen werden. Es ist damit so, wie im Sprechen, wo eine rauhe polternde Stimme auch den besonnensten Ausdruck beleidigend machen kann, während dagegen die bescheidene, ruhig sanfte Aussprache selbst jene Worte mildern kann, die sonst verletzend sein würden» (Czerny 1839 III, 53, 54).

Wer hätte erwartet, daß Czerny die Schönheit des Tons als wichtigstes Mittel ansieht, mit dem eine schwierige Passage gemeistert werden kann? Bezeichnend ist außerdem wiederum der Vergleich zwischen Sprache und Musik. Auch eine technisch noch so heikle Passage ist nach Czernys Auffassung noch immer zuallererst ein Problem der sprachlichen und nicht der spieltechnischen Seite der Musik.

Im Anschluß an den eben zitierten Textausschnitt geht Czerny näher auf technische Aspekte ein: *«Selbst bei grössten Sprüngen ist dem Spieler die möglichste Ruhe des Körpers anzuempfehlen. Aber dabei ist auch die innere, unsichtbare Anstrengung des Gemüths und der Nerven wohl zu vermeiden. Denn wer sich einen leichten, ruhigen Schritt angewöhnt, kann leicht Meilenweit ohne Beschwerden gehn, während derjenige, der schwerfälligen Ganges ist, oder eine innere Bewegung durch ruhig scheinenden Gang verbergen will, schon in der ersten Viertelstunde sich erschöpft fühlt. Das Athemholen muss stets frei bleiben, weil sonst das Üben grosser Schwierigkeiten selbst der Gesundheit nachtheilig werden könnte.*

Nach einem halbstündigen Üben irgend einer schweren Passage muss man einige Minuten ausruhen, im Zimmer herumgehen, etwas lesen, und dergleichen, ehe man wieder weiter studirt. Bei Passagen wie die Folgende:

könnte der Spieler sich entweder eine zu grosse körperliche Bewegung angewöhnen, oder bei dem Bestreben, dieselbe zu vermeiden, könnte eine innerliche Anstrengung, z. B.: das Verhalten des Athems leicht noch mehr Kraft kosten, oder wohl gar schaden.

Man ziehe demnach dabei seine Empfindung zu Rathe, übertreibe weder das Eine noch das Andere und man wird endlich jede Schwierigkeit auf eine anständige und unschädliche Art überwinden» (Czerny 1839 III, 54:).

An anderer Stelle in seiner Klavierschule rät Czerny außerdem noch, *den Kopf beim Spielen ruhig zu halten* (Czerny 1839 I, 5).

Auffällig ist an diesem Zitat zunächst, daß die schwierige Passage eine halbe Stunde lang ununterbrochen repetiert werden soll. Die Passage wird dadurch fast zu einer Art Mantra, das den Spieler durch gleichförmiges Wiederholen in einen quasi meditativen Zustand versetzt. Daß es sich bei dieser Art Üben tatsächlich um eine Art Meditation handelte, wird ferner durch die Bemerkungen gestützt, die Czerny über die Körperhaltung, die Freiheit der Bewegungen und die Atmung macht. Czerny beschreibt genau jene körperlich-geistige Haltung, die zur Erreichung eines meditativen Zustandes förderlich ist.

Sehen wir uns die Anweisungen genauer an. Es zeigt sich, daß die spieltechnischen Erfordernisse und die meditative, körperlich-geistige Haltung im Einklang miteinander stehen. Czerny verlangt z. B., den Körper beim Spielen ruhig zu halten. Dieses «Entkoppeln» des Körpers und des Kopfes von der Bewegung der Arme ist aus mehreren Gründen sinnvoll. Schwierige Sprünge und Passagen, die sich über

die ganze Klaviatur erstrecken, lassen sich leichter ausführen, wenn die Körperachse als ruhiger Mittel- und Bezugspunkt gedacht wird. Erstens prägen sich auf diese Weise die Entfernungen der Sprünge müheloser ein. Zweitens ist es dank dieser Methode nicht mehr schwierig, blitzschnell mit der Hand von einer extremen Position in eine andere zu gelangen. Und drittens bleiben auch die Kontrollorgane Ohr und Auge in einer ruhigen Position, womit ein kühler Überblick über das Spielgeschehen gewährleistet ist.

Czerny erkannte außerdem sehr richtig, daß jegliche Art von Anstrengung beim Üben schwieriger Stellen schädlich ist. Es ist ihm sogar nicht entgangen, daß die Anstrengung oft fast unsichtbar ist und deshalb oft nur durch scharfe Analyse herausgefunden werden kann. Die feinsinnige Selbstempfindung des Körpers ist in der Tat ein gutes Mittel, mit dem solche von außen kaum sichtbaren Verspannungen aufgespürt werden können.

Mit dem Hinweis auf ruhiges Atmen spricht Czerny einen Punkt an, der meines Wissens erst hundert Jahre später wieder von K. Johnen aufgegriffen wurde (Johnen 1928). Czerny hatte durch Reflexion seiner Spiel- und Unterrichtspraxis bereits erkannt, was Johnen experimentell nachgewiesen hat, nämlich daß zwischen der Schwierigkeit einer Passage und dem Atemverhalten Zusammenhänge bestehen. Wie sich psychische Anstrengung auf die Reaktion des Atmens auswirkt, ist nicht eindeutig bestimmbar. Klavierspieler reagieren unterschiedlich. Unter psychischer Anspannung wird bei den einen der Atem flacher und schneller, andere beginnen nach Luft zu schnappen, und wieder andere atmen kräftig ein und halten den

Atem gestaut zurück (über das Verhältnis Atem – Spielbewegung siehe auch Simkowa 1987).

Neben Czerny geben auch Hummel und A. Kullak die Anweisung, daß gerade bei der Ausführung schwieriger Stellen die Gesichts- und Nackenpartien völlig entspannt sein müssen. Hummel etwa rät: *«Endlich müssen Übelstände, wie: das Gesicht zu nahe an die Noten halten, Einbeissen der Lippen, Wackeln des Kopfes nach dem Zeitmass, Aufsperren des Mundes, etc. sorgfältig vermieden werden, weil sie theils der Gesundheit, theils dem Anstande zuwider sind»* (Hummel 1828, 14). *«Der ganze Habitus»*, schreibt Kullak, *«muß ... das Gefühl der Zwanglosigkeit annehmen. Auch die Brust wird nicht militärisch herausgehoben, sondern hält sich ganz bequem eher zurück; eine Abspannung aller Muskeln, die aber jeden Moment zu energischer und lebhafter Schlagfertigkeit bereit sind, ist das Allgemeingefühl»* (Kullak 1860/1889, 142).

Kullak ist also keineswegs ein Verfechter der absoluten Entspannung, er plädiert vielmehr für einen entspannten muskulären Zustand bei gleichzeitiger Wachheit. Die Entspannung muß in jedem Moment zu einer schnellen energischen Bewegung und auch Anspannung übergehen können. Es handelt sich bei dem entspannten Zustand also eher um ein Gefühl der Bewegungs- und Aktivitätsbereitschaft.

Über einige Übetechniken, mit deren Hilfe schwierige Passagen leichter gemeistert werden können, hat auch F. Wieck geschrieben. Er empfiehlt, sie erst langsam und einzeln (1853, 42) und dann variantenreich zu üben, in ähnlicher Weise wie es bei der Passagenübung üblich war: *«Diese Passagen spielen Sie langsam, schnell, einmal sehr schnell – wieder langsam, bald staccato, bald legato, piano und auch in mässiger Stärke, aber ja nicht mit ermüdeten Händen und Fingern, also nicht zu anhaltend, aber dafür öfter des Tages und mit frischen Kräften»* (Wieck 1853, 93).

Das Vortragsstück ohne Unterbrechung spielen ...

Wenngleich auf den letzten Seiten einige Quellen vorgestellt wurden, die verdeutlichen, daß man schon damals heikle Passagen aus Vortragsstücken separat bearbeitete, muß jedoch betont werden, daß es voreilig wäre, daraus den allgemeineren Schluß zu ziehen, daß das isolierte Üben von schwierigen Stellen einen ähnlichen Stellenwert wie heute hatte. Das Zerschneiden des Musikstückes in kleine «Portionen» war bis ungefähr zum Jahre 1850 nicht gängige Praxis. Die Forderung nach gesonderter, oftmaliger Wiederholung bezog sich nur auf die spröden Stellen. Die leichteren Passagen des Vortragsstückes wurden ohne Vorübung als Ganzes gespielt. So bemerkt etwa Greulich in seiner Pianoforteschule: *«Vorzüglich fleissig übe man Passagen und wähle nur die*

schwierigen Stellen zu häufigen Wiederholungen» (Greulich 1830, zitiert nach AmZ 1830, 336). Und in Hüntens Klavierschule steht: *«Es ist gerade nicht gesagt, dass man gar zu schüchtern und der grösseren Sicherheit wegen, Satz für Satz studieren soll. Bei dem Studium muss, wie bei der Ausführung eine gewisse Freiheit herrschen, und deshalb rathe ich, die Stücke, welche man einübt, so wenig wie möglich in einzelne kleine Theile zu zerlegen»* (Hünten 1832, 23).

Das separate und einzelhändige Üben einzelner Passagen begann sich zwar im Laufe der 30er und 40er Jahre allmählich durchzusetzen, wurde jedoch von den wirklichen Musikern immer noch mit Argwohn betrachtet. So empfiehlt Schumann selbst bei einer so schwierigen Passage wie der Terzenstelle in der zweiten Etüde seiner «Studien nach Capricen von Paganini» op. 3: *«Es lernt sich dies leichter und bequemer durch Fortspielen, als durch zu ängstliche Übung einzelner Glieder»* (Schumann 1832, Vorwort 5). Eine ähnliche Meinung vertritt auch A. B. Marx: *«Unablässig muß der Schüler angehalten werden, in einem Zug was er sagen oder thun will zu vollenden. ‹Fang' an! Fahre fort! Ende!›* Dazwischen darf keine Pause sein, kein Rückblick, keine Wiederholung oder Verbesserung stattfinden. Das ist der unverbrüchlichste Grundsatz, der zur Entschlossenheit führt. Daher scheint mir Unrecht, den Schüler ohne äusserste Noth zu unterbrechen, etwa um Fehler berichtigen zu lassen oder ihn vor Verirrungen zu bewahren. Unterbrechung hemmt die That, bricht Entschlossenheit, stört und schwächt Selbstgefühl und jene Andacht oder Versenkung in das Werk, ohne die kein Künstler etwas zu leisten vermag»* (Marx 1855, 384, 385).

«Gemäßigte Bewegung»

Interessanterweise gibt es bis zum Jahre 1850 kaum Quellen, in denen der Hinweis gegeben wird, daß Vortragsstücke langsam zu studieren seien. Eugenie Schumann berichtet über ihre Mutter Clara sogar: *«Niemals habe ich meine Mutter langsam, Takt für Takt etwas üben hören»* (E. Schumann 1948, 29). Andere Klavierlehrer rieten allenfalls zu einer «gemäßigten Bewegung», wenn man mit der Arbeit an einem neuen Stück begann, so zum Beispiel Hünten (1832, 22). Ebenso wendet sich A. B. Marx strikt gegen das Langsamüben: *«Durchaus zweckwidrig und irreleitend scheint mir, eine Komposition der Erleichterung wegen vorerst in langsamerer Bewegung oder stückweis zu studieren. Damit wird das Werk in ein falsches Licht gestellt, also der Schüler zu falscher Auffassung verleitet oder um jede gebracht, methodisch gegen Wahrheit und Beseeltheit abgestumpft»* (Marx 1855, 472).

In diesem Zitat ist übrigens fast beiläufig ein sehr wichtiger Punkt angerissen. Marx wählt nämlich ähnlich wie Hünten den Begriff «langsame Bewegung». Bis 1850 sprach man immer nur von der Bewegung eines Musikstückes, der abstraktere Begriff Tempo war so gut wie unbekannt (siehe dazu ausführlicher zum Beispiel Marx: 1839, 87 ff.; Türk 1789, 108 ff.). Wenn man daher langsames Üben forderte, so meinte man die Bewegung. Aber Bewegung ist eben Bewegung und nicht stokkendes Buchstabieren von Einzelnoten.

Wenn man einzelne Passagen langsam spielte, dann tat man dies weniger aus technischen, sondern mehr aus musikalischen Gründen. Nach Chopins Ansicht diente das Langsamspielen vornehmlich der Erkundung der feinen Ausdrucksschattierungen eines Musikstückes. V. Gille berichtet, daß Chopin folgenden Rat gegeben habe: *«Never hurry into a difficulty, but play through slowly, in a supple way, for you'll probably discover a hidden treasure»* (Gille, zitiert nach Eigeldinger 1986, 98).

Wirklich langsam, das heißt das Musikstück in Noten zerstückelnd, begann man in der zweiten Hälfte des 19. Jahrhunderts zu üben (Gellrich 1988). Erst nach dem Jahre 1850 galt uneingeschränkt der methodische Leitsatz: *«Was man nicht langsam ‹kann›, kann man gar nicht. Das ist schon einmal gesagt worden, man kann es aber nicht zu oft sagen»* (C. Fuchs, zitiert nach Breslaur 1896, 442).

Czernys Drei-Phasen-Modell des Übens

Czerny war der erste, der ein – wenn auch noch sehr einfaches – Phasenmodell des Übens entworfen hat. Unter der Überschrift «Über die Art, wie man ein Tonstück einstudieren soll» steht: *«Die Zeit, welche man dem Einstudieren eines Tonstückes widmet, zerfällt in drei Perioden; nämlich:*

1. In die Erlernung der Genauigkeit.
2. In die Einübung in dem, vom Tonsetzer vorgeschriebenen T e m p o.
3. In das Studium des Vortrags.

Diese drei Perioden dürfen nicht miteinander vermengt werden. In der e r s t e n P e r i o d e muss der Spieler in einem gemächlichen nöthigenfalls sehr langsamen T e m p o zuvörderst die bestmögliche Fingersetzung aufsuchen und sich angewöhnen, und ferner, die strengste Reinheit und Richtigkeit der vorgeschriebenen Noten und Zeichen sich aneignen. Ist dieses vollkommen berichtigt, dann erst beginnt die z w e i t e P e r i o d e, wo man nach und nach und wenn alles Steckenbleiben und Stottern bereits abgewöhnt worden ist, das Tonstück ununterbrochen, jedesmal schneller, und so oft durchspielt, bis man des T e m p o's, welches der Autor vorzeichnete, vollkommen mächtig geworden. Es versteht sich, dass die gewöhnlichen Vortragszeichen, wie Forte, Piano, cresc., etc:, hier auch schon zu beachten sind. Hier ist die Hilfe des Metronoms durch eine Zeitlang an ihrem Platze.

Dann tritt erst die d r i t t e P e r i o d e ein, wo man erstlich die vorgeschriebenen feineren Vortragszeichen, wie ritard:, smorz:, accel':, etc. in allen ihren Schattierungen studiert, und zweitens auch sein eigenes Gefühl zu Rathe zieht, um den C h a r a k t e r des Tonstückes (den man inzwischen kennen zu lernen Zeit gehabt hat), getreu wieder zu geben.

Wenn man zu früh aus der einen Periode in die Andere treten wollte, so würde man sich das Einstudieren sehr erschweren. Denn man kann unmöglich im rechten Tempo, ohne Stottern spielen, solange man die Noten und den dazugehörigen Fingersatz nicht sicher weiss. Und ebensowenig kann man den C h a r a k t e r eines Stückes errathen und gehörig darstellen, so lange man es langsam buchstabieren muss» (Czerny 1839 III, 51, 52).

Czerny trennt streng zwischen dem «richtigen Vortrag» und dem «schönen Vortrag» (Czerny 1839 III, 1). In der ersten Übephase geht es nur um Kennenlernen und Einrichten des Musikstücks. In der zweiten Phase wird der richtige Vortrag erlernt: Das Tempo wird gesteigert und die grobe Dynamik angeeignet. Der schöne Vortrag hat seinen Platz in der dritten Periode. Hier werden die feineren Vortragszeichen beachtet und das eigene Gefühl zu Rate gezogen, um den Charakter jeder einzelnen Passage herauszufinden. Bei Czerny steht allerdings überhaupt nichts davon, daß in dieser dritten Periode der Interpret seiner individuellen Gestaltungsfreiheit freien Lauf lassen soll.

Zu beachten ist Czernys Warnung, die drei Perioden nicht miteinander zu vermengen bzw. zu früh in die nächste Periode überzugehen. Die Praxis, zunächst den richtigen Vortrag zu erlernen und anschließend den schönen Vortrag zu erarbeiten, war übrigens während des ganzen 19. Jahrhunderts üblich (Lebert & Stark 1858, XIX; Fuchs 1870, Gellrich 1993b).

Czerny verlangt schließlich auch, daß das Steckenbleiben und Stottern nach und nach abgewöhnt werden müsse. Daraus läßt sich der Schluß ziehen, daß in der zweiten Übephase nicht langsam geübt wurde, denn in einem wirklich langsamen Übetempo kann es eigentlich zu keinem Stottern und Steckenbleiben kommen. Man wiederholte eine Passage oder das ganze Stück im schnelleren Tempo einfach solange, bis das Stottern, Steckenbleiben und Fehlgriffe abgewöhnt waren. Man lernte, kurz gesagt, nach dem Prinzip Versuch-Irrtum.

Musizieren als Meditation

Zum Abschluß dieses Kapitels muß noch ein wichtiger Punkt zumindest kurz angesprochen werden, nämlich die Art und Weise, wie Vortragsstücke aufgeführt wurden. Es gibt viele Quellen, die belegen, daß sich die Musiker bei der Aufführung quasi in einen meditativen Zustand versetzten.

G. Schilling beispielsweise berichtet: *«Deshalb sehen wir oft auch Virtuosen, wenn sie in Gesellschaften oder öffentlich ein Tonstück vortragen sollen, einige Minuten vorher verweilen und ihr Auge fest auf das Instrument oder auf das vorliegende Notenblatt geheftet. Ob bewußt oder unbewußt, mit Absicht oder ohne solche dringt das künstlerische Seelenauge in dem Augenblicke tief ein in das, was vorzutragen Aufgabe ist, um das Gemüth, das vorher ganz heterogenen Eindrücken ausgesetzt seyn kann, dafür zu stimmen, wie es nothwendig ist, wenn der Vortrag gelingen, ein wahrer, gefühlvoller seyn soll»* (Schilling 1843, 259).

Das von Schilling beschriebene Sich-Einstimmen auf das Werk erfolgte intuitiv, nicht auf dem Weg des verstandesmäßigen Erfassens. Dieser Zugang zu dem Kunstwerk unterschied sich erheblich von der Art und Weise, wie der Spieler beim Üben mit dem Musikstück umgegangen war. Beim Üben spielte das akribisch rationale Analysieren durchaus eine wichtige Rolle, bei dem meditativen Versenken in das Werk vor der Aufführung nicht. Es erscheinen zwar in der meditativen Andacht noch einmal alle durchlaufenen Übestadien, allerdings nicht in ihrem So-sein, sondern nur in ihrem Ergebnis, ihrem Resultat, in «aufgehobener Form», würde Hegel gesagt haben. Sie schnurren quasi zu einem Punkt zusammen, zu einer Essenz, die in einem Moment intuitiv als Ganzes erfaßt wird.

Als Beispiel dafür, daß die Aufführung von Musikstücken damals durchaus als meditativer Zustand erlebt wurde, habe ich eine Quelle aus H. Berlioz' «Musikalischen Streifzügen» ausgewählt, in der berichtet wird, wie F. Liszt Beethovens cis-Moll-Sonate spielte: In dieser musikalischen Meditation wurde eine für uns heute kaum vorstellbare Tiefe des musikalischen Erlebens erzeugt, eine Stimmung, die die Zuhörer tatsächlich dazu brachte, die durch Musik geweckten Gefühle körperlich auszuleben, in diesem Falle zu weinen:

«Als Liszt an jenem Abend erschien, fand er ein Gespräch im Gange über eine Komposition von Weber, welche das Publikum, sei es infolge der mittelmäßigen Wiedergabe, sei es aus irgend einem anderen Grunde, kurz zuvor in einem Konzert recht kühl aufgenommen hatte; er setzte sich ans Klavier, um den Gegnern Webers auf seine Art zu antworten. Sein Argument duldete keinen Widerspruch, und man mußte zugeben, daß ein geniales Werk mißverstanden worden war. Als er eben geendet hatte, schien die Lampe im Zimmer erlöschen zu wollen; einer von uns wollte sie wieder in Gang bringen. ‹Lassen Sie das›, sagte ich zu ihm, ‹wenn er das Adagio der Cis-Moll-Sonate von Beethoven spielen will, wird dieses Halbdunkel nicht nachteilig sein›. ‹Gerne›, sagte Liszt, ‹aber löschen Sie das Licht ganz aus und bedecken Sie das Feuer, damit wir völlig im Dunkel sind›. Und nun erhob sich, inmitten dieser Finsternis,

nach einem Augenblick der Sammlung die edle Elegie, welche er einst so eigentümlich entstellt hatte, in ihrer ganzen erhabenen Einfachheit; keine Note, kein Akzent wurde den Akzenten und Noten des Komponisten hinzugefügt. Der Schatten Beethovens, von dem Virtuosen heraufbeschworen, redete zu uns mit hoheitsvoller Stimme. Jeder von uns schauderte im stillen, und nach dem letzten Akkord verharrte man in Schweigen ...

Wir weinten.» (Berlioz 1912, zitiert nach Molsen 1982, 70)

12. Kapitel
Die Übung von Vortragsstücken nach 1850 – verrückte Methoden, schwierige Stellen zu bearbeiten

«Zu sicherer Auffassung schwieriger Stellen verhelfen zuweilen gar wunderliche Versuche auf Seitenwegen» (Schindler 1927 II, 359).

Als sich etwa um die Jahrhundertmitte das Interpretationsparadigma durchsetzte, wurde zunehmend mehr Zeit und Energie auf das Ausarbeiten von Werkinterpretationen verwendet. Jedoch muß hierbei klar zwischen Virtuosen und Dilettanten unterschieden werden. Erstere behielten noch für längere Zeit die alte handwerkliche Praxis bei, nämlich Vortragsstücke nicht bis ins Detail auszufeilen und stattdessen viel vom Blatt zu spielen, letztere verwendeten schon in den 40er Jahren die meiste Übezeit auf das buchstabengetreue Reproduzieren von Kunstwerken. Czerny z. B. fordert in seiner großen Klavierschule, die für die Ausbildung von Virtuosen bestimmt war, daß die Hälfte der Übezeit dem Passagenspiel gewidmet werden solle. Anderes gilt für Cäcilie, das zwölfjährige Mädchen vom Lande: Czerny empfiehlt ihr, dem Fortepiano täglich drei Stunden zu widmen, *«wovon ungefähr eine halbe Stunde den Uebungen, eben so viel dem Durchspielen alter Tonstücke, und die übrige Zeit dem Einstudieren der neuen Kompositionen zugetheilt wird»* (Czerny Unterrichtsbriefe, 30).

Auch Lebert und Stark unterscheiden strikt zwischen Virtuosen und Dilettanten: *«Doch möchten wir dem Dilettanten täg-lich zwei Stunden raten, die er auf folgende Weise benützen möge: 1/2 Stunde rein technische Übungen und Etüden, 1 Stunde zum Einstudieren neuer Stücke und eine halbe Stunde zum Repetieren schon gelernter Musikstücke ... Für den, der sich dem Fache widmet, sind 4–5 Stunden notwendig ... Von dieser Zeit soll 1 Stunde auf rein technische Übungen aus unserer Schule fallen, 1–1 1/2 Stunden auf Etüden, 1 1/2–2 1/2 Stunden zur Erlernung neuer Musikstücke verwendet werden; wenn möglich sollte noch etwa 1 Stunde zur Wiederholung des früher Erlernten sowie zum Durchlesen neuer Musikstücke (Vomblattspiel) hinzukommen»* (Lebert & Stark 1858, XIX).

In diesem Kapitel interessieren uns neben den quantitativen vor allem auch die qualitativen Veränderungen, die das Üben von Vortragsstücken durch Wandel zur Interpretationskunst erfahren hat. Ganz allgemein ist festzustellen, daß man überhaupt erst nach dem Jahre 1850 begann, Kunstwerkinterpretationen systematisch zu erarbeiten. Allerdings muß eingeräumt werden, daß sich das neue Verfahren des systematischen, schrittweisen Arbeitens im Bereich der Übung von Vortragsstücken, insgesamt gesehen, erst viel später und auch nicht im gleichen Ausmaß wie in der Passagen- und Etüdenübung durchsetzte. Was das Vortragsstück betrifft, wurde die alte handwerkliche Praxis noch bis ins zwanzigste Jahrhundert beibehalten, und zwar nicht nur von einigen wenigen Virtuosen, sondern auch von Dilettanten. Im Jahre 1882 schreibt O. Klauwell unter der Rubrik «Winke und Rathschläge» in der Zeitschrift «Der Klavier-Lehrer»: *«Technisch schwierige Stellen klassischer Kompositionen dürfen nicht dazu benutzt werden, eine gewisse Schwierigkeit erst an ihnen zu erlernen, wenn nicht die ganze Frische und Unmittelbarkeit der Komposition dabei verloren gehen soll. Es müssen vielmehr entsprechende Vorübungen erfunden werden, nach deren gründlicher Ueberwindung die Einstudirung solcher Stellen nur verhältnismässig kurze Zeit in Anspruch nehmen darf»* (Der Klavier-Lehrer 1882, 134). Und noch im Jahre 1905 trennt H. Riemann streng zwischen der Übemethodik der Etüde und der des Vortragsstücks. Erstere muß seiner Ansicht nach streng systematisch, Stück für Stück erarbeitet werden. Zum Vortragsstück dagegen meint er:

«Beim Üben der Stücke (Sonaten usw.) braucht nicht so pedantisch verfahren zu werden; vielmehr empfiehlt es sich, dasselbe immer als eine Art a vista-Übung zu benutzen, das heißt den V e r s u c h z u m a c h e n , g l e i c h g l a t t d u r c h z u k o m m e n ; dabei werden sich dann schnell genug die Klippen herausstellen, die es zu umschiffen gilt. Diese besonders s c h w i e r i g e n S t e l l e n müssen dann aber in systematischer Weise (erst mit jeder Hand, dann zusammen, erst langsam, dann schneller) geübt werden» (Riemann 1905, 67, 68).

Es ist innerhalb des hier gesetzten Rahmens leider nicht möglich, die Veränderungen, die das Üben von Vortragsstücken unter dem Interpretationsparadigma erfuhr, vollständig zu behandeln. Anhand eines Beispiels, nämlich der Übung schwieriger Stellen, soll der Wandel exemplarisch verdeutlicht werden.

«Klavierwitze»

Für den Virtuosen der zweiten Hälfte des 19. Jahrhunderts galt noch nicht die Maxime der Urtexttreue. Er kannte keine Angst vor schwierigen Stellen, im Gegenteil: er suchte den Nervenkitzel und erschwerte daher, wo immer möglich, zu leichte Passagen. Die klassischen Kunstwerke wurden daher von ihm nach Lust und Laune verändert.

Es ist zu verstehen, daß es für A. Henselt, der sechzehn Übestunden täglich am Klavier verbrachte, zu langweilig war,

Vortragsstücke immer nur in der Originalfassung zu üben. Wie er klassische Meisterwerke für seine Bedürfnisse bearbeitete, wissen wir aus einer von J. Alsleben Ende des 19. Jahrhunderts herausgegebenen Sammlung von «Meister-Studien». Folgendes Beispiel zeigt, daß das Hinzufügen von Tönen durchaus musikalisch sinnvoll sein kann. Henselts Version der Sonate op. 31 Nr. 2 ist originell. Im dritten Satz fügt er eine zweite Stimme hinzu, die die rechte Hand kanonisch imitiert.

Beethoven, Op. 31. N° 2. Sonate in D moll.

(Henselt/Alsleben 1893, 6)

Ein weiteres Beispiel dafür, wie die Virtuosen Musikstücke erschwerten, ist Busonis Ausgabe des «Wohltemperierten Klaviers». Zu jedem Präludium, das es vom Charakter her nahelegt, erfand er eine oder auch mehrere «Technische Varianten». Das Präludium Nr. XXI (Bd. 1) z. B. wurde von Busoni mit der Überschrift «Toccata» versehen und zur «Liszt-Etüde» umfunktioniert (siehe Seite 145, 146):

Beliebt war auch das Erweitern von einstimmigen Passagen durch Doppelgriffe, wie folgende Beispiele zeigen. Bachs Präludium Nr. III in cis-Moll wurde von Busoni in gleicher Weise zur Doppelgriffetüde erweitert, wie Chopins f-Moll Etüde von J. Brahms.

(Bach (1894, 17)

(Brahms, Etüde nach Fr. Chopin, Studie Nr. 1, 1869)

Studie
Technische Varianten zu Praeludium XXI

NB. Gebrochene Akkorde in weiter Lage, ohne Daumenuntersatz gespielt, fordern dauernde Festigkeit in der Haltung der Finger, Geschmeidigkeit (Nachgiebigkeit) des Gelenks, Leichtigkeit des Anschlags, (die mit der Schnelligkeit der Bewegung naturgemäß zunimmt und nicht in Klanglosigkeit ausarten darf.)

Als Vor- und Mitübung zu obiger Studie schlägt der Herausgeber folgende und ähnliche Figuren in verschiedenen Transpositionen vor:

Als Gipfelpunkte dieser Studienart mögen hier angeführt werden Chopins Etüde Op. 10, Nr. 11, die wir in auf- und absteigenden zerlegten Akkorden zu üben empfehlen und Liszts Vision.

Zwar wurden die Virtuosen bisweilen wegen der Veränderungen, die sie an klassischen Kunstwerken vornahmen, beschimpft, aber das beirrte sie keineswegs. Busoni versuchte, sie in Schutz zu nehmen: «Noch immer», schreibt er 1894, «gefällt sich das musikalische Bürgertum darin, die modernen Virtuosen als Klassikverderber zu verschreien; indes gerade Liszt und dessen Schüler (Bülow, Tausig) für das allgemeine Verständnis Bachs und Beethovens Taten geleistet haben, gegen die jede theoretisch-praktische Schulmeisterei stümperhaft, alle stirnrunzelnden Grübeleien steif-würdiger Professoren ergebnislos erscheinen» (Busoni 1894, 154 Fußnote).

Die Kunstwerkveränderungen betrafen nicht nur die Noten, sondern auch den Rhythmus. So empfahl Henselt die Akzentvariation als heilsame Medizin gegen gedankenloses Herunterspielen von Stükken: «Meine Erfahrungen haben mich davon überzeugt, dass es ein Mittel gegen dieses Übel gibt. Es besteht darin, daß man beim Ueben die Akzente in den Takttheilen mit strengster Consequenz ändern läßt» (Henselt/Alsleben 1893, 3). Daß die Betonungsvariation bisweilen neue, gar nicht schlechte Musikstücke ergeben kann, führt Henselt am Beispiel der Etüde Op. 10 Nr. 5 von F. Chopin vor:

(Henselt/Alsleben 1893, 9)

146

Auch J. Brahms experimentierte häufig mit Akzentvariationen. Seine Schülerin F. May berichtet: «*Er glaubte nicht, daß es für mich nützlich sei, die gewöhnlichen Fünffingerübungen zu machen, sondern zog es vor, aus den Stücken und Etüden, mit denen ich mich gerade beschäftigte, Übungen zu bilden. Eine schwierige Stelle bearbeitete er häufig, indem er mich dieselbe nicht so, wie sie geschrieben war, üben ließ, sondern mit anderen Akzenten und in verschiedenen Figuren, mit dem Resultat, daß, wenn ich sie wieder in ihre ursprünglichen Form versuchte, die Schwierigkeiten bedeutend vermindert, wenn nicht gar verschwunden waren*» (May 1911, 9, 10).

Wie kreativ und ganz und gar nicht notentextgetreu Brahms übte, belegen ferner seine zahlreichen Klavierbearbeitungen und Studien (siehe Draheim 1988). Dazu ein Beispiel. F. May zitiert einen Bericht E. Marxens, dem Klavierlehrer von J. Brahms: «*Eines Tages gab ich ihm eine Komposition von Weber und ging sie gründlich durch mit ihm. Bei der folgenden Stunde spielte er sie mir tadellos und genau vor, wie ich es nur wünschen konnte, so daß ich ihn loben mußte. ‹Ich habe sie auf eine andere Art geübt›, meinte er, und er spielte die Stimme der rechten Hand mit der linken*» (zitiert nach Draheim 1988, 107). Es handelt sich dabei ohne Zweifel um das Schlußrondo aus der Sonate C-Dur op. 24. Im Jahre 1869 erschien das von Brahms umgearbeitete Rondo als zweite der «Studien für Pianoforte». Das ohnehin nicht ganz einfache Stück wird von Brahms durch die, allerdings niemals stereotyp durchgeführte, Vertauschung von linker und rechter Hand, durch Oktavversetzungen und zum Teil spiegelbildliche Anordnung der Figuration zu einem wahren Hexenkunststück.

Die Technik, Figuren spiegelbildlich auszuführen, liegt auch zahlreichen weiteren «Klavierwitzen» (Draheim 1988, 106), wie Brahms einige seiner Studien selbst nannte, zugrunde, so etwa den beiden Klavierbearbeitungen der g-Moll Violinsonate von Bach, die 1879 erschienen.

Rondo nach C. M. von Weber.

Presto nach J. S. Bach.

Presto nach J. S. Bach.

Zweite Bearbeitung

Presto.

Studie N<u>o</u> 4. (1879)

Brahms war übrigens nicht der einzige, der die Hände beim Üben vertauschte. Eschmann z. B. bemerkt: Schwierige Stellen «*mögen auch hie und da zur Abwechslung (gleichsam zum Spaß) mit gekreuzten Armen (die rechte Hand die Unterstimme, die linke Hand die obere) durchgespielt werden; das Zusammenspiel ist dann schwieriger*» (Eschmann 1878, 17).

Das auf den letzten Seiten beschriebene kreative Üben wurde nicht nur von den bekannten Künstlern, sondern von vielen Virtuosen in der zweiten Hälfte des 19. Jahrhunderts praktiziert. O. Klauwell z. B. schreibt: «*Dieses eigene Erfinden analoger Schwierigkeiten wie das Uebertragen einer bestimmten technischen Formation auf andere Verhältnisse (Tonarten, Lagen, Anschlagsarten) ist überhaupt als eine der fruchtbringendsten Thätigkeiten des angehenden Virtuosen zu betrachten*» (Der Klavier-Lehrer 1882, 134).

Stück für Stück systematisch üben

Im Gegensatz zum Virtuosen mußte sich der Dilettant streng an den Notentext halten (Der Klavier-Lehrer 1889, 190) und durfte keine Fehler machen (Köhler 1860, 250). Vor den schwierigen Passagen in Kunstwerken hatte er schon genug Angst. Er hätte nicht im entferntesten daran gedacht, sie noch weiter zu erschweren. Der Klavierlehrer ließ ihn allerdings mit seiner Angst nicht allein, sondern gab ihm einige Tips, mit deren Hilfe er schwierige Stellen systematisch erarbeiten konnte.

Köhler bedient sich eines anschaulichen Vergleichs, um dem Schüler zu erklären, wie er bei der Übung des Vortragsstücks zu verfahren habe: «*Wo diese Grundbedingungen erfüllt sind, da ist jedes zu übende Stück als eine Art hügelreichen Feldes zu betrachten: die Hügel sind die Schwierigkeiten, die Mittelebenen sind die Partien,* *welche mehr oder minder dem Fähigkeitsstandpunkte des Schülers entsprechen. Nun gilt es, das ganze Feld zu einer möglichst gleichen Ebene zu machen: dies geschieht durch stetes Begehen der Höhen im besonnenen Ueben; ist die Höhe an sich bearbeitet, so folgt die Angleichung der Stelle mit der Umgebung*» (Köhler 1860, 124). Der Textpassage entnehmen wir, daß die Vortragsstücke im Schwierigkeitsgrad so gewählt wurden, daß einige Stellen des Stückes den Stand der Fähigkeiten des Schülers überschritten. Dies war einige Jahrzehnte vorher noch nicht üblich gewesen. Die Auffassung hatte sich inzwischen dahingehend gewandelt, daß nicht nur Fingerübungen und Etüden dazu verwendet wurden, um musikalische und technische Fortschritte zu erzielen, sondern auch schwierige Stellen aus Vortragsstücken.

Köhler fährt fort: «*Hieraus folgert sich, daß ein stetes gerades Ueberspielen des Stückes (oder des aufgegebenen Theils) nicht zum Ziel und Zweck führt, denn es wird Alles immer im ungleichen Verhältnis bleiben, wenn überall gleichviel gespielt wird; der aufgegebene Satz ist in einzelne Theile zu theilen und diese sind nachher, wenn jeder derselben gut bearbeitet sein wird, organisch mit einander zu verschmelzen. Zunächst ist die Aufgabe mehrmals langsam*) auf das genaue K e n n e n - lernen hin, zu überspielen; sodann aber, auf das s i c h e r e K ö n n e n hin, tüchtig zu verarbeiten. Wie der Schmid das Eisen glüht, es fort und fort auf dem Amboss behämmert, so hat auch der Uebende mit seiner Aufgabe zu verfahren*» (Köhler 1860, 124). (An der mit *) bezeichneten Stelle wurde in einer späteren Ausgabe, der von 1905, das Wörtchen «einhändig» eingefügt).

Das Verfahren, das Stück in Teile zu zerlegen und diese separat entsprechend dem jeweiligen Schwierigkeitsgrad mehr oder minder oft zu wiederholen, stellt gegenüber der Zeit vor 1850 eine Neuerung dar. Wie wir im letzten Kapitel sahen, wurden bis zur Jahrhundertmitte nur die heiklen Passagen gesondert exerziert.

In der Neuausgabe des Buchs aus dem Jahre 1905 rutschte (aus Versehen?) das kleine Wörtchen «einhändig» in den Text. Der Sinnunterschied, der sich dadurch ergibt, ist beträchtlich. Im Jahre 1860 war es dem Klavierschüler noch erlaubt, beim ersten Kennenlernen eines neuen Stücks zweihändig zu spielen, im Jahre 1905 schon nicht mehr.

Man übe mit «klarem Sinn»

Beim anfänglichen Durchspielen eines neuen Stückes empfiehlt H. Schmitt, das Tempo so langsam zu wählen, daß sich von Anfang an keine Fehler einschleichen können (Schmitt op. 70, 1). Bei besonders schwierigen Passagen rät er, in gleicher Weise wie C. Fuchs, das Tempo noch weiter zu drosseln (Schmitt op. 70, 1; Fuchs 1870, 33). Die schwierigen Stellen sollen im Notentext mit Klammern markiert und anschließend nach Schwierigkeitsgraden sortiert werden (Schmitt op. 70, 1).

Das anschließende Üben sollte immer bedächtig, ohne Hast und Eile und mit klarem Sinn erfolgen (Schmitt op. 70, 1; Schwarz 1872, 79). «*Von da ab*» schreibt zum Beispiel auch L. Köhler, «*geht es i m m e r m i t k l a r e m S i n n , ohne innere Hast, wiederholt fort, bis sich (nach Stunden, Tagen oder Wochen, ja Monaten) der höhere Vortrag mit der höheren Freiheit der technischen Bewälti-* gung findet*» (Köhler 1860, 125). Köhler, Schwarz und Schmitt wußten bereits, daß Automatisierungsprozesse durch Ruhe und nicht zu großes emotionales Engagement eher gefördert werden als durch Hast und starke gefühlsmäßige Anteilnahme. Köhler kannte auch die Gründe, weshalb sich oft Hast und emotionale Erregung einstellen: «*... durch langsames Ueben kommt man oft rascher von der Stelle, als durch schnelles (je nachdem es nämlich geeignet ist). Der Schüler bedenke, um seine Eile zu beschwichtigen, daß er in der Z e i t spielt und diese ja vorhanden! Der Schüler kommt am besten zum gewünschten Ziele, wenn er bei f l e i ß i g e m u n d g u t a r t i g e m U e b e n , sich gar keinen Z e i t p u n k t d e s F e r t i g s e i n s i m V o r - a u s b e s t i m m t* » (Köhler 1860, 130).

Bis zur Jahrhundertmitte wählte man allenfalls ein gemäßigtes Tempo beim Einüben von Vortragsstücken. Köhler dagegen rät ausdrücklich zum Langsamspielen. Allerdings trägt er diese Forderung noch recht moderat vor; er warnt nämlich gleich im Anschluß daran vor den Gefahren des übertrieben langsamen und bedächtigen Übens: *«Doch werde andererseits auch nicht die sich natürlichmachende Geläufigkeitsentwicklung durch peinliche Bedächtigkeit gehemmt: das eigene, lebendige, sichere Gefühl für das Rechte muß da sein zu bestimmen wissen. Der Schüler muß das nothwendige Tempo eines Stückes k e n n e n und – darnach mit B e - d a c h t streben; wo es ihn ungehörig treibt, bedenke er wol, daß Weiterspielen nicht auch Weiter k o m m e n ist, daß im Gegentheil Weiterkommen von dem vollständigen Erschöpfen jeder Stelle in ihrer Schwierigkeit besteht»* (Köhler 1860, 130, 131).

Um klaren Sinn, Ruhe und Besonnenheit beim Üben zu gewährleisten, gaben einige Klavierpädagogen den meines Erachtens sehr guten Rat, Musikstücke, solange die technischen Schwierigkeiten noch nicht bewältigt waren, «anästhetisch» (Fuchs 1870, 33), das heißt ohne musikalischen Ausdruck zu üben (Ehrlich 1891; Lambert 1899, Vorwort; Scharwenka 1907, 120). E. Breslaur beispielsweise warnt: *« U e b e n i c h t f o r t w ä h r e n d m i t S e e l e , die Gemüthserregung, in welche uns ein edles Musikstück versetzt, fortlaufend zum Ausdruck bringen zu wollen, hat die schädliche Wirkung eines sich wiederholenden Rausches, sie entnervt»* (Breslaur 1896, 196). Durch anästhetisches Üben wird verhindert, daß sich Verspannungen einstellen, die durch großes emotionales Engagement und hohen musikalischen Anspruch bei gleichzeitig noch fehlenden gestalterischen Mitteln hervorgerufen werden.

Fünfminütiges Üben

Um komplizierte Stellen gefügig zu machen, rät Köhler ähnlich wie F. Wieck (1853, 19) zum oftmaligen, fünfminütigen Üben: *«Was die erwähnte Behandlung der einzelnen Schwierigkeiten betrifft, so hat man sich öfter eigens wegen derselben an das Klavier zum ernstesten Arbeiten zu setzen und n u r a l l e i n die Schwierigkeiten zu bearbeiten; giebt es gewisse einzelne zähe Figuren oder Passagen zu bewältigen, die trotz anhaltenden Uebens ‹nicht in den Fingern bleiben wollen›, so setzte man sich des Tags öfter im Vorbeigehen an das Klavier und spiele ein paar Mal (oder für etliche Minuten) die spröden Stellen r e i n und g l e i c h - m ä ß i g durch – so leben sie sich mehr ein»* (Köhler 1860, 125).

Inzwischen ist durch eine Vielzahl psychologischer Experimente belegt worden, daß zeitlich verteiltes Lernen zu besseren Lernergebnissen führt als kontinuierliches Lernen (zum Beispiel Foppa 1965). Die Übeeinteilung in mehrere Stunden- oder Halbstundenabschnitte ist jedoch nicht das eigentlich Bemerkenswerte, sondern vielmehr das wiederholte, fünfminütige Üben. Mit dieser Methode lassen sich in der Tat sehr gute Lernergebnisse erzielen. Sie ist gerade auch für kleinere Kinder zu empfehlen, weil diese sich noch nicht wesentlich länger konzentrieren können. Außerdem entspricht die Zeitspanne von fünf bis zehn Minuten in etwa der Dauer der spielerischen Beschäftigung mit anderen Gegenständen. Das Klavier erhält somit keinen Sonderstatus gegenüber anderen Spielzeugen. Es steht wie diese im Kinderzimmer herum und zieht die Aufmerksamkeit des Kindes von Zeit zu Zeit auf sich.

Die wissenschaftliche Erforschung der schwierigen Stelle

Die sorgfältige Analyse der schwierigen Stelle, wie sie in der folgenden Textpassage von Köhler beschrieben wird, kommt der exakten Methode des naturwissenschaftlichen Experiments nahe: «*Man hat bei jeder Schwierigkeit wol zu ergründen: w o d u r c h sie dem Spieler schwer ist, um danach die Uebungsmittel in Bewegung zu setzen. Zunächst ist bei einer solchen Stelle der m e c h a n i s c h e K e r n p u n k t der Schwierigkeit zu suchen, was durch prüfendes Spielen und so lange geschieht, bis man ihn, in einer gewissen Ton- und Anschlagsfolge bezüglich der dazu gehörigen Fingerbewegung gefunden hat. Sodann ist zu untersuchen . . ., ob etwa die Schwierigkeit durch eine unzulängliche und ungleiche mechanische Fingerbildung (z. B. der Finger 3,4–4,5) oder dergleichen Gelenkbildung (z. B. Handgelenk) besteht; oder ob es speziell eine eigenthümliche Tonfigur ist, welche die Stelle, selbst mechanisch geschulten Fingern und Gelenken, schwierig macht. Im ersten Falle steht es schlimm; denn da ist die Natur der Glieder und Gelenke zu überwinden und zu bilden, was während längerer Zeit eine tägliche Uebung erfordert . . . Dagegen ist im andern Fall . . . die Schwierigkeit leichter überwunden, denn einige Tage lang anhaltende Werbung wird sie bald bewältigen*» (Köhler 1860, 125, 126).

Das Verfahren, den Kern der Schwierigkeit, genauer: den mechanischen Kern herauszufinden, kann wohl mit Recht auch heute noch Gültigkeit beanspruchen. Auffällig dabei ist, daß Köhler bei der Ursachenanalyse nicht vom Klang, sondern von der Analyse der Spielbewegung ausgeht. Diese Methode wäre Czerny noch fremd gewesen. Köhlers Ursachenanalyse ist vortrefflich. In der Tat ist jeder Lehrer gut beraten, wenn er sich die doppelt gerichtete Fragestellung Köhlers zu eigen macht. Denn je nachdem, wo die Ursache liegt, in unzureichend ausgebildeter Mechanik oder nur darin, daß die Bewegungsfigur neu und daher noch ungewohnt ist, muß eine andere Übemethode gewählt werden.

Zum Wiederholen von schwierigen Passagen gibt Köhler folgende Anweisung: «*Es ist zu tüchtigem Ueben eine besondere Art Geschicklichkeit nöthig, die gewissermaßen eine bequeme Zurichtung und Bearbeitung schwerer Stellen möglich macht. Diese nämlich sind nicht immer im Stücke so, daß man sie, wie es doch nöthig ist, oft nacheinander spielen könnte; vielmehr beziehen sie sich meist auf Folgendes, mit dem sie eng zusammenhängen und in das sie hineinführen; wenn man aber eine einzelne Stelle oft nacheinander ununterbrochen wiederholt, so bedingt das in gewisser Weise ein Ineinandergreifen ihres Anfanges und Endes, denn beim Wiederholen folgt jener immer auf dieses. Um der A b r u n d u n g der Uebungsstelle Willen ist es daher zweckmäßig und angenehm, sich eine solche derartig zu bilden, daß zwar die Figur wesentlich dieselbe bleibt und besonders der Hauptpunkt der Schwierigkeit gewahrt wird, doch daß ihr Anfang leicht wieder auf das Ende folgen, dieses in jenen hineinmünden könne. Man theilt zu dem Zweck die ‹schlimme Stelle› von ihrer Umgebung ab, nimmt sie in Gedanken heraus und benutzt dann das Geschick des Fingersatz-Erfindens dazu, die betreffende Figur wiederholungsfähig zu gestalten, so daß sie ein besonders für sich bestehendes Gebilde wird.*

Betrifft es nicht die Figur, sondern nur eine gewisse mechanische Fingerfolge, so ist die passende Uebung leicht gemacht . . .

Betrifft es besonderen Gelenk-Anschlag, so wird das betreffende Gelenk für die Stelle gebildet. Solche Bildung macht sich gewöhnlich leicht durch Aenderung, Hinweglassung oder Hinzusetzung eines Tones oder deren etlicher, die eben die beabsichtigte Uebung nicht beeinträchtigen, sondern eher fördern» (Köhler 1860, 127, 128).

Köhler hat sehr wohl die Gefahr erkannt, die sich ergibt, wenn man eine Passage ununterbrochen repetiert. Auf diese Weise stellt sich nämlich eine Assoziation zwischen Anfang und Ende der Phrase ein. Diese Verbindung wird beim fortlaufenden Spiel allerdings überhaupt nicht benötigt, im Gegenteil: sie behindert. Eine Veränderung der Nahtstelle in einer abgespaltenen Übung gewährleistet, daß eine solche zufällig hergestellte Assoziation nicht zu einer «Fehlerfalle» wird.

Ebenso ist die Methode der Fingersatzvariation, die unter anderem auch von Busoni praktiziert wurde (Muthmann 1984, 381), zur Nachahmung weiterzuempfehlen. Dadurch wird sowohl Stabilität als auch Variabilität des Bewegungsmusters trainiert. Bisweilen ist es sogar günstig, völlig verrückte Fingersätze zu erfinden. Die Lockerheit des Originalfingersatzes wird dadurch in jedem Fall gefördert.

Wie man obigem Zitat entnehmen kann, war es nicht nur den Virtuosen vorbehalten, spröde Stellen durch Hinzufügen oder Weglassen von Tönen zu verändern. Diese Übemethode, auf die in der AmZ bereits im Jahre 1826 hingewiesen wird (AmZ 1826, 724, 725), ist aus zwei Gründen sinnvoll: Erstens wird dadurch das Wiederholen nicht langweilig. Zweitens fördert die variable Übung die Sicherheit und Lockerheit des Bewegungsmusters. Dieses Übeverfahren ist insbesondere dann zu empfehlen, wenn man den mechanisch-schweren Kern einer Passage herausfinden möchte. Manchmal löst sich eine Schwierigkeit von selbst, wenn man einen passenden «Brückenton» entdeckt hat.

Durch das Auslassen von Tönen, das übrigens auch von Schmitt (op. 70, 7) angeraten wird, lassen sich häufig komplizierte und verwickelte Figuren auf ihr melodisches und harmonisches Grundgerüst reduzieren und auf diese Weise auch leichter einprägen. Manchmal ist es sinnvoll, nicht nur unwichtige, sondern auch betonte Töne wegzulassen. Gerade dann, wenn ein Stück schon flüssig von der Hand geht, schleichen sich Unsauberkeiten nämlich mit Vorliebe auf den unbetonten Taktteilen und Durchgangsnoten ein.

Übevarianten

Nicht nur die Virtuosen, sondern auch Dilettanten übten, in begrenztem Ausmaß versteht sich, schwierige Passagen variantenreich. Beliebt waren u. a. rhythmische und anschlagstechnische Varianten. H. Schmitt beispielsweise gibt in seiner «Studie, wie man Stücke üben soll» den Tip, schwierige Lauf- und Sprungpassagen auf diese Weise zu üben, weil sie dadurch gleichmäßiger im Anschlag werden und darüber hinaus leichter memoriert werden können. Hier einige Beispiele (Schmitt op. 70, 3, 5, 7):

Sehr gut ist es auch am Clavier, wenn man die langsame Durchnahme der Figur: einmal *legato,* einmal *staccato* und dann viermal *legato* schnell durchnimmt, z. B.:

In Schumann's *C-dur*-Fantasie Op. 17, am Schluss des zweiten Satzes spiele man z. B.:

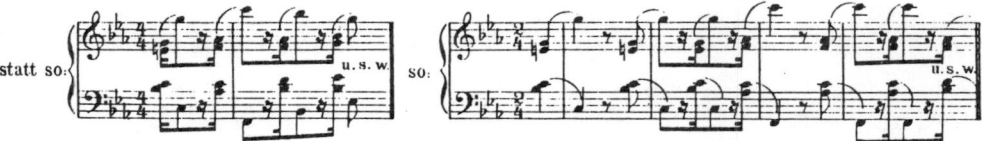

Gute Lernerfolge gerade bei schnellen und verwickelten Laufpassagen stellen sich ein, wenn man, wie Schmitt weiter vorschlägt, jedes Notenpaar der Passage zweimal statt einmal spielt.

(Schmitt op. 40, 4)

Auf diese Weise wird die Reversibilität der Verbindung zwischen zwei Anschlägen trainiert. Es ist ein psychologisches Gesetz, daß gleichzeitig mit dem allmählichen Einschleifen der sukzessiven Assoziation A–B auch die Assoziation B–A gestärkt wird. Solche rückläufigen Assoziationen ergeben sich z. B. beim Schreibmaschineschreiben (Verwechslung ei und ie), man findet sie häufig in der Kindersprache, und sie treten auch bisweilen beim Musizieren auf. G. Mantel hat in seinem «Cello üben» darüber berichtet (Mantel 1987, 186). Weil durch das Verdoppeln von Notenpaaren beide Assoziationen im Wechsel zueinander trainiert werden, wird zumindest eine sich unbewußt einstellende, rückläufige Assoziation ausgeschlossen. Außerdem ist diese Methode gut, um spontane Bewegungen auszubilden, denn störungsfreie Reversibilität ist ein wichtiges Merkmal einer unwillkürlichen Bewegung. Eine spontane Bewegung unterscheidet sich von einer willkürlichen dadurch, daß sie sich problemlos umkehren läßt. Die Pendelbewegungen von Armen und Beinen beim Laufen sind z. B. solche spontanen Bewegungen.

Und schließlich ist es auch das Verdoppeln von Tönen in Lauf- oder Akkordpassagen sehr zu empfehlen.

z. B. so:

(Schmitt op. 40, 5)

Im Prinzip handelt es sich bei diesem Verfahren um auf die Übung eines Musikstückes angewendete Zweitonfingerübungen (siehe Kapitel 2). Durch die zwei- oder mehrmalige Repetition einer Note mit dem gleichen Finger wird der Finger gezwungen, seine Fixierung sofort nach dem Anschlag wieder zu lösen. Diese Übevariante, die übrigens auch von F. Liszt praktiziert wurde, ist besonders dann anzuraten, wenn ein perlendes Leggiero erreicht werden soll (Boissier 1832/1930, 90).

153

Vom Vortragsstück zur Fingerübung

Viele Klavierspieler übten schwierige Stellen, indem sie eigene Übungen bildeten. Exemplarisch führt Köhler vor, wie man dabei zu verfahren hat: *«Zeigt sich zum Beispiel bei einer solchen Stelle,*

usw., daß die Spannung bei der Schnelligkeit schwer wird, so hat man zu erkennen, daß die Töne

auf dem Dreiklange G-Dur (g-h-d) beruhen, fis ist eine leitermäßige Uebergangsnote zu g; durch weitere Ausführung dieser Figur ergiebt sich diese Passagenübung,

deren Noten mit jeder Hand v o r - w ä r t s wie z u r ü c k zu spielen sind; jener mechanische Kernpunkt, die S p a n n u n g mit den Fingern 3-4 der Rechten, wird darin gut eingeübt. Wenn man den G-dur-Dreiklang in den von C-Dur übergehend denkt

und in diesem Sinne von g nach unten zurück arpeggirend spielt, so ergiebt sich, (mit einem a als Uebergangston zum untern g), folgende bildende Passage

u. f. f.

Die Übung wird durch größere Spannung noch fördernder, wenn man beide Akkorde in moll (g-Moll und c-Moll) setzt, wonach der Uebergangston nach unten, der Molltonleiter gemäß, as heißen muß, z. B.:

u. f. f.

So erhält dann die linke wie die rechte Hand gleiche Tasenverhältnisse, und die Uebung ist eine vollkommen abgerundete Passage, die vortrefflich bildet und in sich selbst harmonisch fertig ist. Kommt nun so etwas in der Klavierstunde vor, mag es immer auch notirt werden und zwar versuchsweise vom Schüler selbst; es ergiebt sich dadurch eine Sammlung von Uebungen, die noch dadurch vervielfältigt werden können, daß man jede einzelne transponirt, wie z. B. die vorhin gegebene so:

oder so:»

(Köhler 1860, 153, 154)

Der im Klavierspiel fortgeschrittene Leser wird natürlich längst erkannt haben, daß das Beispiel Köhlers fast identisch ist mit der Übung Nr. 8 aus Brahms' «51 Übungen», die allerdings erst 30 Jahre später erschienen sind. Bei Brahms kommt als Erschwernis lediglich noch die Akzentverschiebung um einen Sechzehntel hinzu. Das Beispiel ist insofern interessant, als es einen Einblick in die Technik gibt, mit der Brahms seine «51 Übungen» komponierte. Doch das ist nur der eine Punkt. Aus der Textpassage kann man außerdem erkennen, daß die «51 Übungen» von Brahms bei weitem keine Ausnahme waren. In Köhlers Unterricht lernte jeder Schüler, solche Übungen selbst zu konstruieren.

Hier ergibt sich eine unerwartete Querverbindung zu den Bachschen Sätzchen; auch diese waren kleine Kunstwerke, die sowohl technischen als auch musikalischen «Pfiff» hatten. Verwunderlich ist diese Querverbindung nur für den, der nicht weiß, welch profundes Wissen Brahms und Köhler über Bach hatten. Es zeigt sich hier einmal mehr, wie wichtig Urvater Bach für die Musikgeschichte des 19. Jahrhunderts war.

Bei aller Ähnlichkeit zwischen Bach auf der einen und Köhler und Brahms auf der anderen Seite besteht jedoch auch ein fundamentaler Unterschied. Das Bachsche Sätzchen diente als Keimzelle, aus der Etüden, Improvisationen und Kompositionen entwickelt wurden, das Sätzchen von Köhler dagegen wurde rückwirkend aus der Komposition gebildet. Man kann hieran recht gut ersehen, wie der Übeprozeß gleichsam von den Füßen auf den Kopf gestellt wurde. Ursprünglich war das Spiel von Passagen die Grundlage, auf der das Üben von Sätzchen, Etüden und Vortragsstücken aufbaute. Nun ging der Weg umgekehrt.

Keine verfrühte Antizipation von Spielbewegungen

Weitere Erkenntnisse über das Üben schwieriger Stellen haben in der zweiten Jahrhunderthälfte vor allem jene Klavierpädagogen gewonnen, die sich eingehender mit der Analyse von Spielbewegungen befaßten. So entdeckten A. Kullak und G. Stoeve, daß die verfrühte und forcierte Antizipation von Spielbewegungen oft eine derjenigen Ursachen ist, die das Gelingen einer schwierigen Passage verhindern. Bei Kullak kann man lesen: *«Hinsichtlich der Verbindung der Töne muß eine solche Berechnung der Bewegungen stattfinden, daß jede vorbereitet ist und den ihr zugedachten Moment nicht in einer ruckweisen Hastigkeit, nicht in einem Scheine von Verspätung oder Uebereilung ausfüllt, sondern in einem gleichmäßigen, der Dauer des Moments angemessenen Grade von Ruhe und Sicherheit»* (Kullak 1860/1889, 130). Noch etwas klarer drückt sich G. Stoeve aus: Forcierte Bewegungen seien störend, *«wenn es sich beim Klavierspiel darum handelt, die einzelnen Bewegungen – sei es gemessen ruhig, sei es hastig-erregt – immer aber doch s o m ü h e l o s w i e m ö g l i c h*

auszuführen. Jede forcierte Vorbereitungsbewegung bedingt ferner beim Beginn der ihr folgenden Hauptbewegung ein gewisses l o s r e i ß e n ..., welches der Bewegung nach unten ihre ruhige Kraftentfaltung und somit ihre Treffsicherheit nimmt» (Stoeve 1886, 55).

Eine häufige Ursache, weswegen schwierige Stellen nicht gelingen, ist nach meiner Erfahrung in der Tat die zu frühe oder zu späte Innervation; und zwar gilt dies gleichermaßen für die psychische wie für die physische Seite. Eine zu frühe gedankliche Antizipation ist ebenso hinderlich wie eine zu frühe Bewegungsvorbereitung; eine zu späte gedankliche Antizipation trägt ebenso wenig zum Gelingen bei wie eine zu späte Bewegungsvorbereitung. Kullak und Stoeve haben damit bereits erkannt, was erst siebzig Jahre später von W. Bardas in dem Bändchen «Zur Psychologie des Klavierspiels» (1927) als zentrales Problem des Übens ausführlich behandelt wurde. Kullak kennt ein bewährtes Mittel gegen die forcierte, zu frühe Antizipation: Er empfiehlt, wie übrigens auch Stoeve an anderer Stelle, eine ruhige und ununterbrochene Bewegung bei gleichzeitiger, gemäßigter Konzentration auf den jeweils gegenwärtigen Moment des musikalischen Geschehens.

Gut beobachtet hat G. Stoeve ein anderes Phänomen: *«Die allermeisten Klavierspieler gewöhnen sich mit der Zeit daran, bei besonders schwierigen Stellen, welche noch nicht sicher genug geübt sind, eine gebückte Haltung anzunehmen. Dies ist aber grade der verkehrte Weg, um jener Schwierigkeit zu begegnen. Ich kann aus langer Erfahrung versichern, dass oft grade jene gebückte Haltung an der Nichtüberwindung solcher Stellen Schuld war, dass ein schlimmer Lauf, eine schwere Oktaven-Passage, welche nie glatt ging, beim ersten Male gelang, wo sich der Oberkörper dabei reckte. Dasselbe gilt von einem grossen Crescendo. Hier kann man mit Erfolg zu Anfang eine etwas gebückte Haltung einnehmen, soll nun aber im Lauf des crescendo den Körper allmälig immer mehr recken, sodass man beim Höhepunkte des forte die äusserst aufgerichtete Haltung einnimmt»* (Stoeve 1886, 43, 44).

Wenn man eine schwierige Passage spielt, strengt man sich üblicherweise besonders an. Geistige Konzentration ist aber fast immer auch mit muskulären Reaktionen verbunden und zwar mit solchen, die allesamt in Richtung einer Körperkontraktion wirken. Durch eine geschlossene Körperhaltung wird aber gerade der ungehinderte Fluß der Bewegung eingeschränkt, der zur Bewältigung der schweren Stelle notwendig wäre. Die Reckbewegung löst die Körperkontraktion, indem sie den Körper öffnet. Nachdem die konzentrationsbedingten Verspannungen somit beseitigt sind, ist es nicht mehr verwunderlich, daß die spröde Stelle plötzlich gelingt (siehe weiterführend: Gellrich 1988).

Die Beispiele auf den letzten Seiten verdeutlichen, zu welch weitreichenden Erkenntnissen einige Klavierpädagogen in der Zeit um 1850 vorgedrungen sind, als sie darangingen, ihr Handwerkswissen mit Hilfe wissenschaftlicher Methoden zu reflektieren und systematisch niederzuschreiben. Die aus dieser produktiven Zusammenarbeit zwischen Wissenschaft und Praxis gewonnenen Erkenntnisse trieben den Wissensstand über Klaviertechnik, Üben und Unterrichten auf ein so hohes Niveau, daß seitdem kaum mehr neue Entdeckungen gemacht werden konnten. Dies zeigt z. B. ein Vergleich mit einem der wohl besten neueren Bücher über Klavierüben, G. Philipps «Klavier, Klavierspiel, Improvisation» (Philipp 1984). In der darin auf den Seiten 146 ff. und 401 ff. gegebenen Zusammenstellung von Übevarianten findet man kaum eine Variante, die im 19. Jahrhundert nicht schon bekannt gewesen wäre.

Wie die Kunst des Klavierspiels auf den Kopf gestellt wurde

Wir sind nun am Schluß unseres Streifzuges durch die Geschichte der Klavierübung angelangt. Obwohl eine ganze Reihe von Aspekten angesprochen und diskutiert wurden, sind aus Platzgründen viele wichtige Themen unbehandelt geblieben, so z. B. das Generalbaß-, das Blatt-, das Auswendig- und das Vierhändigspiel sowie die Entwicklung der Virtuosenetüde in der zweiten Hälfte des 19. Jahrhunderts. Zu kurz gekommen ist auch der gesamte Bereich des musikalischen Ausdrucks und die Querverbindung zwischen Gesangs- und Klavierunterricht. Ferner haben wir nur eine vage Vorahnung von den Auswüchsen der schwarzen Klavierpädagogik bekommen, die ihre Blütezeit gegen Ende des 19. Jahrhunderts hatte. Schließlich müßte noch den weiterführenden Fragen nachgegangen werden, warum sich die aufgezeigten Umstrukturierungsprozesse ereignet haben und wie diese in den gesellschaftspolitischen und ökonomiegeschichtlichen Kontext einzuordnen sind. Zu einigen der genannten Aspekte werde ich, soweit nicht bereits geschehen, in weiteren Publikationen schreiben (Gellrich 1990, 1993a, 1993b).

Bevor wir uns nun im Abschlußkapitel dem Fragenkomplex zuwenden, was aus alledem für die gegenwärtige Praxis des Instrumentalunterrichts folgt, muß noch die Frage geklärt werden, was es mit dem Kopfstehen des Klavierspielers auf dem Titelbild auf sich hat. Dieses Kopfstehen hat unmittelbar mit dem Wandel der Kunst des Klavierspiels zur Interpretationskunst zu tun, der sich etwa um die Mitte des 19. Jahrhunderts ereignete.

Als das Klavierspiel noch eine produktive Kunst war, also jeder Klavierspieler zumindestens potentiell improvisieren und komponieren lernen konnte, ergab sich das Vortragsstück fast zwangsläufig als Endprodukt des handwerklichen Übens. Als sich die Interpretationskunst durchsetzte, wurde das vorgegebene Kunstwerk dagegen Ausgangs- und Zielpunkt des Übens. Solange das Klavierspiel als Kunsthandwerk betrieben wurde, eignete sich ein

Pianist durch das Spiel von selbst erfundenen Passagen und Übungsstücken diejenigen musikalischen und technischen Fertigkeiten an, die er zum Improvisieren und Komponieren benötigte. Im Rahmen der Interpretationskunst wurde dagegen das Spiel von Etüden und Passagen funktionalisiert. Sie wurden von Noten abgespielt, zur reinen Fingerübung degradiert und dienten nur noch dazu, die technischen Voraussetzungen für die Kunstwerkinterpretation zu schaffen. Andere handwerkliche Übeformen, wie etwa das Generalbaß- und das Variationsspiel sowie die freie Improvisation und das Sätzchenspiel, waren als Lernschritte auf dem Weg zur Kunstwerkinterpretation nicht unmittelbar nützlich und verloren daher, wie wir gesehen haben, ihre Bedeutung. Gleichzeitig mit dem Interpretationsparadigma etablierte sich die strenge Zweiteilung in die Technik- und Musikübung, die unser Üben bis heute bestimmt. Seither stehen Fingerübungen und Etüden relativ bezugslos neben der eigentlich musikalischen Arbeit an Vortragsstücken. Die Passagen- und Etüdenübung war einst die Spielwiese, auf der sich Virtuosen nach Herzenslust austobten; für den reproduzierenden Künstler ist die Spielwiese zum steinigen Feld geworden, das in mühevoller Fronarbeit beackert werden muß.

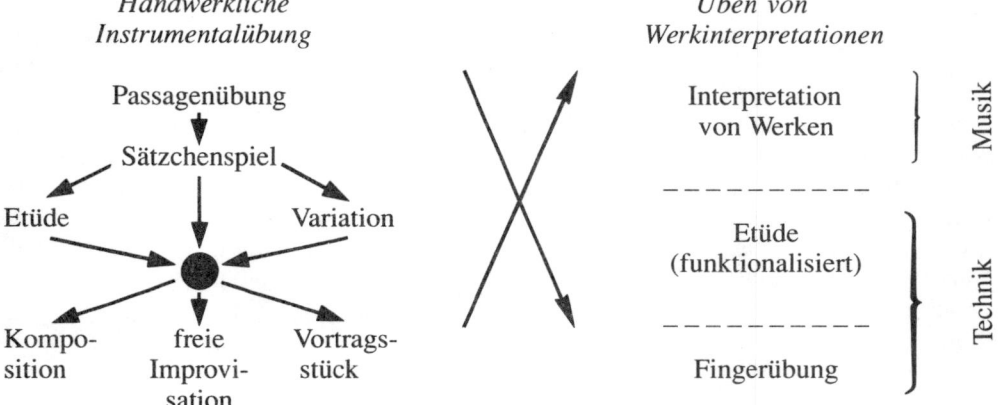

157

13. Kapitel
Das Neue könnte das vergessene Alte sein

In diesem Schlußkapitel wollen wir uns mit Fragen und Problemen beschäftigen, die sich ergeben, wenn man versucht, die alte Lernmethode auf heutige Verhältnisse zu übertragen. Es ist klar, daß mit den Antworten auf diese Fragen problemlos ein ganzes Buch gefüllt werden könnte. Aber dafür ist der Zeitpunkt sicherlich noch zu früh. Was die Übertragung der alten Methode auf die Gegenwart betrifft, stehen wir erst am Anfang. Deshalb kann die Aufgabe dieses Kapitels nur darin bestehen, einige Probleme anzureißen und Perspektiven für die Weiterarbeit aufzuzeigen. Darüber hinaus werde ich über Erfahrungen aus meinem Unterricht berichten und einige Hinweise auf neueres Unterrichtsmaterial geben, mit dessen Hilfe Improvisation und Komposition wieder in den Klavierunterricht integriert werden können.

Welcher Musikstil ist heute die musikalische Muttersprache?

Wenn man versucht, das muttersprachliche Musiklernen wieder zu aktivieren, steht man zunächst vor der Frage, was denn die Muttersprache Musik heute ist. Zu Mozarts und Beethovens Zeiten gab es eine solche Muttersprache noch. Damals existierte in einer bestimmten Region und zu einer bestimmten Zeit noch eine einheitliche Musiksprache, genauer gesagt ein bestimmter Dialekt, der von allen Menschen verstanden und ähnlich wie die Muttersprache tradiert wurde. Heute dagegen wächst ein Kind in einer akustischen Umwelt auf, die von einem heillosen Musiksprachengemisch durchzogen ist. Wir brauchen nur das Radio aufdrehen und es ertönt gleichzeitig zum Beispiel deutsche Barockmusik, englische Popmusik, amerikanische Rockmusik und südamerikanische Folklore. Stellen wir uns vergleichsweise vor, welche Probleme ein Kind mit dem Muttersprachenerwerb hätte, wenn der Vater Althochdeutsch, die Mutter Englisch, der Opa Spanisch und die Oma Russisch sprechen würde. Aber genau mit dieser Schwierigkeit ist jedes Kind heute konfrontiert, das seine Muttersprache Musik erlernen möchte.

Nun ist das Problem heute teilweise schon erkannt worden. In Japan z. B. bemüht man sich seit Jahren, mit Hilfe der Suzuki-Methode wieder ein Modell muttersprachlichen Musiklernens gesellschaftsweit zu etablieren. Trotz der zweifelsohne vielen positiven Aspekte der Suzuki-Methode, frage ich mich allerdings, ob es sinnvoll sein kann, das Rad der Geschichte einfach zurückzudrehen und allen japanischen Müttern und ihren Kindern die klassische europäische Musik als Muttersprache zu verordnen. Dies ist genauso fragwürdig, wie wenn in Deutschland Altjapanisch als Muttersprache eingeführt würde. Außerdem muß mitbedacht

158

werden, daß das muttersprachliche Lernkonzept Suzukis so aufgebaut ist, daß die Kinder zwar das perfekte, wirklich bestechend perfekte Nachahmen der klassischen Musiksprache auf ihren Instrumenten beigebracht bekommen, aber kaum einen Satz in dieser Sprache selbst formulieren können. Das muttersprachliche Musiklernen ist demnach in der Suzukimethode nur halb verwirklicht.

Ein weiteres Hindernis, weshalb sich gegenwärtig ein Konzept muttersprachlichen Musiklernens nur schwer realisieren läßt, besteht darin, daß Kinder heutzutage kaum noch singen. – Und Kinder, die nicht singen können – davon wissen alle Lehrer ein Lied zu singen, die Anfangsinstrumentalunterricht geben –, haben große Schwierigkeiten, sich musikalisch auszudrücken. Die Gründe für den Rückgang des Singens sind zahlreich. Erstens sind wir heute nicht mehr gezwungen, unsere Musik selbst zu produzieren, da wir von Radio, Fernsehen und Schallplatte unablässig mit Musik versorgt werden. Zweitens ist es heute bei weitem nicht mehr üblich, daß Mütter oder Kindergärtnerinnen mit ihren Kindern singen. Und drittens stehen wir vor dem Problem, daß wir, bedingt durch die Zeit des Faschismus, immer noch ein sehr gespaltenes Verhältnis zu unserer Liedtradition und zum Singen überhaupt haben.

Gleichwohl ist die Lage nicht ganz so hoffnungslos. Es gibt nämlich einige nach dem Vorbild des muttersprachlichen Musiklernens gestaltete Unterrichtskonzepte, durch die Schüler konsequent über das Singen zum Instrumentalspiel geführt werden. Zu nennen wären hier vor allem die Methoden nach Kodály und Willems, für die man sich in letzter Zeit im deutschen Sprachraum mehr zu interessieren beginnt (Kodály 1983, Willems 1940/1946, 1956). Allerdings wagen bislang nur wenige Lehrer, diese Methoden auch konsequent in die Praxis umzusetzen. Ein wesentlicher Grund hierfür ist sicherlich darin zu sehen, daß beide Unterrichtskonzepte auf der relativen bzw. absoluten Solmisation beruhen, die trotz der vielen inzwischen angebotenen Kurse bisher nur wenige Instrumentallehrer so gut beherrschen, daß sie diese auch im Unterricht anwenden können.

Ähnlich wie beim Singen im besonderen sieht auch die Situation bezüglich des muttersprachlichen Musiklernens im allgemeinen nicht ganz so düster aus, da die heute existierende Vielfalt von lebendigen Musiksprachen auch ein positives Entwicklungspotential in sich birgt. Dem improvisierenden und komponierenden Musiker bietet sich ein fast unerschöpfliches Experimentierfeld, da ihm sowohl die Musiksprachen verschiedener Länder als auch das gesamte Erbe unserer Kultur bis zur Atonalität und U-Musik zur Verfügung stehen. Insbesondere dann eröffnen sich ungeahnte Möglichkeiten, wenn man verschiedene Musiksprachen bzw. Dialekte, deren «Wörter», Regeln und Grammatiken miteinander reagieren läßt und auf diese Weise neue Musiksprachen kreiert. Im Bereich des Rock, Jazz und in der Folklore floriert die Musikkultur auf diesem Gebiet inzwischen ganz prächtig. Und warum sollte es nicht möglich sein, auch das Erbe und den Erfahrungsschatz der traditionellen ernsten Musikkultur mit in diese neuen kulturellen Ausdrucksformen einzubeziehen? Hierdurch böte sich vielleicht die Chance, daß der Sprachverlust der ernsten Musik, der zweifellos im Laufe des 19. und 20. Jahrhunderts stattgefunden hat, aufgehalten wird und umgekehrt sogar rückgängig gemacht werden kann.

Die Chancen für die Entwicklung neuer Musiksprachen sind unter anderem auch deshalb gar nicht schlecht, weil viele Kinder, wie ich erlebt habe, oft gar keine großen Schwierigkeiten mit dem Musiksprachengemisch in ihrer Umwelt haben. Sie finden nämlich, vorausgesetzt man läßt sie, durchaus problemlos ihren musikalischen Stil. Meiner Erfahrung nach spielen bei dieser Stilfindung die Eltern, aber auch Peer Groups eine entscheidende Rolle. Wenn die Eltern z. B. in den ersten zehn

Lebensjahren eines Kindes viel Bebop-Jazz hörten, wird es, wenn man ihm die Wahl der Musiksprache überläßt, später im Bebopstil improvisieren oder den Bebopstil weiterentwickeln. In gleicher Weise wird ein Kind, dessen Eltern Fans von Barockmusik sind, später leichter und besser im Barockstil improvisieren und komponieren als z. B. im Stil von Bartok. Aber auch der Lehrer kann maßgeblichen Einfluß auf die Musikpräferenz seiner Schüler gewinnen. Dies zeigen z. B. die Kompositionen einiger Klavierschüler von P. Heilbut (1985), der seit Jahren damit experimentiert, Klavier- und Kompositionsunterricht miteinander zu verbinden. Die Kompositionen der Kinder sind fast durchweg im Stil ihres Lehrers abgefaßt.

Welche Handwerksregeln sind heute gültig?

In gleicher Weise, wie es Schwierigkeiten bereitet, das muttersprachliche Lernkonzept auf heute Verhältnisse zu übertragen, ergeben sich eine Reihe von Problemen, wenn man versucht, das handwerkliche Lernen wiedereinzuführen. Obwohl uns vielleicht einige Strukturmerkmale des handwerklichen Lernens, die hier aufgezeigt wurden, wie z. B. den Schüler möglichst alles selbst herausfinden zu lassen, sympathisch erscheinen mögen, ist uns die alte Art zu lehren heute doch im Grunde genommen recht fremd, zumal wir ja auch nicht mehr Meister im damaligen Sinne sind, weil wir nicht mehr in gleicher Weise wie die Musiker früher improvisieren und komponieren können. Ich warne davor, unreflektiert Unterrichtsmethoden von Berufen, die sich heute noch Handwerk nennen, auf den Instrumentalunterricht zu übertragen. Zumindest in unserem Kulturkreis haben nämlich auch diese Handwerke in den letzten zweihundert Jahren ähnliche Veränderungen erfahren wir die Kunst des Klavierspiels (Jacoby 1983, 416). Ergiebiger erscheint mir ein genaues Studium von noch traditionell handwerklich organisierten Hochkulturen in Asien, Südamerika und anderswo.

Ein gravierendes Problem stellt darüber hinaus die Frage dar, welche Handwerksregeln man Kindern heute beibringen soll. Die zu Regeln geronnenen Konventionen der Kunstausübung, die früher in einer bestimmten Region zu einem bestimmten Zeitpunkt gültig waren, gibt es heute einfach nicht mehr. Die Streitfrage ist, ob man dem Schüler jeweils nur die Regeln in die Hand gibt, die er benötigt, um in einem bestimmten Musikstil zu improvisieren und zu komponieren oder ob es tatsächlich so etwas wie allgemeine Modelle und Regeln gibt, die als Basis für jegliche Art Improvisierens und Komponierens nützlich sind. Ich persönlich probiere diesbezüglich in meinem Unterricht zur Zeit einen Mittelweg aus, indem ich wichtige Regeln des Dur-Molltonalen Systems, wie z. B. Quintfälle, Kadenzen und Modulationen samt den dazugehörigen, üblichen melodischen Wendungen anhand von Beispielen einüben lasse und darüber hinaus jeweils spezielle Regeln gebe, die für den jeweiligen Stil wichtig sind.

Weiterhin muß man in der konkreten Unterrichtssituation als Lehrer oft ein gutes Fingerspitzengefühl im Umgang mit Regelverstößen besitzen. Aufgrund unserer schulischen Erziehung sind wir nämlich leicht dazu geneigt, mit Regeln streng umzugehen, das heißt Regelverstöße als Fehler zu ahnden und strikt zu unterbinden. Selbst wenn man sich dessen bewußt ist, daß sich Kreativität oder gar Genialität genau an diesen Regelverstößen entzünden, läuft man immer wieder Gefahr, in die Rotstiftpraxis zu verfallen.

Bevor wir nun die einzelnen Übebereiche gesondert durchgehen und das Problem erörtern, wie man die Erkenntnisse aus der Geschichte auf die heutige Zeit übertragen kann, möchte ich noch einen wichtigen Punkt vorausschicken: Wesentliche Impulse für meine Arbeit habe ich durch die Auseinandersetzung mit den Schriften H. Jacobys erhalten (Jacoby 1983, 1984). Seine scharfsinnigen Gedanken über Musikerziehung, die leider lange Zeit unbeachtet geblieben sind, stellen eine wichtige Basis dar, auf der pädagogische Konzepte entwickelt werden könnten, die das Eigenschöpferische mehr betonen.

Erfinden von Passagen

Zunächst zur Passagenübung: Ich persönlich habe sehr gute Erfahrungen damit gemacht, Kinder im Anfangsunterricht, bevor sie mit dem Spiel von Musikstücken aus Klavierschulen begannen, Passagenübungen ohne Noten einüben zu lassen, wobei ich der alten Methode getreu einige Anregungen selbst gab und dann die Schüler eigene Passagen erfinden ließ. Die Übungen bestehen aus einfachen Sequenzen und werden am Schluß möglichst mit einer, wenn auch noch so einfachen Kadenz abgeschlossen, damit sich immer musikalisch sinnvolle Gebilde ergeben. Auf diese Weise bilden die Kinder schnell einen Fundus an Spielfiguren aus und erwerben schon bald eine gewisse Virtuosität. Akkordpassagen lasse ich nach dem Schema des Quinten- oder Terzzirkels (auf- und abwärts) oder auch nach dem Quintfall bzw. Quintanstieg, der in der Tonart verbleibt, spielen. Nach dem Vorbild der alten Methode achte ich darauf, daß durch diese Übungen die Regeln der Fingersetzung automatisiert werden. Nach einiger Zeit schreiben die Schüler ihre Erfindungen auf und lernen auf diese Weise den Umgang mit Noten.

Das Passagenspiel ist meines Erachtens nicht nur im Anfangsunterricht zu empfehlen, sondern führt auch bei fortgeschrittenen Schülern zu einer erheblichen Verbesserung des Klavierspiels. Warum kann man nicht beispielsweise eine alte Schule von Hummel oder Czerny hervornehmen und Passagen nach den dort aufgezeigten Regeln der Fingersetzung automatisieren? Solange man die dicken Fingerübungskompendien nicht stur nach Noten abspielt, sondern als Anregungen für das Selbsterfinden verwendet, wird man viele wertvolle Hilfen zur Entwicklung der Virtuosität aus diesen Büchern erhalten. Fortgeschrittenen Schülern rate ich, möglichst schwierige Passagen selbst zu konstruieren, notfalls bei Beethoven, Chopin, Liszt und anderen abzuschauen. Durch das regelmäßige Passagenfantasieren erreicht der fortgeschrittene Klavierspieler sehr schnell eine große Verfügungsgewalt über die Tonarten des Quintenzirkels. Improvisationen mit vielfältigen Skalenwechseln gehen danach ebenso leichter wie das Blattspiel oder das Interpretieren von Stükken in weniger gebräuchlichen Tonarten. Nach meiner Erfahrung stellt sich mit der Zeit auch die Auffassung von Notentexten um. Man erkennt dann nämlich überall Versatzstücke von Passagen.

Ganz neue Möglichkeiten tun sich auf, wenn man beginnt, Passagen, die bereits flüssig von der Hand gehen, nach dem Vorbild Czernys dazu zu benützen, um Grundfertigkeiten des musikalischen Ausdrucks, wie z. B. Akzentuation, Dynamik und Anschlagstechniken, auszubilden. Diese durchaus mechanische Tüftelarbeit an der Vortragsfähigkeit, von der man, wenn man sich einmal auf sie eingelassen hat, überhaupt nicht mehr loskommt, verbessert die Fertigkeit, Musikstücke feinschattiert und differenziert wiederzuge-

ben, ganz beträchtlich. Darüber hinaus wird durch das bewußte Studium feiner Vortragsnuancen auch das feinfühlige Hören und Voraushören geschult.

Aufgrund meiner Erfahrungen kann ich das Passagenfantasieren wärmstens all jenen Musikern empfehlen, die die genannten Fertigkeiten von Berufs wegen benötigen. Und das sind fast alle: Pianisten, die Korrepetitoren, Begleiter, Kammermusiker oder Lehrer werden wollen, aber auch Streicher und Bläser, die den Beruf des Orchestermusikers anstreben.

Für einige Instrumentallehrer erzähle ich hiermit sicherlich nichts Neues. Bei ihnen steht die Passagenfantasie seit Jahren auf dem Unterrichtsprogramm. So weiß ich z. B. von dem Londoner Klavierlehrer Peter Feuchtwanger, daß ein Geheimnis seiner Erfolge darin besteht, daß seine Studenten ausgiebig selbst erfundene Passagen trainieren. In gleicher Weise zeigen G. Vratcheva und G. Philipp (1990) in ihren Improvisationskursen zahlreiche Möglichkeiten auf, wie man Technikübung und Improvisation miteinander verknüpfen kann. Was den Anfangsunterricht anbe-

langt, gibt K. Runze vielfältige Hinweise, wie man Technik improvisatorisch erarbeiten kann (1987, 1989). Anregungen in dieser Richtung findet man ferner in amerikanischen Jazz-Lehrbüchern, die «Patterns» über verschiedene Leitern und Akkordschemata enthalten. Ein solches Buch ist z. B. die an anderer Stelle erwähnte Sammlung von pentatonischen Passagen von R. Ricker (1975). Schließlich zeigt auch mein leider zu früh verstorbener Theorielehrer Ch. Möllers in dem Artikel «Üben ohne Noten» (1986) auf, welch unerschöpfliche Möglichkeiten sich ergeben, wenn man das Dur-Moll-tonale System verläßt und Passagen über ungewöhnliche Leitern erfindet – zum Beispiel indische, japanische und arabische Tonleitern. Diese Leitern haben den Vorzug, daß ihr Tonmaterial noch nicht so verbraucht ist wie das des Dur-Moll-tonalen Systems. Gerade das Erfinden von Passagen über solche Leitern ist nach meiner Erfahrung eine sehr spannende Angelegenheit, da sich häufig ganz neue, für unsere Ohren aufregende klangliche Effekte ergeben.

Verschiedene Varianten des Sätzchenspiels

Neue Dimensionen eröffneten sich für meinen Unterricht, als ich verschiedene Varianten des Sätzchenspiels mit Schülern ausprobierte. Das Unterrichtsverfahren F. Wiecks, solche Sätze dem Schüler anfangs nach Gehör beizubringen, führte zu ähnlich guten Ergebnissen wie das Verfahren, Lieder, die wir zusammen sangen, nach dem Gehör entweder ganz einfach mit Grundtönen oder Kadenzakkorden begleiten zu lassen. Die Kinder lernen auf diese Weise sehr gut, ihr Klavierspiel über das Ohr zu steuern. Nach einem Jahr Unterricht beispielsweise konnte ein durchschnittlich begabter, achtjähriger Junge, der noch nicht nach Noten spielen konnte,

plötzlich alle gängigen Weihnachtslieder nach dem Gehör mit einfachen Begleitungen ohne Noten spielen. Wenn die Kinder Stücke, die sie nach dem Gehör eingeübt haben, anschließend mit Hilfe des Lehrers selbst aufschreiben, verstehen sie ohne Mühe das System der Notenschrift und lernen anschließend auch schneller Notenlesen.

Für fortgeschrittene Schüler verwende ich die traditionellen Unterrichtsmaterialien von Czerny und Wieck, aber auch neuere Unterrichtswerke, z. B. die drei Lehrbücher «Classical Patterns» aus der Reihe «Mainstreams in Literature» von C. und W. Noona (1977). Großen Spaß bereitet es

Schülern, wenn sie die Sätze transponieren, variieren und als Vorlagen für eigene Kompositionen benutzen dürfen.

Ähnlich wie früher hat in meinem Unterricht inzwischen das Spiel von Kadenzen und Modulationen einen wichtigen Stellenwert. Auf diese Weise automatisieren die Schüler Stimmführungsregeln und harmonische Muster, die sie beim Improvisieren und Komponieren parat haben müssen. Ich schreibe die Kadenzen und Modulationen entweder selbst auf oder lasse Schüler, wenn sie weiter fortgeschritten sind, eigenständig interessante harmonische Wendungen aus Stücken heraussuchen, in gleicher Weise wie die Komponisten des 19. Jahrhunderts mit den Stücken von J. S. Bach verfuhren. Nach meiner Erfahrung wird durch fleißiges Üben von harmonischen Floskeln das Blattspiel und die Fertigkeit, Musikstücke schnell einzustudieren, entscheidend verbessert. Wiederum ergeben sich ganz neue Experimentiermöglichkeiten, wenn man die Dur-Moll-Harmonik verläßt und entweder frei mit Akkorden oder mit solchen Akkorden und Akkordverbindungen experimentiert, die aus ungewöhnlicheren Leitern zusammengestellt werden.

Großen Spaß bereitet fast allen kleinen und großen Klavierspielern das Erfinden von Variationen über einfache und erweiterte Kadenzen nach dem Vorbild F. Wiecks. Die in der Passagenübung automatisierten Spielfiguren können auf diese Weise musikalisch sinnvoll angewendet werden. Ein breites Experimentierfeld ergibt sich darüber hinaus, wenn man Schüler dazu anregt, Kadenzen durch chromatische und diatonische Vorhalte, Überhaltungen, Wechselnoten, abspringende Nebennoten und Alterationen zu verzieren. Die Schüler entdecken auf diese Weise selbst die Erweiterungen des Dur-Moll-tonalen Systems und gelangen schnell bis zu den Spitzfindigkeiten der Wagner- und Jazzharmonik. Was auch noch interessant ist, die Schüler beginnen sich lebhaft für Harmonielehre zu interessieren und be-

schäftigen sich begeistert damit, weil sie diese nicht als Theorie, sondern als Praxis erfahren.

Gute Erfahrungen habe ich ferner gemacht, als ich Schüler dazu aufforderte, nach dem Vorbild Logiers kurze Charakterstücke zu harmonisch einfachen Achttaktern zu erfinden und mit Titeln zu versehen. In dem Moment, in dem Musik mit dem Alltagsleben verknüpft wurde, begannen häufig Schüler, die bis dahin keine Lust am Erfinden hatten, ganze Nachmittage experimentierend am Instrument zuzubringen. Ähnliche Erfolge bringt bisweilen die Aufforderung, Texte oder Gedichte zu vertonen.

Der Schritt vom Auszieren von Kadenzen zum Komponieren von Chaconnen und Variationen über gegebene Melodien ist nur ein geringer. Ch. Möllers beispielsweise zeigt in seinem Artikel «Analyse durch Improvisation» (1989) viele Regeln auf, nach denen man selbständig Variationen über Chaconnebässe erfinden kann. Eine andere Möglichkeit ist wiederum der alte, praktisch-empirische Weg. Man läßt den Schüler eine Chaconne von z. B. Händel einüben und fordert ihn auf, nach dem gleichen Muster eigene Variationen zu bilden. Anfangs wird das Improvisieren zunächst nur bei langsamen Akkordwechseln gelingen. Für die Stellen mit schnellen Akkordwechseln muß man sich zunächst stereotyper eingeübter Formeln bedienen. Nachdem man einige Zeit probierend am Instrument zugebracht hat, kann man die eine oder andere originelle Variation aufschreiben. Durch diese Methode wird der Schüler schon in den ersten Unterrichtsjahren zum Komponieren geführt.

Großen Spaß hatte ich mit einigen meiner Schüler, als sie unabhängig voneinander Variationen zu einem gegebenen Thema erfanden. Ich konnte anschließend sehr schön beobachten, wie wahrscheinlich die Hochkultur des Klavierspiels in der ersten Hälfte des 19. Jahrhunderts entstanden ist. Die Schüler begannen nämlich voneinander «abzugucken» und versuchten, die Ideen der anderen aufzunehmen und leicht angewandelt in ihre eigenen Kompositionen einzubauen.

Vielfältige Anregungen für das Sätzchenspiel werden inzwischen in neueren Jazz- und Rocklehrbüchern gegeben. Beispielsweise enthält das «Rock Piano» von J. Moser zahlreiche kurze Zwei-, Vier- und Achttakter, die man problemlos transponieren, im Variationsspiel ausziehren und als Harmoniegrundlage für Improvisationen verwenden kann. In gleicher Weise findet man in den Lehrbüchern von D. Hearle (1978) und J. Aebersold (1978) reichlich Material für kreatives Sätzchenspiel im Jazzstil.

Eigene Etüden erfinden

Wenn ein Klavierspieler bereits eine gewisse Fertigkeit im Passagen- und Sätzchenspiel erreicht hat, kann er ausprobieren, eigene Etüden zu erfantasieren. Nach Czernys Vorbild rankt man Passagen, die bereits gut in der Hand liegen, um Kadenzen und Sequenzen. Anfangs bietet sich die dreiteilige Liedform als Muster an. Zu bereits eingeübten Sätzen muß dann nur noch ein Mittelteil erfunden werden. Harmonieschemen darf man sich übrigens zunächst getrost aus Etüden Czernys, Cramers oder Bertinis «klauen». Später kann man es wagen, Etüden nach dem Schema eines Suitensatzes, einer Invention oder einer schwierigeren Etüde zu entwickeln. Am einfachsten ist es zunächst, die Form und die Harmonien einer Etüde Czernys, Chopins oder eines anderen Komponisten beizubehalten und nur die Spielfiguren zu verändern. Wem das noch zu schwierig ist, der möge zunächst probieren, eine Etüde oder Toccata in freier Tonalität über eine Spielfigur zu erfinden, am besten eine solche Figur, die zuvor im Passagenspiel eingeübt wurde. Weiter fortgeschrittene Klavierspieler können versuchen, im kreativen, übermütigen Spiel, ganz wie die großen Meister früher, Virtuosenetüden zu komponieren, bei denen die technischen Schwierigkeiten bis an die Grenze des Ausführbaren getrieben werden. Wer sich nicht daranwagt, eigene Etüden zu komponieren, dem möchte ich raten, zumindest die alten Etüden so wie früher als Übung zu benutzen, um verschiedene Versmaße einzuüben. Er wird staunen, wieviel Swing und rhythmischer Pepp in Etüden von Cramer und anderen plötzlich zu finden ist.

Über die hier aufgezeigten Möglichkeiten, Improvisation in den Klavierunterricht zu integrieren, hinausgehend, gibt es seit einigen Jahren eine ganze Reihe von Kursen und Literatur, die demjenigen weiterhelfen, der sich für Improvisation interessiert. G. Vratcheva, E. Roscher, H. Wiedemann und G. Philipp beispielsweise bieten regelmäßig besuchenswerte Improvisationskurse an. Ebenso sind inzwischen eine ganze Reihe von Unterrichtswerken über Improvisation für verschiedene Unterrichtsstufen und in verschiedenen Stilarten erhältlich, so z. B. von H. Wiedemann (1988), G. Philipp (1984), J. Aebersold (1978 ff.), W. und C. Noona (1975), H. Geller (1990) und D. Haerle (1978). Diese Bücher sind vom Standpunkt der alten Methode aus durchaus positiv zu bewerten, jedoch sollte im einzelnen darauf geachtet werden, inwieweit nicht nur das «Selbsterfinden mittels Schablone» (Schindler) gelehrt wird, sondern wirklich die erfinderische Kreativität angeregt wird. Darüber hinaus sollte man beim Gebrauch solcher Lehrbücher ein Augenmerk darauf richten, inwieweit entsprechend der alten Lehrmethode die Basistechniken für das Improvisieren, nämlich das Passagen- und Sätzchenspiel sowie die notwendigen harmonischen Formeln systematisch vermittelt werden. In meinem Unterricht habe ich die Erfahrung gemacht, daß viel davon abhängt, wie man solche Lehrbücher verwendet. Wenn man sie ganz nach handwerklicher Gepflogenheit als punktuelle Hilfen für den mündlichen Unterricht benutzt und die Schüler dazu anregt, ihre eigenen Übungen und Erfindungen mit den Beispielen in den Lehrbüchern zu vergleichen, besteht nicht die Gefahr, daß das selbstbestimmte Lernen und die erfinderische Kreativität beeinträchtigt werden.

Recht gute Erfolge hatte ich zu verzeichnen, als ich zunächst bei mir selbst, dann aber auch bei Schülern, die Übetechnik von Vortragsstücken verändert habe. Wenn man die alte Methode, Vortragsstücke nicht genau auszufeilen, dafür viele im Schwierigkeitsgrad unter den technischen Möglichkeiten liegende Stücke zu spielen und viel vom Blatt zu lesen, für einige Zeit durchhält, wird man bald merken, daß das Einstudieren neuer, sogar schwierigerer Stücke wesentlich schneller geht.

In gleicher Weise stellen sich erhebliche Fortschritte ein, wenn man damit anfängt, schwierige Passagen ähnlich variantenreich wie früher abzuwandeln. Wer sich beim Üben vom Notentext löst, ähnlich wie die Virtuosen früher unkonventionelle Übemethoden ausprobiert und heikle Passagen transponiert, wird schnell erkennen, daß anschließend auch die Interpretation des Originalnotentextes erheblich besser geht. Weiterhin kann ich empfehlen, aus schwierigen Stellen eigene Übungen zu bilden und in einem Notenheft zu sammeln. Inzwischen existieren eine ganze Reihe von Schriften, in denen vielfältige Anregungen zum kreativen Üben von Vortragsstücken gegeben werden, zum Beispiel von Philipp (1984, 1990), Röbke (1990) und Mantel (1987).

Nach meiner Erfahrung beeinträchtigt übrigens das Selbsterfinden von Musik in keinem Fall die Fähigkeit der Werkinterpretation. Im Gegenteil: Schüler, die viel improvisieren und komponieren, entwickeln beim Interpretieren fremder Werke häufig einen sehr lebendigen musikalischen Ausdruck. Weiterhin kommt ihnen das Training von Spielfiguren sowie die praktische Kenntnis harmonischer Wendungen und formaler Strukturen bei der Werkinterpretation unmittelbar zugute.

Literaturverzeichnis

ALLGEMEINE MUSIKALISCHE ZEITUNG, 1798–1848. Leipzig. (= AmZ).

AUGISTINI, F. 1986: Die Klavieretüde im 19. Jahrhundert, Studien zu ihrer Entwicklung und Bedeutung, Dissertation. Düsseldorf.

BACH, E. M. 1929: Die vollendete Klaviertechnik. Leipzig.

BALLSTEDT, A. & WIDMAIER, T. 1989: Salonmusik. Zur Geschichte und Funktion einer bürgerlichen Musikpraxis. Stuttgart (= Beihefte zum Archiv für Musikwissenschaft, Bd. 28, hrsg. von H. H. Eggebrecht u. a.).

BARDAS, W. 1927: Zur Psychologie der Klaviertechnik. Berlin.

BEEK VAN, J. 1988: Agogik und Tempo rubato. In: Epta-Dokumentation 1987, hrsg. von Epta – Sektion der Bundesrepublik Deutschland. Cloppenburg. 4–28.

BERLIOZ, H. 1912: Musikalische Streifzüge. Leipzig.

BOISSIER, A. 1832/1930: Franz Liszt als Lehrer. Tagebuchblätter von Auguste Boissier, deutsch hrsg. von D. Thode – v. Bülow. Berlin.

BOLLNOW, O. F. 1978: Studien Vom Geist des Übens. Eine Rückbesinnung auf elemetare didaktische Erfahrungen. München.

BOWEN, C. D. 1939: «Free Artist»: The Story of Anton and Nicholas Rubinstein. New York.

BRENDEL, F. 1857: Studien über das Pianofortespiel. Neue Zeitschrift für Musik, 46, 200–201, 210–211, 231–234.

BRESLAUR, E. 1871: Zur methodischen Uebung des Klavierspiels. Beilage zum Osterprogramm der ‹Neuen Akademie der Tonkunst›. Berlin.

BRESLAUR, E. (Hrsg.) 1896[2]: Methodik des Klavier-Unterrichts in Einzelaufsätzen. Berlin.

BRESLAUR, E. 1896[2]: Aufgabenbuch für den Musikunterricht, Ausgabe B. Berlin.

BURNEY, C. 1773: Tagebuch einer musikalischen Reise. Hamburg.

CALAND, E. 1897: Die Deppe'sche Lehre des Klavierspiels. Magdeburg.

CASPAR, H. 1914: Klavier-Unterricht. Ein Wegweiser und Ratgeber für Lehrende und Lernende. Leipzig.

CORTOT, A. 1954: Chopin – Wesen und Gestalt. Zürich.

CZERNY, C. (o. J.): Briefe über den Unterricht auf dem Pianoforte vom Anfange bis zur Ausbildung als Anhang zu jeder Clavierschule. Wien.

DAHLHAUS, C. 1984: Die Geschichte der Musiktheorie im 18. und 19. Jahrhundert. Erster Teil: Die Grundzüge einer Systematik. Darmstadt (= Geschichte der Musiktheorie, Bd. 10, hrsg. von v. F. Zaminer).

DER KLAVIER-LEHRER, 1877–1899: Musikpädagogische Zeitschrift, Organ der deutschen Klavierlehrervereine. Berlin.

DESSAUER, H. 1912: John Field, sein Leben und seine Werke. Langensalza.

DEUTSCH, O. 1961: Mozart. Dokumente seines Lebens. Leipzig.

DEUTSCH, L. 1931: Individual-Psychologie im Musikunterricht und in der Musikerziehung. Leipzig.

DOLL, E. 1987: Quellen zum Improvisationsunterricht auf Tasteninstrument von 1600–1900, Dissertation. Würzburg.

DRAHEIM, J. 1988: «. . . für das Pianoforte gesetzt». Die zweihändigen Klavierbearbeitungen von Johannes Brahms. Üben & Musizieren, 5, 106–114.

EHRENFECHTER, C. A. 1890: Technical Study of the art of Pianoforte-Playing (Deppes Principles). London.

EHRLICH, H. 1891: Musikstudium und Klavierspiel – Betrachtungen über Auffassung, Rhythmik, Vortrag, Gedächtnis. Berlin.

EIGELDINGER, J.-J. 1986: Chopin: pianist and teacher as seen by his pupils. Cambridge.

ESCHMANN, J. K. 1878: Ein Hundert Aphorismen. Erfahrungen, Ergänzungen, Berichtigungen, Anregungen als Resultate einer 30jährigen Klavierlehrerpraxis. Berlin.

ESCHMANN, J. C. 1905[6]: Eschmanns Wegweiser durch die Klavier-Literatur, hrsg. von A. Ruthardt. Leipzig.

FAY, A. 1882: Musikstudium in Deutschland. Berlin.

FOPPA, K. 1965: Lernen, Gedächtnis, Verhalten. Köln.

FORKEL, J. N. 1802/1925: Ueber Johann Sebastian Bachs Leben, Kunst und Kunstwerke. Leipzig. Reprint: Kassel 1925.

FUCHS, C. 1870: Virtuos und Dilettant. Ideen zum Klavier-Unterricht und über reproductive Kunst. Stralsund.

GANZ, P. F. 1960: The Development of the Etude for Pianoforte. Northwestern University.

GELLRICH, M. 1988: Konzentration und Verspannung. Üben & Musizieren, 5, 179–187.

GELLRICH, M. 1990: Die Disziplinierung des Körpers. Anmerkungen zum Klavierunterricht in der zweiten Hälfte des 19. Jahrhunderts. In: W. Pütz (Hrsg.) Musik und Körper. Essen, 107–138 (= Musikpädagogische Forschung, Bd. 11, hrsg. vom Arbeitskreis Musikpädagogische Forschung).

GELLRICH, M. 1992: Üben. Erscheint 1993 in: H.-Ch. Schmidt (Hrsg.) Handbuch der Musikpädagogik Bd. 3. Instrumental- und Vokalpädagogik, hrsg. von Ch. Richter. Kassel. (= 1993a).

GELLRICH, M. 1993: Anweisungen zum Studium des musikalischen Ausdrucks in alten Klavierschulen. Ein Beitrag zur Übe- und Aufführungspraxis im 19. Jahrhundert. Erscheint 1993 in Heft 2 oder 3 von Üben & Musizieren. (= 1993b).

GERIG, R. 1976: Famous Pianists & their Technique. Newton Abbot/London.

GERMER, H. 1896[4]: Lehrbuch der Tonbildung beim Klavierspiel. Leipzig. (= 1896a).

GERMER, H. 1896: Wie studiert man Klaviertechnik. Leipzig. (= 1896b).

GOEBELS, F. 1969: Versuch über die Kunst des Übens. Musica, 23, 562–565.

GOLDSCHMIDT, H. 1971: Beethovens Anmerkungen zum Spiel der «Cramer-Etüden». In: Bericht über den Internationalen Beethoven-Kongreß 10.–12. Dezember 1970 in Berlin, hrsg. v. H.-A. Brockhaus und K. Niemann. Berlin. 545 ff.

GRADENWITZ, P. 1986: Kleine Kulturgeschichte der Klaviermusik. München.

GRIESINGER, G. A. 1810/1981: Biographische Notizen über Josef Haydn. Leipzig. Reprint: Hildesheim 1981.

GRESS, R. 1929: Die Entwicklung der Klaviervariation von Andrea Gabrieli bis zu Johann Sebastian Bach. Stuttgart.

GRIMMER, F. 1986: Vom Sinn und Un-sinn des Übens. Zeitschrift für Musikpädagogik, 11, 48–51.

HÄFNER, R. 1937: Die Entwicklung der Spieltechnik und der Schul- und Lehrwerke für Klavierinstrumente. München.

HAND, F.G. 1837/1841: Aesthetik der Tonkunst, 2 Bde. Leipzig/Jena.

HEGEL, G. F. 1970: Ästhetik, 2 Bde., Frankfurt am Main.

HEISE, W. 1987: Musikunterricht im 19. Jahrhundert – Ideen und Realitäten. In: H. Ch. Schmidt (Hrsg.) Handbuch der Musikpädagogik Bd. 1: Geschichte der Musikpädagogik. Kassel. 31–84.

HENTSCHEL, E. J. 1824/1986: Die Logiersche Methode beim musikalischen Unterricht; wie sie entstanden, worin sie besteht, und was von ihr zu erwarten ist. Der Volksschullehrer, 1, 72–98. Reprint: MPZ Notiz 1986, 8.

HILDEBRANDT, D. 1985: Pianoforte oder: Der Roman des Klaviers im 19. Jahrhundert. München.

HOFFMANN, E. T. A. 1977: Schriften zur Musik – Aufsätze und Rezensionen. München.

JACKSON, E.W. 1866: Jacksons Finger- und Handgelenkgymnastik. Leipzig.

JACOBY, H. 1983[2]: Jenseits von Begabt und Unbegabt, hrsg. von S. Ludwig. Hamburg.

JACOBY, H. 1984: Jenseits von «Musikalisch und Unmusikalisch», hrsg. von S. Ludwig. Hamburg.

JOHNEN, K. 1928: Wege zur Energetik des Klavierspiels. Halle.

KAHL, W. 1960: Art. «Etüde» in: Musik in Geschichte und Gegenwart Bd. III. Kassel. 1607–1614.

KALKBRENNER, F. 1849. Traité d'harmonie du pianiste, principes rationnels de la modulation pour apprendre à prélude et à improviser op. 185. Leipzig.

KINKEL, J. 1852: Acht Briefe an eine Freundin über Clavier-Unterricht. Stuttgart.

KLECZYŃSKI, J. 1879/1913[6]: How to play Chopin. The works of Frederic Chopin, their proper interpretation, translated by Alfred Whittingham. London.

KLOSE, H. 1886: Die Deppesche Lehre des Klavierspiels. Hamburg.

KOCH, H. Ch. 1802/1964: Musikalisches Lexikon, welches die theoretische und praktische Tonkunst, encyclopädisch bearbeitet, alle alten und neuen Kunstwörter erklärt und die alten und neuen Instrumente beschreiben, enthält. Frankfurt, Main. Reprint: Hildesheim 1964.

KODÁLY, Z. 1983: Wege zur Musik. Ausgewählte Schriften und Reden, hrsg. von F. Bónis. Budapest.

KÖHLER, L. 1860: Der Klavierunterricht. Leipzig.

KÖHLER, L. 1905[6]: Der Klavierunterricht, durchgesehen von R. Hofmann. Leipzig.

KULLAK, A. 1860/1889[2]: Die Ästhetik des Klavierspiels. Leipzig.

KULLAK, A. 1922[11]: Die Ästhetik des Klavierspiels. Hrsg. von W. Niemann. Leipzig.

LANGE, O. 1841: Musik als Unterrichtsgegenstand in Schulen. Berlin.

LENZ, W. v. 1868: Die Großen Pianoforte-Virtuosen unserer Zeit aus persönlicher Bekanntschaft. Liszt – Chopin – Tausig. Neue Berliner Musikzeitung, 22, 291–293, 299–302, 307–310.

LICHTENTHAL, P. 1839: Dictionnaire de Musique. 2 Bde. Paris.

LITZMANN, B. 1910[4]: Clara Schumann. Ein Künstlerleben nach Tagebüchern und Briefen, Bd. 1. Leipzig.

LOGIER, J. B. 1827: System der Musik-Wissenschaft und der practischen Composition mit Inbegriff dessen, was gewöhnlich unter dem Ausdrucke General-Bass verstanden wird. Berlin.

LOHMANN, L. 1982: Studien zu Artikulationsproblemen bei den Tasteninstrumenten des 16.–18.

168

Jahrhunderts. Regensburg (= Kölner Beiträge zur Musikforschung, Bd. 125, hrsg. von H. Hüschen).

LORENZ, R. 1988: Musikpädagogik in den ersten 30 Jahren des 19. Jahrhunderts am Beispiel Carl Gottlieb Herings. Mainz (= Musikpädagogik Forschung und Lehre, Bd. 26, hrsg. von S. Abel-Struth).

MANTEL, G. 1987: Cello üben. Mainz.

MARTIENSSEN, C. A. 1954: Schöpferischer Klavierunterricht. Wiesbaden.

MARX, A. B. 1839: Allgemeine Musiklehre. Leipzig.

MARX, A. B. 1855: Die Musik des neunzehnten Jahrhunderts und ihre Pflege. Methode der Musik. Leipzig.

MATTHESON, J. 1739/1954: Der vollkommene Capellmeister. Hamburg. Reprint: Reimann v. M. (Hrsg.) Documenta musicologica I, 5. Kassel.

MAY, F. 1911: Johannes Brahms, 2 Teile. Leipzig.

MECKLENBURG, A. 1904: Hans von Bülow als Musik- und Klavierpädagoge. Der Klavier-Lehrer, 27, 65–68, 81–84, 97–101, 113–115, 129–132, 145–148.

MIKULI, K. 1880: Vorwort zu F. Chopin's Pianoforte-Werken, hrsg. von K. Mikuli. Leipzig.

MILTITZ, K. B. v. 1841: Exercice und Etude. Allgemeine musikalische Zeitung, 43, 209–215.

MÖLLERS, C. 1986: Üben ohne Noten. Üben & Musizieren, 3, 520–529.

MÖLLERS, C. 1989: Analyse durch Improvisation. Chaconnebässe der Barockzeit. Üben & Musizieren, 6, 73–86.

MOLSEN, U. 1982: Die Geschichte des Klavierspiels in historischen Zitaten von den Anfängen des Hammerklaviers bis Brahms. Balingen.

MOSCHELES, C. 1873: Life of Moscheles, 2 Bde. London.

MÜLLER, G. 1933: Daniel Steibelt, sein Leben und seine Klavierwerke. Leipzig (= Sammlung musikwissenschaftlicher Abhandlungen, Bd. 10, hrsg. von K. Net).

MÚSIOL, R. 1881: KLavier-Pädagogen 1. Louis Köhler. Der Klavier-Lehrer, 4, 305, 20–22.

MUTHMANN, K. D. (Hrsg.) 1984: Musik und Erleuchtung. Der Weg der großen Meister. München.

NÄGELI, H. G. 1826/1980: Vorlesungen über Musik mit Berücksichtigung der Dilettanten. Stuttgart. Reprint: Hildesheim 1980.

NAUTSCH, H. 1983: Friedrich Kalkbrenner. Wirkung und Werk. Hamburg (= Hamburger Beiträge zur Musikwissenschaft, Bd. 25, hrsg. von C. Flores).

NEUE ZEITSCHRIFT FÜR MUSIK, 1834–1943. Leipzig.

NEUPERT, H. 1956[2]: Das Klavichord. Geschichtliche und technische Betrachtung des ‹eigentlichen Claviers›. Kassel.

NIECKS, F. 1890: Frederic Chopin als Mensch und Musiker, 2 Bde. Leipzig.

NISWANDT, S. v. 1984: Übung und künstlerische Darbietung im Unterricht der Musikschule. Üben & Musizieren, 1, 113–119.

NOLTE, E. 1982: Die Musik im Verständnis der Musikpädagogik des 19. Jahrhunderts. Paderborn (= Beiträge zur Musikpädagogik, Bd. 2, hrsg. von H. Große-Jäger u. a.).

PAPOUŠEK, M. & PAPOUŠEK, H. 1981: Musical elements in the infant's vocalization: Their significance for communication, cognition and creativity. In: L. P. Lipsitt (ed.) Advances in Infancy Research, Vol 1. Norwood. 163–224. (= 1991a)

PAPOUŠEK, M. & SANDNDER, G. W. 1981b.: Mikroanalyse musikalischer Ausdruckselemente in Sprache und praeverbaler Lautentwicklung. Sozialpädiatrie in Praxis und Klinik. 3, 326–331. (= 1981b)

PAPOUŠEK, M. 1981: Die Bedeutung musikalischer Elemente in der frühen Kommunikation zwischen Eltern und Kind. Sozialpädiatrie in Praxis und Klinik 3, 412–415 u. 468–473. (= 1981c)

PEMBAUR, J: Die Bildung der Gymnastik für Klavierspieler. Innsbruck.

PETRAT, N. 1986: Hausmusik des Biedermeier im Blickpunkt der musikalischen Fachpresse. Hamburg (= Hamburger Beiträge zur Musikwissenschaft, Bd. 31, hrsg. von C. Flores).

PHILIPP, G. 1984: Klavier, Klavierspiel, Improvisation. Unterricht, Übung, Interpretation, Pedal, Akustik und anderes. Leipzig.

PHILIPP, G. 1990: Improvisatorisches Üben gehört zur pianistischen Ausbildung. Üben und Musizieren, 7, 25–29. PIEPER, A. 1896: Die erzieherische Wirkung des Aufgaben-Buches. In: E. Breslaur (Hrsg.) Methodik des Klavier-Unterrichts in Einzelaufsätzen. Berlin. 201–204.

PLANTINGA, L. 1977: Clementi. His life and Music. London.

PLASKIN, G. 1988: Horowitz – eine Biographie. Zürich.

PUCHELT, G. 1973: Variationen für Klavier im 19. Jahrhundert. Darmstadt.

RÉVÉSZ, B. 1938: Die Formenwelt des Tastsinnes, 2 Bände, Amsterdam.

RICHTER, T. W. 1854: Grundverhältnisse der Musik, 2. Teil: Die Grundverhältnisse der Musik als Sprache. Leipzig.

RIEMANN, H. 1905[7]: Handbuch des Klavierspiels. Berlin.

RITSCHL, A. 1911: Die Anschlagsbewegungen beim Klavierspiel. Berlin.

RÖBKE, P. 1990: Der Instrumentalschüler als Interpret. Musikalische Spielräume in Instrumentalunterricht. Mainz.

RUBINSTEIN, A. 1983: Erinnerungen – Die frühen Jahre. Frankfurt/Main.

RUNZE, K. 1987: Arbeitsmodelle zum Skalenspiel am Klavier. Üben & Musizieren, 4, 27–32, 120–128.

RUNZE, K. 1989: Klaviertechnik und Improvisation. Üben & Musizieren, 6, 317–323.

SAHLING, H. (Hrsg.) 1976: Notate zur Pianistik. Leipzig.

SCHERER, W. 1989: Klavier-Spiele. Psychotechnik der Klaviere im 18. und 19. Jahrhundert. München.

SCHILLING, G. (Hrsg.) 1835–1842: Enzyklopädie der gesamten musikalischen Wissenschaften oder Universal-Lexikon der Tonkunst, 7 Bde. Stuttgart.

SCHILLING, G. 1843: Der Pianist oder die Kunst des Clavierspiels in ihrem Gesamtumfange theoretisch-praktisch dargestellt. Osterode.

SCHINDLER, A. 1927⁵: Biographie von Ludwig van Beethoven, 2 Bde. Münster.

SCHLICHTEGROLL, F. (Hrsg.) 1793/1924: Johannes Chrysostomus Wolfgang Gottlieb Mozart. Nekrolog auf das Jahr 1791. Gotha. Reprint: München 1924.

SCHMITT, H. (o. J.): Pädagogische Studien op. 70. Wien.

SCHMIDT, R. A. 1982: Motor control and learning. A behavioral emphasis. Champain.

SCHNEIDER, K. E. 1874: Musik, Klavier und Klavierspiel – kleine musikästhetische Vorträge. Leipzig.

SCHONBERG, H. C. 1972: Die großen Pianisten. Wien.

SCHUMANN, E. 1948: Erinnerungen. Stuttgart.

SCHUMANN, R. 1871²: Gesammelte Schriften über Musik und Musiker, 2 Bde. Leipzig.

SCHUMANN, R. 1942: Robert Schumann in seinen Schriften und Briefen, hrsg. von W. Boetticher. Berlin.

SCHWARZ, W. 1872: Die Reform des Klavier-Unterrichts in Wort und Schrift. Wien.

SHAPIRO, D. C. & SCHMIDT, R. A. 1982: The schema theory: Recent evidence and development implications. In: J. A. S. Kelso & J. E. Clark (Eds.) The development of movement control and coordination. Chichester. 113–150.

SIMKOWÀ, L. 1987: Psychophysiologische Bewegung als Grundlage der musikalischen Gestaltung. In: Epta-Dokumentation 1986, hrsg. von Epta – Sektion der Bundesrepublik Deutschland. 30–55.

SOWA, G. 1973: Anfänge institutioneller Musikerziehung in Deutschland (1800–1843). Pläne, Realisierung und zeitgenössische Kritik. Mit Darstellung der Bedingungen und Beurteilung der Auswirkungen. Regensburg (= Studien zur Musikgeschichte des 19. Jahrhunderts, Bd. 33, hrsg. von C. Dahlhaus).

STOEVE, G. 1886: Die Klaviertechnik dargestellt als musikalisch-physiologische Bewegungslehre. Berlin.

SULZER, J. G. 1792²/1967: Allgemeine Theorie der schönen Künste. 5 Bde. Leipzig. Reprint: Hildesheim 1967.

THEMELIS, D. 1967: Etude ou Caprice. Die Entstehungsgeschichte der Violinetüde. München.

THEINHARD, J. 1889: Über bewußte Muskel-Kontrolle beim Klavierspiel und deren schnellstmögliche Erzielung durch das Brotherhood'sche Technicon. Der Klavier-Lehrer, 12, 169–171.

WAGNER, S. 1910: Auswahl seiner Schriften. Leipzig.

WEHMEYER, G. 1983: Carl Czerny und die Einzelhaft am Klavier. Kassel/Zürich.

WEISSMANN, A. 1912: Chopin. Berlin/Leipzig.

WIECK, F. 1853: Klavier und Gesang. Didaktisches und Polemisches. Leipzig.

WILLBORG, W. 1887: Die Grundlage der Technik des Klavierspiels. Leipzig.

WILLEMS, E. 1940/1946: L'oreille musicale. Tome 1: La prépration auditive de l'enfant. Tome 2: La culture auditive, les intervalles et les accords. Genf.

WILLEMS, E. 1956: Les bases psychologiques de l'éducation musicale. Fribourg.

WOHLFARTH, H. 1987: Bachs Inventionen und ihr kompositionstheoretischer Hintergrund. Üben & Musizieren, 4, 190–196, 273–280.

WOLF, K. 1987: Interpretation auf dem Klavier. Unterricht bei Arthur Schnabel. München.

Notenmaterial und Instrumentalschulen

ADAM, L. A. 1802: Méthode nouvelle pour le Piano. Paris. Deutsch hrsg. von C. Czerny. Wien.

AEBERSOLD, J. 1978 ff.: A New Approach to Jazz Improvisation. New Albany.

ANDRÈ A. (o. J.): Variations pour le Pianoforte sur l'air «O du lieber Augustin». Offenbach.

ANDRÈ A. (o. J.): Variations pour le Pianoforte sur l'air «Ah vous dirai-je Maman». Offenbach.

BACH, C. Ph. E. 1753/1762/1957: Versuch über die wahre Art, das Clavier zu spielen, 2 Theile. Berlin. Reprint: Leipzig 1957.

BACH, J. S. 1726-1742: Clavierübung, Teil 1-5. Leipzig.

BACH, J. S. 1894: Das wohltemperierte Klavier, erster Teil, bearbeitet und erläutert, mit daran anknüpfenden Beispielen und Anweisungen für das Studium der modernen Klaviertechnik von F. Busoni. Leipzig.

BAUMFELDER, F. (o. J.): 22 Triller – Etüden op. 241. Leipzig.

BEETHOVEN, L. v. 1806: 32 Variationen in c-Moll WoO 80. Wien.

BEETHOVEN, L. v. 1809: Fantasie op. 77, H-Dur. Leipzig.

BEETHOVEN, L. v. 1819/1823: 33 Veränderungen über einen Walzer von Diabelli. Wien.

BERG, C. 1826: Ideen zu einer rationellen Lehrmethode des Clavierspiels. Mainz.

BERGER, L. ca. 1828: 15 Etudes op. 22. Leipzig.

BERTINI, H. ca. 1836: 25 Caprices études op. 94. Mainz.

BIEHL, A. (o. J.): Leichte Trilleretüden op. 152. Leipzig.

BIRNBACH, H. vor 1832: Theoretisch-praktische Klavierschule. Berlin.

BISPING, M. ca. 1855: Klavierschule des münsterischen Musikinstituts. 36 Hefte. Münster.

BÖHNER, J. L. ca. 1846: Etüden durch alle Tonarten, als Finger- und Handübungen nach grammatikalischen Motiven und Prinzipien des A. E. Müller, J. S. Bach und andere gleicher Meister. Langensalza.

BRAHMS, J. 1869: Studie Nr. 1. Etüde nach Fr. Chopin. Leipzig.

BRAHMS, J. 1869: Studie Nr. 2. Rondo nach von Weber. Leipzig.

BRAHMS, J. ca. 1879: Studie Nr. 3, 4. Presto nach J. S. Bach. Erste und zweite Bearbeitung. Leipzig.

BRAHMS, J. 1893: 51 Übungen für Pianoforte WoO 7. Berlin.

BRESLAUR, E. (o. J.): Technische Übungen für den Elementarunterricht op. 30. Leipzig.

BRUNNER, C. T. vor 1844: Die Stufenleiter des Pianoforte-Spiels op. 259. 6 Bde. Leipzig.

BUCHER, G. vor 1844: Anleitung, den Pianoforteunterricht mit dem Gesang und der Harmonielehre zu verbinden. Hamburg.

CHOPIN, F. F. 1833: 12 Grandes Etudes op. 10. Leipzig.

CHOPIN, F. F. 1837: 12 Etudes op. 25. Leipzig.

CLEMENTI, M. 1802: Préludes et Exercices dans le tons majeurs et mineurs. Leipzig.

CLEMENTI, M: 1817/1819/1825: Gradus ad Parnassum. Bonn.

CORTOT, A. 1928: Grundbegriffe der Klaviertechnik. Paris.

COUPERIN, F. 1717/1933: L'art de toucher le Clavecin. Paris. Reprint: Wiesbaden 1933.

CRAMER, J. B. 1804/1810: Praktische Clavierschule oder Übungen für das Pianoforte, 84 Übungen, 2 Teile. Leipzig.

CRAMER, J. B. (o. J.): 100 tägliche Studien zur Erlangung und Bewahrung der Virtuosität op. 100. Leipzig.

CRAMER, J. B. 1974: 21 Etüden für Klavier nebst Fingerübungen von Beethoven. Nach dem Handexemplar L.v. Beethovens, hrsg. von H. Kann. Wien.

CZERNY, C. (o. J.): Große Übung des vollkommenen und des Sept-Akkordes in gebrochenen Figuren op. 152. Wien.

CZERNY, C. ca. 1829: Systematische Anleitung zum Fantasieren auf dem Pianoforte op. 200. Paris.

CZERNY, C. (o. J.): 125 Passagen-Übungen op. 261. Wien.

CZERNY, C. (o. J.): Die Kunst des Präludierens in 120 Beispielen (Präludien, Modulationen, Kadenzen und Fantasien aller Art) als 2. Teil zur «Anleitung zum Fantasieren op. 200» op. 300. Wien.

CZERNY, C. (o. J.): 40 tägliche Studien auf dem Pianoforte mit vorgeschriebenen Wiederholungen zum Erlangen und Bewahren der Virtuosität, op. 337. Wien.

CZERNY, C. (o. J.): Die große Schule des Virtuosen op. 365. Wien.

CZERNY, C. 1839: Vollständig theoretisch-practische Pianoforte-Schule von dem ersten Anfange bis zur höchsten Ausbildung fortschreitend, und mit allen nöthigen, zu diesem Zwecke eigens componierten zahlreichen Beyspielen op. 500, 4 Teile. Wien.

CZERNY, C. (o. J.): 160 achttaktige Übungen op. 821. Wien.

CZERNY, C. (o. J.): Studien zur praktischen Kenntniss aller Accorde des Generalbaßes auf dem Pianoforte sowohl in festen Accorden als bewegten Finger-Übungen op. 838. Wien.

DAMM, G. ca. 1868: Klavierschule und Melodienschatz für die Jugend. Leipzig.

DÖHLER, T. ca. 1843: 50 Etudes de Salon op. 42. Mainz.

DÖRING, K.H. (o. J.): 20 Triller-Etüden op. 30. Leipzig.

EGGELING, E. ca. 1850: Anweisung und Studien zu einer gründlichen und schnellen Ausbildung im Clavierspiele, 2 Theile. Leipzig.

ENGSTFELD, P. F. ca. 1828: Grundzüge des Generalbasses, nebst Aufgaben für angehende Choralspieler. Essen.

FÉTIS, F. J. & MOSCHELES, I. 1837: Méthode des Méthodes. Die vollständigste Schule oder die Kunst des Pianofortespiels. Berlin.

FIELD, J. (o. J.): Exercices modulés dans les tons. (o. O.).

FRANTZ, K. W. ca. 1828: Anweisung zum Modulieren, für angehende Organisten und Dilettanten in der Musik, in Beyspielen dargestellt. Leipzig.

FRESCOBALDI, G. (o. J.): Cento partite sopra il passacaglio. (o. O.).

GEBHARDI, E. 1828: Generalbassschule, oder vollständiger Unterricht in Harmonie- und Tonsatzlehre. Erfurth.

GELLER, H. 1989: Jazz & Rock Training. Mainz.

GERLACH, C. 1840: Neue praktische Pianoforte-Schule auf fünf Tönen oder in den verschiedenen Quintlagen beider Hände begründet, für den ersten Anfänger wie für den Geübteren. Leipzig.

GÖROLDT, J. H. 1815/1816: Leitfaden zum gründlichen Unterricht im Generalbaß und der Composition. Quedlinburg.

GREULICH, C. W. ca. 1830: Pianoforte-Schule in vier Abtheilungen op. 20. Berlin.

GUTHMANN, F. 1805: Passagen-Sammlungen für Pianoforte-Spieler aus den Werken der besten Meister. Oranienburg.

GUTHMANN, F. ca. 1823: Pianoforte-Schule nach einer neuen Methode zum Leitfaden für den Unterricht. Leipzig.

HÄNDEL, G. F. (o. J.): Chaconne G-Dur mit 62 Variationen. Leipzig.

HANDROCK, J. ca. 1866: Mechanische Studien op. 40. Halle.

HANON, L. ca. 1898: Der Klavier-Virtuose. 60 Übungen. München.

HEARLE, D. 1978: Jazz Improvisation for Keyboard Players. Hialeah.

HEILBUT, P. (Hrsg.) 1985: Kinder komponieren für Kinder, 3 Hefte. Zürich.

HELLER, S. (o. J.): L'Art de Phraser. Morceaux de Salon. Etudes mélodiques op. 16. Berlin.

HENSELT, A. ca. 1893: Meisterstudien. Herausgegeben von J. Alsleben. Berlin.

HERING, C. G. 1802/1805: Instruktive Variationen. 3 Hefte. Oschatz.

HERING, C. G. 1818: Progressive Variationen. Leipzig.

HERING, C. G. 1812/1814: Praktische Präludirschule oder Anweisung in der Kunst Vorspiele und Fantasien selbst zu bilden, 2 Bde. Leipzig.

HERZ, H. ca. 1835: 1000 Übungen für den Gebrauch des Dactylions. Mainz.

HERZ, H. ca. 1838: Collection de Gammes, passages et préludes. Berlin.

HUMMEL, J. N. 1828: Ausführlich theoretisch-practische Anweisung zum Piano-Forte-Spiel vom ersten Elementar-Unterricht bis zur vollkommenen Ausbildung. Wien.

HUMMEL, J. N. ca. 1832: 24 Etüden op. 125. Wien.

HILLER, F. ca. 1833: 3 Caprices ou Etudes caractéritiques op. 4. Bonn.

HÜNTEN, F. ca. 1832: Méthode pour le Piano-forte. Paris.

KALKBRENNER, F. 1830: Méthode pour apprendre le Piano-Forte a l'aide du Giude-mains. Paris.

KESSLER, J. C. (o. J.): Etüden op. 20. Berlin.

KNECHT, J. H. ca. 1828: Theoretisch-praktische Generalbaßschule, welche in 90 Notentafeln, nebst allen Intervallen, alle möglichen Bewegungsarten der Töne, Uebungen aller vorkommenden Accorde, die verschiedenen Übergänge und das Ineinanderweben der Töne durch alle gebräuchlichen Dur- und Moll-Tonarten enthält. Freiburg.

KIRNBERGER, J. P. 1766: Clavieruebungen mit der Bachischen Applicatur, in einer Folge von den leichtesten bis zu den schwersten Stuecken, Bd. 1–4. Berlin.

KNINA, L. ca. 1900: Universal-Übungen. Moskau.

KNORR, J. ca. 1841: Das Clavierspiel in 280 technischen Studien mit Fingersatz oder Materialien zur Entwicklung der Fingertechnik als Beihülfe für das Selbststudium. Leipzig.

KOCH, H. Ch. 1812: Versuch, aus der harten und weichen Tonart jeder Stufe der diatonisch-chromatischen Leiter vermittels des enharmonischen Tonwechsels in die Dur- und Moll-Tonarten der übrigen auszuweichen. Rudolfstadt.

KÖHLER, H. vor 1827: Petit étude pour le Pianoforte, contenant 24 Préludes faciles et progressifs. Leipzig.

KÖHLER, L. (o. J.): Kleine Läufer-Etüden zur Vorbereitung für Czernys Schule der Geläufigkeit op. 256. Offenbach.

KONTZKI, A. d. 1851: L'Indispensable du Pianiste. Exercices quotidiens op. 100. Leipzig.

KRAUSE, A. (o. J.): Etüden zur Ausbildung des Trillers op. 2. Leipzig.

KRAUSE, E (o. J.): Neuer Gradus ad Parnassum, 100 Studien in 4 Teilen, op. 95. Leipzig.

KUHN, J. 1828: Kurzgefasste, gründliche Harmonie-Lehre, nebst einer besondern Anleitung zum Generalbass-Spielen, besonders für Schul-Adspiranten und Präparanden. Würzburg.

KÜHN, K. J. ca. 1830: Achtundvierzig Uebergänge von C-Dur und c-Moll nach allen Dur und Moll-Tonarten. Ein nothwendiges Handbuch für angehende Componisten, Organisten und Pianofortespieler. Wien.

KÜHNER, K. ca. 1851: Etuden-Schule des Klavierspiels, 12 Hefte. Leipzig.

KUHNAU, J. 1689/1692: Neue Clavierübung, bestehend aus 7 Partiten aus dem Ut, Re, Mi oder Tertia majore eines jedweden Toni etc. Allen Liebhabern zu sonderbahrer Annehmlichkeit aufgesetzt und verleget. Leipzig.

KULLAK, T. 1855: Materialien für den Elementar-Klavier-Unterricht, Heft 1-5. Berlin.

KUNZ, K. M. 1844/1875: 200 kleine zweistimmige Kanons, den Umfang einer Quinte nicht überschreitend. München.

LAMBERT, A. 1899: A systematic Course of studies for Pianoforte, vol. 1. New York.

LEBERT, S. & STARK, L. 1858: Theoretisch-praktische Klavierschule für den systematischen Unterricht nach allen Richtungen des Klavierspiels vom ersten Anfang bis zur höchsten Ausbildung, 4 Bde. Stuttgart.

LISZT, F. 1826: Etudes pour Piano en douze Exercices op. 1. Leipzig.

LISZT, F. 1851: Grandes Etudes de Paganini. Leipzig.

LISZT, F. 1852: 12 Etudes d'Exécution transcendante. Leipzig.

LISZT, F. 1883: Technische Studien, 3 Bde. Budapest.

LÖHLEIN, G. S. 1765/1781: Clavier-Schule, oder kurze und gründliche Anweisung zur Melodie und Harmonie, durchgehends mit practischen Beyspielen erkläret, 2 Bde. Leipzig.

LÖSCHHORN, A. (o. J.): Etüden für Pianoforte in fortschreitender Ordnung, 3 Bde. op. 65–67. Berlin.

LÖSCHHORN, A. (o. J.): Der Triller. 14 Etüden op. 165. Leipzig.

LÖSCHHORN, A. (o. J.): Die Klaviertechnik. Leipzig.

LÖSCHHORN, A. (o. J.): Etudes mélodiques, 5 Bde. op. 192–196. London.

LÜBECK, V. 1728: Clavier Uebung – bestehend im Praeludio, Fuga, Allemande, Courante, Sarabande und Gique als auch einer Zugabe von dem Gesang: Lob Gott ihr Christen all zu gleich in einer Chaconne. Hamburg.

MASON, W. 1889: Touch and Technic: For Artistic Piano Playing, 4 vols. op. 44. Philadelphia.

MARPURG, F. W. 1762/1969: Die Kunst, das Clavier zu spielen. Berlin. Reprint: Hildesheim 1969.

MARPURG, F. W. 1765²/1970: Anleitung zum Clavierspielen. Berlin. Reprint: Hildesheim 1970.

MAYER, C. (o. J.): Triolino – Etude op. 190. Dresden.

MAYER, C. (o. J.): Neue Trilleretüde op. 214. Bonn.

MENDELSSOHN BARTHOLDY F. 1830-1845: Lieder ohne Worte. (o. O.).

MENGEWEIN, C. (o. J.): Schule der Klaviertechnik. Berlin.

MERBACH, G.F. 1783: Clavierschule für Kinder. Leipzig.

MERTKE, E. (o. J.): Technische Übungen. Leipzig.

MILCHMEYER, J. P. 1797: Die wahre Art, das Pianoforte zu spielen. Dresden.

MOHR, H. (o. J.): Technische Studien, 7 Hefte op. 33. Berlin.

MOSER J. 1982: Rock Piano, 2 Bde. Mainz.

MOSCHELES, I. 1826/1827: Studien zur höheren Vollendung bereits gebildeter Klavierspieler, bestehend aus 24 charakteristischen Tonstücken op. 70. Leipzig.

MOSCHELES, I. ca. 1836: Charakteristische Studien op. 95. Leipzig.

MOZART, L. 1756/1968: Gründliche Violinschule. Leipzig. Reprint der 3. Aufl. von 1789: Leipzig 1968.

MOZART, W. A. 1782: Phantasie C-Dur, K.-V. 394. (o. O.)

MOZART, W. A. 1785: Phantasie c-Moll, K.-V. 475 (o. O.)

MÜLLER, A. E. 1804: Fortepiano-Schule, oder Anweisung zur richtigen und geschmackvollen Spielart dieses Instruments nebst praktischen Beyspielen und einem Anhang vom Generalbaß. Leipzig.

NIED, F. E. 1710/1717: Handleitung zur Variation. 2 Bände. Hamburg.

NOONA, W. & NOONA, C. 1975: Mainstreams in Improvisation, 6 Bde. Dayton.

NOONA, W. & NOONA, C. 1977: Classical Patterns, 3 Bde. Aus: Mainstreams in Literature. Dayton.

PISCHNA, J. (o. J.): 60 Exercices progressifs. Leipzig.

PLAIDY, L. (o. J.): Technische Studien für das Pianoforte. Leipzig.

PLEYEL, I. & DUSSEK, J. L. 1797: Méthode pour la Piano Forte. Paris.

PREINDL, I. & SEYFRIED, I. R. ca. 1828: Wiener Tonschule, oder Anweisung zum Generalbass etc. Wien.

QUANTZ, J. J. 1752: Versuch einer Anweisung die Flöte traversiere zu spielen. Berlin.

RAMEAU, J.-Ph. 1731/1972: De la mechanique des doigts sur le clavessin. Vorwort zu: Pieces de Clavecin avec une méthode pour la mécanique des doigts, ou l'on enseigne les moyens de se procurer

parfaite exécution sur cet instrument. Paris.
Reprint: Kassel 1972, 16–19.

RAVINA, H. (o. J.): 25 Etudes caractéristiques. Paris.

REICHA, A. ca. 1801: Etudes ou Exercices pour le Pianoforte op. 30. Paris.

REISSMANN, A. ca. 1880: Clavier- und Gesangsschule für den ersten Unterricht. Leipzig.

RICKER, R. 1975: Pentatonic scales for jazz improvisation. Lebanon.

RIEMANN, H. 1883/1912[4]: Vergleichende Klavierschule, 3 Teile, op. 39. Leipzig.

RIEMANN, H. (o. J.): Die allerersten Etüden op. 50. Leipzig.

RIEMANN, H. (o. J.): 40 Etüden op. 55. Hannover.

RIEMANN, H. (o. J.): 40 Elementar-Etüden op. 56. Hannover.

RUTHARDT, A. (o. J.): Trillerstudien op. 40. Leipzig.

SCHARWENKA, X. 1907: Methodik des Klavierspiels. Leipzig.

SCHMITT, A. 1819: Etudes op. 16, 3 Bde. Bonn/Köln.

SCHMITT, H. (o. J.): 120 kleine Stücke, meist im Umfang von 5 Tönen op. 10. Wien.

SCHMITT, H. (o. J.): Clavierstücke zum fröhlichen Anfang op. 18. Wien

SCHMITT, H. Fundament der Klaviertechnik op. 40, 14 Hefte. Wien.

SCHMITT, J. vor 1844: Practische Schule des Pianoforte-Spiels op. 301. Hamburg.

SCHÜTZE, C. 1912: Lehrgang des Klavieretüdenspiels. Leipzig.

SCHUMANN, R. 1832: Studien nach Capricen von Paganini op. 3 Leipzig.

SCHUMANN, R. 1833: Sechs Konzert-Etüden nach Capricen von Paganini op. 10. Leipzig.

SCHUMANN, R. 1837: Etudes symphoniques (Etudes en Forme des Variations) op. 13. Leipzig.

SCHUMANN, R. 1848: 42 Clavierstücke für die Jugend (Anhang). Hamburg.

SEIFERT, U. ca. 1885: Klavierschule und Melodienreigen. Leipzig.

SIEGMEYER, J. G. ca. 1822: Fundament des General-Basses von Wolfgang Amadeus Mozart; herausgegeben und mit Anmerkungen begleitet von J. G. Siegmeyer. Berlin.

SPONER, A. (o. J.): Etüden-Schule. 8 Hefte. Leipzig.

STEIBELT, D. G. 1804: Etude pour Pianoforte contenant 50 Exercices de differents Genres op. 78. Leipzig.

TAUBERT, W. (o. J.): 12 Etudes de Concert op. 40. Leipzig.

THALBERG, S. (o. J.): 12 Etüden op. 26. Leipzig.

THALBERG, S. ca. 1860: L'art du chant applique au piano op. 70. Leipzig.

THÜMER, O. (o. J.): Neue Etüdenschule für Klavier. 16 Teile mit 24 Heften und 2 Heften Vorstufe. Mainz.

TÜRK, D. G. 1789: Clavierschule, oder Anweisung zum Clavierspielen für Lehrer und Lernende mit kritischen Anmerkungen. Leipzig.

TÜRK, D. G. 1792/1933: Handstücke für angehende Klavierspieler, 2 Bde. Leipzig. Reprint: Hannover 1933.

URBACH, K. ca. 1877: Preis-Klavierschule. Leipzig.

VETTER, H. (o. J.): Technische Studien, 4 Hefte. Leipzig.

WALTER, A. ca. 1824: Instructive Präludien und Uebungen durch alle Dur- und Moll-Tonarten für das Pianoforte zur Vorbereitung auf die Klavierstudien von Clementi und Cramer methodisch geordnet. Bamberg.

WALTER, A. vor 1828: Elementarwerk für Pianofortespieler. Bamberg.

WEBER, D. ca. 1830: Theoretisch-praktisches Lehrbuch der Harmonie und des Generalbasses. Prag.

WEHNER, C. G. 1826: Theoretisch = practisches Lehrsystem des Pianofortespiels, Theil 1/2. Leipzig.

WERNER, J. G. 1806/1830: Musikalisches ABC, oder Leitfaden beym ersten Unterricht im Klavierspielen, 1830 umgearbeitet von J. Knorr. Pennig/Leipzig.

WIDMANN, F. 1889[2]: Theoretisch-praktische Anleitung zur Modulation und freien Phantasie nach leichter Methode zum Selbstunterricht. Leipzig.

WIECK, F. 1875: Pianoforte-Studien, hrsg. von Marie Wieck. Frankfurt/Main.

WIEDEMANN, H. 1988: Impulsives Klavierspiel. Regensburg.

WOHLFART, H. (o. J.): Kinder-Clavierschule oder musikalisches A–B–C. Leipzig.

WOLFF, A. E. D. (o. J.): Der Triller op. 141. Braunschweig.

WÖLFL, J. (o. J.): Méthode de Piano contenant 50 Exercices doigtés op. 56. Offenbach.

Musik zum Üben

Üben ist doof

Gedanken und Anregungen
für den Instrumentalunterricht

Peter Schwarzenbach
Brigitte Bryner-Kronjäger

Waldgut, *logo*.

Peter Schwarzenbach
Brigitte Bryner-Kronjäger
Üben ist doof
Gedanken und Anregungen für den
Instrumentalunterricht
168 Seiten Großbroschur

«Daß Üben nicht ‹doof› sein muß
und daß man auch im Unterricht,
beim Vorspielen, in Gruppen,
aber auch am theoretischen Hin-
tergrundwissen Spaß haben kann,
ist das Fazit dieser ‹Gedanken und
Anregungen für den Instrumentalunterricht›. Sie seien allen In-
strumentallehrern und Studenten
der Instrumentalpädagogik drin-
gend empfohlen.» *Musikblatt*

«Die breite Fächerung, die
gesunde Mischung von Wissen-
schaftlichkeit und konkreten Um-
setzungsvorschlägen und nicht
zuletzt die klare, leicht verständli-
che und flüssig zu lesende Sprache
machen *Üben ist doof* zu einem
lesenswerten Buch für alle, denen
der Unterricht mehr bedeutet als
reine Wissensvermittlung nach
eingeschliffenen Schemata.» *Tibia*